DESIGN

Geschichte, Theorie
und Praxis der
Produktgestaltung

T0338869

Bernhard E.
Bürdek

Geschichte, Theorie
und Praxis der
Produktgestaltung

4., überarbeitete Auflage

Birkhäuser
Basel

Design und Geschichte 15

Design und Globalisierung 67

Design und Methodologie 75

Design und Theorie

Design und Kontexte

Design und Technik

Blick auf die Paternoster-Installation „Perpetuum Mobile der Gegenwart"
Dauerausstellung Design in der Pinakothek der Moderne
Die Neue Sammlung, München (2002)

Einleitung

Zehn Jahre nach Erscheinen der dritten Auflage dieses Buches im Jahr 2005 ist es an der Zeit, die gravierenden Veränderungen zu reflektieren und darzustellen, denen sich das Design seit Beginn des 21. Jahrhunderts ausgesetzt sieht. Um es auf einen einfachen Nenner zu bringen: Das Design hat sich in zwei recht unterschiedlichen Linien weiterentwickelt, nämlich:

zum einen in einer industriellen Linie, die man im 20. Jahrhundert als Industrial Design (Produktgestaltung) bezeichnet hat,

und zum anderen in einer nicht industriellen Linie, einem eher unbestimmten Bereich, der ganz allgemein als Design bezeichnet wird.

Letzterer ist stark in den Medien vertreten und wird durch sie vermittelt. Übergreifend lässt sich festhalten, dass sich das Design von der Produktgestaltung zur Lebensgestaltung verwandelt hat. Und es hat sich zumindest partiell von den industriellen Traditionen, die das 20. Jahrhundert bestimmt haben, verabschiedet, um zu einer neuen, oftmals kunsthandwerklich geprägten Unikat- oder Kleinserienfertigung (Bricolage-Design) zu wechseln – was zugleich eine Rückentwicklung darstellt.

Der Designhistoriker Thomas Hauffe (2014) weist zu Recht darauf hin, dass es hier eine interessante Parallele gibt: So hatten die Akteure des Neuen Deutschen Designs in den 1980er-Jahren versucht, Entwurf, Produktion und Vermarktung der eigenen Produkte (zumeist Möbel- und Interiorobjekte mit geringer Komplexität) selbst zu übernehmen. Dieser Weg ist aber weitgehend gescheitert, wenn man einmal von einigen wenigen Designgalerien oder Kunstgewerbemuseen absieht, die einzelne Objekte erworben haben. Die zunehmende technische Komplexität industrieller Produkte – befördert insbesondere durch die Digitalisierung sämtlicher Lebens- und Arbeitswelten – und ihre massenhafte Verbreitung stehen einer DIY-Fertigung klar entgegen. Und auch die Vermarktung von Produkten auf globalen Märkten ist heute eine äußerst komplexe Angelegenheit geworden.

Diese Phänomene konnte man auch beobachten, als sich die Memphis-Gruppe 1980 in Mailand formierte und parallel zur dortigen Möbelmesse 1981 erstmals eine eigene Kollektion an Produkten präsentierte (Radice, 1981, 1985), und zwar mit entsprechendem Medienecho. Daraus entwickelte sich ein weltweiter Höhenflug des Designs, der bis heute anhält: Unternehmen und Institutionen erkennen immer mehr den öffentlichkeitswirksamen, aber auch den unternehmerisch-strategischen Wert von Design – sie kultivieren und perfektionieren dies in hohem Maße. Design ist zu einem Instrument der Identitätsbildung und Differenzierung (im Sinne Martin Heideggers oder auch Pierre Bourdieus) geworden. So gesehen ist Design heute Teil einer globalen Kultur und deshalb auch überaus bedeutsam – insbesondere ökonomisch, bedauerlicherweise jedoch kaum ökologisch.

Peter Sloterdijk (2004) hat dieses Phänomen einmal recht anschaulich beschrieben: „Sollte man mit einem Satz und einem Minimum an Ausdrücken sagen, was das 20. Jahrhundert, neben seinen inkommensurablen Leistungen in den Künsten, an unverwechselbar eigentümlichen Merkmalen in die Geschichte der Zivilisation eingebracht hat, so könnte die Antwort wohl mit drei Kriterien auskommen. Wer die Originalität dieser Epoche verstehen will, muss in Betracht ziehen: die Praxis des Terrorismus, das Konzept des Produktdesigns und den Umweltgedanken." Wenn man in diesem Falle „inkommensurabel" mit „irrational" gleichsetzt, dann kann man sehr gut nachvollziehen, warum Sloterdijk diesen Begriff im Zusammenhang mit dem Design verwendet.

Eine nahezu unüberschaubare Flut von Publikationen (Zeitschriften, Bücher, Kataloge, Onlinemedien etc.), Berichte in den Publikumsmedien, Wettbewerbe (die meistens recht bescheiden dotiert werden, für die Auslober aber anscheinend einen hohen Öffentlichkeitswert besitzen), Produktpräsentationen auf Messen, Galerien und Ausstellungen, ja ganze Museen werden dem Design heute gewidmet. Einige bekannte sind beispielsweise das Design Museum in London, Die Neue Sammlung in München, das red dot design museum in Essen, das Museu do Design e da Moda in Lissabon und das Cooper Hewitt, Smithsonian Design Museum in New York.

Hinzu kommen zahlreiche Konferenzen, auf denen insbesondere die theoretischen und wissenschaftlichen Implikationen von Design referiert und diskutiert werden. Begründet wird dies durch Hunderte von Ph. D.- oder Promotionsstudiengängen, die heute weltweit angeboten werden. Diese Konferenzen haben primär das Ziel, dem akademischen Nachwuchs eine Plattform zu bieten, um seine Überlegungen vorzutragen. Die Auswirkungen solcher Beiträge auf das praktizierte Design bleiben indes weitestgehend unsichtbar. Die sogenannten Designwissenschaften haben oftmals autopoetischen Charakter.

Festzuhalten ist aber auch, dass sich der traditionelle Begriff „Produkt" im Wandel befindet. Heute ist es nicht mehr allein die Hardware (also die Gegenstände selbst), sondern vermehrt die Software, in Form von Interfaces oder Benutzungsoberflächen, die von Designern gestaltet wird. Am Beispiel der digitalen Medien wird auch deutlich, dass es heute verstärkt um Dienstleistungen (Service) geht, die so gestaltet sein wollen, dass sie auf Akzeptanz bei den potenziellen Benutzern stoßen.

Noch weiter reicht der Begriff des „Eventdesigns": Auf Messen und Ausstellungen werden Produkte regelrecht inszeniert und zelebriert. So werden beispielsweise neue Automobile mit gigantischem Aufwand präsentiert, um dann auf den sich globalisierenden Märkten verkauft zu werden.

Ein anschauliches Beispiel für Inszenierung ist das Projekt Zollverein in Essen. Die ehemalige Zeche war über 100 Jahre lang (von 1847 bis 1986) ein bedeutendes Steinkohlebergwerk in der Ruhrgebietsmetropole Essen. Heute ist sie ein UNESCO-Welterbe und wurde in ein Ausstellungs- und Kulturzentrum verwandelt. Dort gibt es u. a. ein Designmuseum und auch eine Designstadt mit Büros und Ateliers für die Kreativen. Die Gebäude und Anlagen der ehemaligen Zeche fungieren nur noch als Zeichen der Erinnerung an die Industrialisierung der Region. Heute ist die Zeche Zollverein ein gigantisches Zentrum für die Erlebnisgesellschaft, in der dem Design eine völlig neue Bedeutung zukommt: Design wird zur kreativen Dienstleistung in der Erlebnisgesellschaft; Auftraggeber und Projekte haben sich dramatisch verändert.

Hinzu kommt, dass sich Design und Kunst anscheinend auf kultureller Augenhöhe befinden. Auch davon zeugen die Designmuseen in aller Welt, denn dort geht es nicht um den Gebrauch der Produkte, sondern um deren museale Aufwertung. Design soll in den Rang der Kunst erhoben werden, was ein zentrales Missverständnis gegenwärtiger Designdiskurse darstellt.

Das Leben der Menschen ist heute ohne Design überhaupt nicht mehr vorstellbar, es verfolgt uns von früh bis spät: zu Hause, bei der Arbeit, in der Freizeit, in der Aus- und Weiterbildung, im Gesundheitswesen, beim Sport, beim Transport von Menschen und Gütern, in der Öffentlichkeit – alles ist bewusst oder unbewusst gestaltet. Design kann ganz hautnah sein (wie in der Mode) oder aber ganz weit weg (wie in der Raumfahrt). Design bestimmt nicht nur unser Dasein, sondern inzwischen auch unser Sein. Denn durch die Produkte kommunizieren wir mit anderen Menschen, definieren uns in sozialen Gruppen und markieren damit unsere jeweilige gesellschaftliche Situation. Die These „Sein oder Design" von Bernd Guggenberger (1987) hat sich in „Design oder Nichtsein" verwandelt – eine durchaus bemerkenswerte Entwicklung.

Somit ist es an der Zeit, dieses Buch zu überarbeiten, das heißt, zu aktualisieren, zu reduzieren, aber auch zu erweitern. Nach seinem ersten Erscheinen im Jahre 1991 wurde es in rascher Folge übersetzt: 1992 ins Italienische, 1994 ins Spanische, 1996 ins Niederländische und ins Chinesische. Die dritte Auflage aus dem Jahr 2005 erschien gleichzeitig mit einer englischen Übersetzung, eine Tatsache, die sich insbesondere für den globalen Diskurs über das Design als nützlich erwiesen hat, denn infolge der sprachlichen Barriere wurden bisher nur ganz wenige deutschsprachige Bücher über Design überhaupt international rezipiert. Sehr erfreulich sind deshalb auch die Übersetzungen ins Portugiesische (2006), Chinesische (2007) und Italienische (2008).

Diese nunmehr vierte Auflage enthält einige gravierende Änderungen: So wurde auf den Überblick über das Design in zahlreichen Ländern verzichtet. Die digitale Beschleunigung hat dazu geführt, dass zahlreiche Internetplattformen entstanden sind, die immer ganz aktuell über neue Produkte und Projekte berichten, beispielsweise www.designboom.com, www.core77.com und www.stylepark.com.

Im Mittelpunkt der Überlegungen für diese Neuauflage stand deshalb die Frage, welche Themen jenseits der aktuellen Bilderflut derart beständig sind, dass sie in einem gedruckten Buch Platz finden sollen. Verändert haben sich die Dinge auch in einem anderen Bereich: Es ist heute unbestritten, dass es im Design durchaus Kernkompetenzen gibt und dass sich das Design ernsthaft auf dem Weg zu einer Disziplin befindet (Bürdek, 2012). In der nun vorliegenden Neuauflage werden diese Entwicklungen exemplarisch dargestellt.

Die Bibliothekarin der HfG Offenbach, Christa Scheld, war auch bei diesem Buch wieder eine wichtige Hilfe bei der Beschaffung von Informationen, Quellen und Nachweisen. Ihr gilt erneut mein ganz besonderer Dank.

Obertshausen, im Juni 2015

Design als Begriff

Die mannigfaltigen Strömungen und Tendenzen des Designs, bis hin zu manchmal reichlich diffusen Beschreibungen, spiegeln sich in der Verwendung des Begriffs „Design" selbst wider. Einige dieser Interpretationen sollen zunächst einmal vorgestellt werden.

Im historischen Rückblick wird Leonardo da Vinci gerne als der erste Designer bezeichnet. Neben seinen wissenschaftlichen Studien zu Anatomie, Optik, Mechanik u. a. m. galt er als Vorläufer einer elementaren Maschinenkunde, so hat er beispielsweise ein *Musterbuch der Maschinenelemente* erstellt. Wie ein Blick auf die praktischen Gegenstände, Maschinen und Vorrichtungen zeigt, ist damit mehr ein technischer denn ein gestalterisch orientierter Designbegriff gemeint. Als Leonardo da Vinci 1482 ein Bewerbungsschreiben an den Herzog Ludovico il Moro von Mailand richtete, empfahl er sich für den Bau von Brücken und insbesondere von Kriegsgerät. Er erwähnte, dass er Waffen von höchster Funktionalität und größter Schönheit konstruieren könne. Durch Leonardo wurde schon sehr früh die Vorstellung von Design entscheidend geprägt: der Designer als Erfinder.

Der im 16. Jahrhundert lebende Maler, Baumeister und Kunstschriftsteller Giorgio Vasari plädierte als einer der Ersten in seinen Schriften für den autonomen Charakter von Kunstwerken. Das Prinzip, dem die Kunst ihre Existenz verdankt, bezeichnete er als „disegno", was in unmittelbarer Übersetzung so viel wie Zeichnung oder Skizze bedeutet. „Disegno" bezeichnete zu jener Zeit die künstlerische Idee, und so wurde schon damals unterschieden zwischen dem „disegno interno", also dem Konzept für ein entstehendes Kunstwerk (die Skizze, der Entwurf oder der Plan), und dem „disegno esterno", also dem vollendeten Kunstwerk (Zeichnung, Bild, Plastik). Vasari selbst erhob die Zeichnung, also „disegno", zum Vater der drei Künste Malerei, Plastik sowie Architektur (siehe dazu: Bürdek, 1996).

Laut *Oxford Dictionary* wurde der Begriff „Design" im Jahr 1588 zum ersten Mal verwendet, und zwar für:

einen von einem Menschen erdachten Plan oder ein Schema von etwas,
was realisiert werden soll,

einen ersten zeichnerischen Entwurf für ein Kunstwerk oder

ein Objekt der angewandten Kunst.

Wesentlich später beschrieb Sigfried Giedion (erstmals 1948; siehe auch 1987), wie im 20. Jahrhundert der industrielle Designer in Erscheinung trat: „Er formte das Gehäuse, sorgte für das Verschwinden des sichtbaren Antriebs (der Waschmaschinen) und gab dem Ganzen, kurz gesagt, Stromlinienform wie Eisenbahn und Auto." Diese klare Trennung von technischer und gestalterischer Arbeit am Produkt führte in den USA dazu, dass sich die Disziplin immer mehr zum Styling, also zur reinen oberflächlichen Formgebung entwickelte.

Der Begriff „Industrial Design" wird auf Mart Stam zurückgeführt, der ihn im Jahre 1948 zum ersten Mal verwendet haben soll (Hirdina, 1988). Stam verstand unter „Industrial Designer" Entwerfer, die auf jedem Gebiet für die Industrie tätig werden sollten, insbesondere in der Gestaltung neuartiger Materialien.

In der ehemaligen Deutschen Demokratischen Republik (DDR) beschäftigte man sich lange Zeit intensiv mit der Begriffsbestimmung von „Design". Dort wurde Design immer als ein Bestandteil von Sozial-, Wirtschafts- und Kulturpolitik verstanden. So hat insbesondere Horst Oehlke (1978) darauf hingewiesen, dass sich die Formgestaltung nicht nur auf die sinnlich wahrnehmbare Seite der Objekte beziehe, sondern dass der Gestalter sich mit den Bedürfnisse befriedigenden Mitteln gesellschaftlichen und individuellen Lebens beschäftigen müsse.

Eine breit angelegte und deshalb sehr brauchbare Beschreibung wurde vom Internationalen Design Zentrum Berlin 1979 im Rahmen einer Ausstellung erarbeitet:

Gutes Design darf keine Umhüllungstechnik sein. Es muss die Eigenart des jeweiligen Produkts durch eine entsprechende Gestaltung zum Ausdruck bringen.

Es muss die Funktion des Produkts, seine Handhabung, deutlich sichtbar und damit für den Benutzer klar ablesbar machen.

Gutes Design muss den neuesten Stand der technischen Entwicklung transparent werden lassen.

Es darf sich nicht nur auf das Produkt selbst beschränken, es muss auch Fragen der Umweltfreundlichkeit, der Energieeinsparung, der Wiederverwendbarkeit, der Langlebigkeit und der Ergonomie berücksichtigen.

Gutes Design muss das Verhältnis von Mensch und Objekt zum Ausgangspunkt der Gestaltung machen, besonders auch im Hinblick auf Aspekte der Arbeitsmedizin und der Wahrnehmung.

In dieser komplexen Beschreibung lassen sich neben den funktionalen Aspekten (praktische Funktionen) insbesondere die produktsprachlichen oder semantischen sowie die ökologischen Aspekte des Designs anschaulich wiederfinden. Im gleichen Sinne, aber sehr komprimiert, hat Michael Erlhoff anlässlich der Kasseler „documenta 8" (1987) eine klare und aktuelle Abgrenzung des Designs vorgenommen: „Design, das – anders als Kunst – der praktischen Begründung bedarf, findet diese vornehmlich in vier Behauptungen: gesellschaftlich zu sein und funktional und bedeutsam und gegenständlich."

Mit einer solch offenen Beschreibung des Designs ließ sich bis weit in die 1980er-Jahre hinein gut leben. Die Zeit, in der ein einheitlicher – und damit ideologisch zementierter – Designbegriff herrschte, dürfte heute jedoch endgültig vorbei sein. Durch die Überlegungen der Postmoderne wurde in diversen Disziplinen die Auflösung der Ganzheit befördert. Wenn man dies weiterhin als Verlust betrachtet, dann befindet man sich im lyotardschen Sinne immer noch im Diskussionszustand der inzwischen historisch gewordenen Moderne (Welsch, 1987).

Diese wurde inzwischen von einer Metamoderne abgelöst. Das Design selbst zerfällt heute in zwei sehr unterschiedliche Kategorien:

in eine traditionelle, für die der Begriff „Industrial Design" weiterhin gilt,

und in eine regressive, womit der Rückfall in ein neues Kunsthandwerk gemeint ist. Darin spiegelt sich insbesondere eine kritische Haltung gegenüber der fortschreitenden Industrialisierung in den westlichen Ländern.

Die Vielfältigkeit der Begriffe und Beschreibungen steht aber nicht für eine postmoderne Beliebigkeit, sondern für einen notwendigen und begründbaren Pluralismus. Im Übergang vom 20. zum 21. Jahrhundert habe ich deshalb vorgeschlagen, anstelle einer weiteren Definition oder Beschreibung einige Aufgabenstellungen zu benennen, die das Design zu erfüllen habe (Bürdek, 1999). So kann es beispielsweise:

technologische Fortschritte visualisieren,

die Benutzung und Bedienung von Produkten (ob Hardware oder Software) erleichtern oder gar erst ermöglichen,

die Zusammenhänge von Produktion, Konsumption und Wiederverwertung transparent machen,

Dienstleistungen befördern und kommunizieren, aber auch – wenn es energisch genug betrieben wird – Produkte, die unsinnig sind, verhindern helfen.

Dieser letzte Aspekt erscheint allerdings in Zeiten eines globalen Hyperkonsums (insbesondere in asiatischen Ländern) immer fragwürdiger. Gleichwohl gibt es mannigfaltige Versuche, nicht zuletzt an den Designschulen, Design als „Weltverbesserungsdisziplin" zu verstehen. Dies beruhigt zwar ungemein das Gewissen der Akteure, verändert aber an den technologischen, ökonomischen und gesellschaftlichen Rahmenbedingungen, unter denen Design praktiziert wird, kaum etwas.

Design wird heute einerseits als ein Feld beschrieben, das vom urbanen Design bis hin zum Nail-Design reicht, dabei ist alles einfach Design. Andererseits konzentrieren sich heute vielfach Überlegungen darauf, Design als Disziplin zu entwickeln und zu beschreiben. Letzteres ist Thema dieses Buches.

Design
und
Geschichte

Ein Blick zurück

Dieses Kapitel kann keine umfassende Designgeschichte ersetzen, vielmehr soll in knappen Zügen der entwicklungsgeschichtliche Hintergrund aufgezeigt werden, von dem das Industrial Design geprägt wurde. Mit Hinweisen auf Produkte, Unternehmen und Entwerfer wird an signifikante Entwicklungen und deren Auswirkungen erinnert. Zur Vertiefung und Detaillierung sei deshalb mit besonderem Nachdruck auf einige Standardwerke zur Designgeschichte verwiesen: Dazu gehören beispielsweise John Heskett (1980), Guy Julier (2000), Penny Sparke (1986), Gert Selle (1978, 1987, 1994), History of Industrial Design (1990/1991), John A. Walker (1992), Jonathan M. Woodham (1997) oder Thomas Hauffe (2014). Der Publikation von Walker kommt unter designtheoretischen Aspekten eine besondere Bedeutung zu: Er plädiert für eine „disziplinäre" Entwicklung von Designgeschichte, bei der die Bedeutung von Objekten (Semantik) im Mittelpunkt steht: „Man kann also sagen, die Tätigkeit der Designer ist ‚diskursives Handeln'." Dabei kommt der Semiotik (↗S. 83 ff.) eine besondere Bedeutung zu.

Zu erwähnen ist auch Victor Margolins Werk *World History of Design* (Band 1 + 2: 2015; Band 3: 2016), in dem der Bogen von den Anfängen der Menschheitsgeschichte bis in die Gegenwart gespannt wird: sicherlich das ultimative Werk zur Designgeschichte im 21. Jahrhundert.

Die Anfänge des Designs

Die Ursprünge zweckoptimierter und gestalteter Produkte können bis in das Altertum zurückverfolgt werden. So geht auf den römischen Künstler, Ingenieur und Kriegsbaumeister Vitruv (ca. 80–10 v. Chr.) eine Reihe von Aufzeichnungen zurück, die zu den ältesten überlieferten Schriften der Architektur gehören. Seine *Zehn Bücher über die Baukunst* sind ein erstes und umfassendes Regelwerk für das Entwerfen und das Gestalten. So beschreibt er die enge Verbindung von Theorie und Praxis: Ein Architekt müsse künstlerisch wie auch wissenschaftlich interessiert, aber ebenso sprachlich gewandt sein, zudem geschichtliche und philosophische Kenntnisse besitzen. Im dritten Kapitel seines ersten Buches formuliert

Henry Cole, Zeichnungen zu einfachen Gegenständen für die Kindererziehung (1849)

Vitruv sodann einen Leitsatz, der auch in die Designgeschichte Einzug genommen hat: „alle Bauwerke müssten drei Kategorien genügen: der Festigkeit (firmitas), der Zweckmäßigkeit (utilitas) und der Schönheit (venustas)" (Bürdek, 1997b). Damit schuf Vitruv im Grunde genommen die Grundlagen für einen Funktionalismusbegriff, der eigentlich erst im 20. Jahrhundert weltweit zum Tragen kam und die Moderne im Design bestimmte.

Gleichwohl lässt sich erst seit der Mitte des 19. Jahrhunderts, dem Zeitalter der industriellen Revolution, von Industrial Design im heutigen Sinne sprechen. Bedingt durch die fortschreitende Arbeitsteilung werden der Entwurf und die Herstellung von Produkten seither nicht mehr von ein und derselben Person durchgeführt. Die Spezialisierung hat sich im Verlauf der Zeit so extrem fortgesetzt, dass heute Designer in Großunternehmen nur noch für die Gestaltung von Teilbereichen eines Produktes zuständig sind. Diese Arbeitsteilung führte in den 1970er-Jahren dazu, dass insbesondere von jungen Entwerfern wieder der Versuch unternommen wurde, Entwurf, Produktion und Vertrieb ganzheitlich zu betreiben.

Mitte des 19. Jahrhunderts begann in England der Kampf einiger Gestalter gegen die schwülstigen Inneneinrichtungen des Empirestils. Seit dem Mittelalter hatten in Europa die gebauten Räume stetig an Bedeutung verloren, wohingegen die Möbel selbst immer mehr in den Mittelpunkt gerückt waren. Sigfried Giedion (1987) hat anschaulich dargestellt, dass ein mittelalterlicher Raum immer eingerichtet erschien: Auch wenn sich kein Möbelstück darin befand, wirkte er niemals kahl, sondern lebte aus seinen Proportionen, seinen Materialien und Formen. Im Zeitalter des Empires (ca. 1790–1830) erreichte dann eine Bewegung ihren Höhepunkt, bei der das Mobiliar so behandelt wurde, als wäre es der Raum selbst. Der Bedeutungsverlust der Räume wurde erst im 20. Jahrhundert von den Architekten und Designern des Bauhauses bewusst wahrgenommen. Sie entwarfen deshalb gestalterisch sehr reduzierte Möbel, um wieder auf die Bedeutung des Raumes selbst hinzuweisen.

In England bemühte sich Henry Cole mit einer kleinen Publikation, dem *Journal of Design*, das zwischen 1849 und 1852 erschien, durch erzieherische Maßnahmen in die Gestaltung des Alltagslebens einzugreifen. Im Mittelpunkt seiner Arbeit stand die Zweckorientierung der Gegenstände, hinter der die repräsentativen und dekorativen Elemente zurücktreten sollten. Cole regte auch an, in London eine Weltausstellung zu veranstalten, in der den Nationen die Gelegenheit gegeben werden sollte, ihre vielfältigen Produkte zu präsentieren. „Sehen lernen, Sehen durch Vergleichen" – dies stand im Mittelpunkt seiner Überlegungen, die im 20. Jahrhundert vom Deutschen Werkbund wieder aufgegriffen wurden.

Joseph Paxton erhielt den Auftrag, den Ausstellungspavillon für die Weltausstellung in London 1851 zu entwerfen. Der Kristallpalast, auch als „gläserne Arche" (Friemert, 1988) bezeichnet, gilt als Prototyp der industriellen Produktionsweise des 19. Jahrhunderts. Zum einen betrug die gesamte Zeitdauer der Erstellung nur viereinhalb Monate, zum anderen wurden sämtliche Teile dezentral gefertigt und dann erst an Ort und Stelle montiert. Hinzu kommt, dass das Gebäude nach einigen Jahren abgebaut und an anderer Stelle neu errichtet wurde (Sembach, 1971).

Die ersten Weltausstellungen, unter anderem 1873 in Wien, 1876 in Philadelphia oder 1889 in Paris mit Gustave Eiffels Turm, waren riesige Produktsammlungen und nicht zuletzt auch Mustermessen des Designs, auf denen der damalige technische und kulturelle Entwicklungsstand zur Schau gestellt wurde.

Jene Zeit war geprägt durch neue Materialien und Technologien: Gusseisen, Stahl und Beton wurden nicht mehr in kleinen Manufakturen oder in Handwerksbetrieben verarbeitet. Mit Maschinen ausgestattete Industriebetriebe lösten die bisherigen Produktionsformen ab. Automatische Webstühle, Dampfmaschinen, Großtischlereien und vorfabriziertes Bauen veränderten die Lebens- und Arbeitsbedingungen ganz entscheidend. Die sozialen Folgen der Industrialisierung waren unübersehbar: Ein großer Teil der Bevölkerung verarmte und wurde zum Proletariat, die Umwelt veränderte sich entscheidend durch Massenquartiere und Industriegebiete. Als die eigentlichen Väter des Designs gelten die Zeitgenossen dieser industriellen Revolution: Gottfried Semper, John Ruskin und William Morris. Wie auch Henry Cole wandten sie sich gegen eine aufgesetzte Ausschmückung der nunmehr industriell hergestellten Gegenstände. Diese Reformbewegung war insbesondere durch den philosophischen Einfluss des Utilitarismus von John Stuart Mill geprägt. Danach hängt die sittliche Qualität menschlicher Handlungen nur von ihrer Nützlichkeit (oder Schädlichkeit) für die Gesellschaft ab. Dieses Kriterium lässt sich übrigens bis weit in die Gegenwart hinein als bestimmende Kategorie des Designs verfolgen. Wend Fischer (1971) sah darin gar die Begründung für eine vernünftige Gestaltung: „In der Betrachtung des 19. Jahrhunderts haben wir auch einiges über unser Jahrhundert erfahren. Wir erkennen uns wieder in den Anstrengungen der Vernunft, gegen die Willkür des historischen Formalismus die Idee funktionaler Gestaltung durchzusetzen, damit die Welt der Menschen, ihre Städte, Häuser, Räume, Geräte, eine charaktervolle Gestalt erhalten, in der das Leben in seinem Ausdruck erkennbar ist."

Der deutsche Architekt Gottfried Semper wanderte 1849 als politischer Flüchtling nach England aus und forcierte dort eine Reform der industriellen Entwurfstätigkeit, indem er für funktions-, material- und herstellungsgerechte Formen plädierte. Semper arbeitete mit Cole zusammen an der Londoner Weltausstellung von 1851 und lehrte an der dort neu gegründeten Zeichenschule. Von Semper ging ein bis ins 20. Jahrhundert hineinreichender starker Einfluss auf die deutsche Kunstgewerbebewegung aus, die ebenfalls den reinen Zweck des Gegenstandes in den Vordergrund stellte.

John Ruskin, Kunsthistoriker und Philosoph, versuchte in einer Gegenbewegung zur industriellen Revolution in England mittelalterliche Produktionsformen zu revitalisieren. Die handwerkliche Produktion sollte bessere Lebensbedingungen für die Arbeiter ermöglichen und ein Gegengewicht zur ästhetisch verarmten Maschinenwelt darstellen.

1861 gründete William Morris ebenfalls in England die Firma Morris, Marshall, Faulkner & Co. zur Erneuerung des Kunsthandwerks. Um ihn bildete sich die sogenannte „Arts and Crafts"-Bewegung, die als sozialreformerisch und stilerneuernd gelten kann. Die Aufhebung der Arbeitsteilung, also die Wiederzusammenführung von Entwurf und Produktion, führte zu einer kunstgewerblichen Erneuerungsbewegung. Sie wandte sich insbesondere gegen die Maschinenästhetik, scheiterte aber im Zuge der stürmischen industriellen Entwicklung in der zweiten Hälfte des 19. Jahrhunderts.

Joseph Paxton, Kristallpalast London (1851)

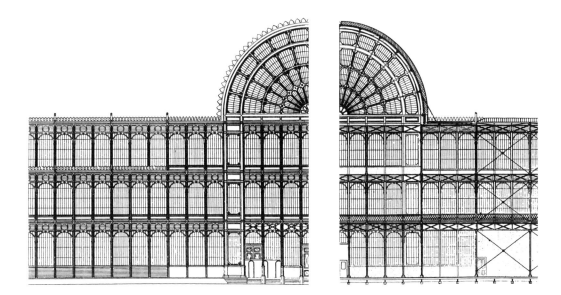

Ein typisches Beispiel für die Produkte aus dieser Frühphase des Designs war die Singer-Nähmaschine, von der bereits 1879 über 400 000 Stück im Jahr hergestellt wurden.

Um die gleiche Zeit entstanden zuerst in Deutschland und dann in Österreich die Bugholzstühle der Gebrüder Thonet. Das in Wien patentierte Verfahren, unter Wasserdampf erhitztes Holz zu biegen, wurde Grundlage für einen weltweiten Erfolg. Bereits auf der Londoner Weltausstellung 1851 wurden diese Stühle gezeigt. Die Prinzipien der Standardisierung (es wurden nur wenige identische Teile verwendet) und der Massenproduktion bedingten, dass eine reduzierte Formensprache verwendet wurde. In den thonetschen Stühlen manifestiert sich damit ein wesentlicher Leitgedanke des Designs – hohe Stückzahlen bei reduzierter Ästhetik –, wie er bis in die 1970er-Jahre hinein dominierte. Der Stuhl Nr. 14 soll bis 1930 50 Millionen Mal hergestellt worden sein und wird noch heute produziert.

Gegen Ende des 19. Jahrhunderts zeichneten sich in Europa neue Bewegungen ab, der Art nouveau in Frankreich, der Jugendstil in Deutschland, der Modern Style in England oder der Sezessionsstil in Österreich. Ihnen gemeinsam war ein künstlerisches Lebensgefühl, das sich insbesondere in den Produkten des täglichen Lebens widerspiegeln sollte.

1   **Gebrüder Thonet,** Sessel, Canapé, Halbfauteuil, Fauteuil
    Katalog der Möbelfabrik der Gebrüder Thonet in Wien (um 1895)

2   **Henry van de Velde,** Schreibtisch (1899)

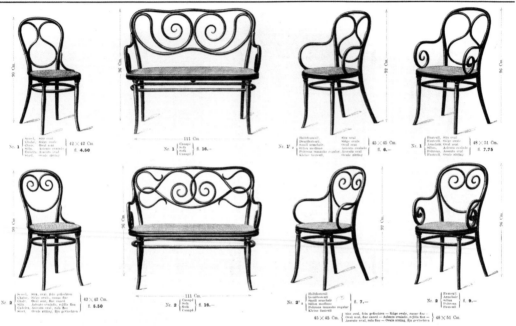

1

2

Der führende Vertreter dieser Bewegung, der Belgier Henry van de Velde, entwarf Möbel, Geräte und Innenräume. Die sozialreformerischen Gedanken, wie sie noch William Morris formuliert hatte, waren vergessen. Die Gemeinsamkeit zwischen ihnen lag allein noch in der kunsthandwerklichen Renaissance. Van de Velde ging es um Elitebewusstsein und Individualismus – eine Kombination, wie wir sie zu Beginn der 1980er-Jahre in der Memphis-Bewegung und im Neuen Deutschen Design erneut finden (↗S. 60 ff).

In Österreich schlossen sich Josef Hoffmann, Joseph Olbrich und Otto Wagner zur Wiener Sezession zusammen und bildeten eine Künstlervereinigung, in deren Arbeiten eine reduzierte Formensprache und die Verwendung geometrischer Ornamente dominierten. In den damals gegründeten Wiener Werkstätten wurden von Kunsthandwerkern Möbel entworfen, die für das gehobene Bürgertum konzipiert waren.

Von den Werkbünden zum Bauhaus

1907 wurde in München der Deutsche Werkbund gegründet. Er war eine Vereinigung von Künstlern, Handwerkern, Industriellen und Publizisten, die das Ziel verfolgten, die gewerbliche Arbeit im Zusammenwirken von Kunst, Industrie und Handwerk durch Erziehung und Propaganda zu verbessern. Führende Vertreter des Werkbundes waren zu Beginn des 20. Jahrhunderts Peter Behrens, Theodor Fischer, Hermann Muthesius, Bruno Paul, Richard Riemerschmid, Henry van de Velde und andere mehr. Im Werkbund manifestierten sich die beiden damals herrschenden Strömungen: die industrielle Standardisierung und Typisierung der Produkte auf der einen Seite, auf der anderen die Entfaltung der künstlerischen Individualität, wie bei van de Velde. Damit sind im Wesentlichen die beiden entscheidenden Richtungen gestalterischen Arbeitens im 20. Jahrhundert gekennzeichnet.

Unter diesen Leitgedanken wurden 1910 in Österreich und 1913 in der Schweiz Werkbünde gegründet, in Schweden der Slöjdforenigen (1910–1917) und in England 1915 die Design and Industries Association. Gemeinsames Ziel dieser Verbände war es, in einem ganzheitlichen Sinne geschmacksbildend und, im Sinne Henry Coles, erzieherisch auf die Hersteller und Verbraucher von Produkten einzuwirken.

Den Höhepunkt der Arbeit des Deutschen Werkbundes stellte nach dem Ersten Weltkrieg eine Bauausstellung dar, die 1927 in Stuttgart stattfand: die „Weißenhofsiedlung". Unter der Leitung von Mies van der Rohe wurden mehr als zwölf der damals bekanntesten Architekten eingeladen, im Rahmen von Ein- und Mehrfamilienhäusern ihre neuen Ideen zur Architektur und zum Design zu verwirklichen.

Zu diesen Architekten gehörten neben einigen anderen Le Corbusier, Hans Scharoun, Walter Gropius, Max Taut, Jacobus Johannes Pieter Oud, Hans Poelzig, Peter Behrens und Mart Stam.

Mit dem Einsatz von neuen Baustoffen wurden auch neue Konzepte des Wohnens entworfen. Der bereits erwähnte Bedeutungsverlust der Räume selbst sollte hier aufgehoben werden. Die Weißenhofsiedlung war auch der Versuch, vom Haus bis hin zur Kaffeetasse alles einer gestalterischen Grundidee unterzuordnen. Mit dem „Gesamtkunstwerk Wohnung" sollten zum einen neue ästhetische Leitbilder propagiert werden (Reduktion auf die elementaren Funktionen, Utilitarismus), zum anderen wollte man breiten Bevölkerungsschichten preislich erschwingliche Einrichtungen anbieten. Die Arbeiterwohnung zum ersten Mal als eine künstlerische Aufgabe behandelt zu haben, dieses Verdienst schreibt Giedion dabei dem holländischen Architekten Oud zu. Der ganzheitliche Gedanke, der in der Weißenhofsiedlung realisiert wurde, korrespondierte mit den Grundgedanken des Bauhauses (↗S. 27 ff).

Aus heutiger Sicht fand hier der sogenannte Internationale Stil der Architektur erstmals seinen sichtbaren Ausdruck – jedoch nicht als oberflächliche formale Erscheinung (wie man sie aus den Trabantenstädten der Metropolen seit den 1960er-Jahren kennt), sondern als konsequent durchdachte Einheit von sozialen Bedingungen, neuen Materialien und Formen sowie deren zeichenhafter Umsetzung (Kirsch, 1987).

Als eine gegenläufige Bewegung zum Jugendstil bildete sich in Schottland die Gruppe um Charles Rennie Mackintosh. Seine puristischen Gebrauchsformen standen einerseits in der Tradition schottischer Möbel aus dem Mittelalter, andererseits verwiesen sie in ihrer Strenge bereits auf den späteren Konstruktivismus.

Als entscheidender Wegbereiter modernen Designs gilt Peter Behrens. Der deutsche Architekt und Werbefachmann wurde 1906/07 von der Allgemeinen Elektrizitäts-Gesellschaft (AEG) als künstlerischer Berater engagiert. Sein Aufgabengebiet umfasste dort die Gestaltung von Bauten, elektrischen Haushaltsgeräten und anderem mehr. Weil er Massenprodukte für den allgemeinen Konsum entwarf, gilt er als einer der ersten Industriedesigner überhaupt. Aus produktionstechnischen Gründen wandte er sich vom Jugendstil ab und legte hohen Wert auf kostengünstige Herstellung, gute Bedienbarkeit und Wartungsfreundlichkeit der Produkte.

1917 schloss sich in Holland die „De Stijl"-Gruppe zusammen. Ihre wichtigsten Vertreter waren Theo van Doesburg, Piet Mondrian und Gerrit T. Rietveld. Sie vertraten ästhetische und soziale Utopien, die zukunftsorientiert waren und nicht restaurativ, wie die von Ruskin und Morris. Doesburg, der sich 1921/22 in Weimar

1 **Jacobus J. P. Oud**
Weißenhofsiedlung
Stuttgart (1927)

2 **Ferdinand Kramer**
Inneneinrichtung (1927)

1

2

Peter Behrens, Tischventilatoren „Type NGVU2", AEG, Berlin (um 1910/12)

aufhielt, negierte das Handwerk zugunsten der Maschine. Der von ihm geprägte Begriff der „mechanischen Ästhetik" war identisch mit dem technischen Ästhetikbegriff der russischen Konstruktivisten.

Die Reduktionsästhetik der „De Stijl"-Gruppe war im zweidimensionalen Bereich durch einfache geometrische Elemente wie Kreis, Quadrat und Dreieck geprägt, im dreidimensionalen Bereich durch Kugel, Würfel und Pyramide. Gerade mit der Verwendung dieser formalen Mittel wurden für lange Zeit gestalterische Kategorien geschaffen, die teilweise bis heute Gültigkeit haben. Das Bauhaus und dessen Nachfolgeinstitutionen, wie die Hochschule für Gestaltung Ulm oder das New Bauhaus in Chicago, haben insbesondere in ihren Grundlehre-Arbeiten an diese Tradition angeknüpft. Auch in der mit sparsamen gestalterischen Mitteln arbeitenden Schweizer Grafik lassen sich diese Prinzipien wiederfinden. Die von Dieter Rams, dem langjährigen Chefdesigner der Firma Braun, oft kolportierte These „Weniger Design ist mehr Design" lässt sich auch auf diese Ursprünge zurückführen.

In Russland formierte sich nach der Oktoberrevolution 1917 die Gruppe der Konstruktivisten, aus deren Kreis El Lissitzky, Kasimir Malewitsch und Wladimir Tatlin am bekanntesten wurden. Bei ihnen standen sozialästhetische Theorien im Vordergrund; die Befriedigung von Grundbedürfnissen breiter Bevölkerungs-

kreise war vorrangiges Ziel ihrer Arbeiten. Die von Tatlin entwickelten Grund-
prinzipien des Konstruktivismus basierten auf der realen materiellen Produktion:
Technik, Material, Verarbeitung. Stil sollte durch Technik ersetzt werden. Malewitsch entwarf Richtlinien für das „Wchutemas", eine Art russisches Bauhaus.

Auch von dieser Gruppe führen gedankliche Verbindungen in die Gegenwart.
So war insbesondere das Design in den 1960/70er-Jahren von sozialen Themenstellungen geprägt. Und die rigide Konzentration auf Technik bestimmt – aufgrund der immensen Defizite in der Versorgung mit elementaren Gütern – noch
immer das Design in den meisten Ländern der Dritten Welt.

Das Bauhaus

1902 begründete Henry van de Velde in Weimar ein kunstgewerbliches Seminar,
das 1906 unter seiner Leitung in eine Kunstgewerbeschule umgewandelt wurde.
Nach deren Zusammenlegung mit der Hochschule für bildende Kunst entstand
unter der Leitung von Walter Gropius dort 1919 das Staatliche Bauhaus Weimar, das
zum zentralen Ausgangspunkt der weiteren Entwicklung des Designs wurde (siehe
dazu insbesondere: Wingler, 1962).

Mit Ausnahme des Bildhauers Gerhard Marcks wurden von Gropius aus-
schließlich Vertreter der abstrakten und der kubistischen Malerei als Lehrer an das
Bauhaus berufen. Dazu gehörten Wassily Kandinsky, Paul Klee, Lyonel Feininger,
Oskar Schlemmer, Johannes Itten, Georg Muche und László Moholy-Nagy.

Durch das Vordringen der industriellen Produktionsweisen im 19. Jahrhundert war die im Handwerk noch vorhandene Einheit zwischen Entwurf und Ausführung zerrissen. Der Leitgedanke von Gropius war, dass im Bauhaus Kunst und
Technik eine neue, zeitgemäße Einheit bilden sollten. Die Technik braucht nicht
die Kunst, aber die Kunst benötigt sehr wohl die Technik, war die Devise. Damit
verbunden war eine grundlegende soziale Zielvorstellung, nämlich die Kunst im
Volk zu verankern.

Das Bauhaus knüpfte gedanklich an die Lebensreformbewegung an der Wende vom 19. zum 20. Jahrhundert an, die sich insbesondere mit der Wohnkultur
auseinandersetzte. Der Muff des 19. Jahrhunderts mit seinen schwülstigen Möbeln
in dunklen Räumen sollte von neuen Formen des Wohnens abgelöst werden. In
klaren, hellen Räumen sollten die modernen Menschen des 20. Jahrhunderts neue
Lebensformen entwickeln (Becher, 1990).

Walter Gropius, Schema zum Aufbau der Lehre am Bauhaus (1922)

Der Vorkurs

Tragendes Fundament der Ausbildung am Bauhaus war der Vorkurs, der 1919/20 von Johannes Itten als ein wesentlicher Bestandteil des Lehrplanes eingeführt wurde und für jeden Studierenden obligatorisch war. Dieser Vorkurs war das Kernstück der künstlerisch-polytechnischen Grundlagenausbildung am Bauhaus. Er hatte zum einen die Selbsterfahrung und Selbstfindung sowie die Erprobung eigener schöpferischer Möglichkeiten der Studierenden zum Gegenstand, zum anderen erfolgte hier auch die Vermittlung gestalterischer Grundqualifikationen im Sinne einer objektiven Gestaltungslehre.

Der Vorkurs wurde von László Moholy-Nagy und später von Josef Albers fortgeführt. Seine Ziele waren „erfindendes Bauen und entdeckendes Aufmerken". Methodisch gingen Itten wie Albers einen induktiven Weg in der Gestaltung, das heißt, sie ließen die Studenten suchen, probieren und experimentieren. Kognitive Fähigkeiten wurden auf diese Weise indirekt gefördert. Die Theorie wurde nicht vorangestellt, sondern aus der Analyse und Diskussion von Experimenten wurden Erkenntnisse gezogen, die sich dann kontinuierlich zu einer allgemeineren „Theorie der Gestaltung" verdichteten.

Sitz des Bauhauses war seit 1919 Weimar. 1925 wurde der von Gropius entworfene Neubau in Dessau bezogen, in dem sieben Jahre lang gearbeitet wurde. Unter dem Druck der Nationalsozialisten wurde das Bauhaus in Dessau geschlossen, aber eine kleine Gruppe von Bauhaus-Lehrern und Studenten wirkte, wenn auch unter großen Schwierigkeiten, noch in den Jahren 1932 und 1933 in Berlin weiter. Es handelte sich dabei um die private Schule Mies van der Rohes, die im Sommer 1933 von ihm endgültig aufgelöst wurde.

Entwicklungsphasen

Von der inhaltlichen Arbeit her lassen sich nach Rainer Wick (1982) drei Phasen der Bauhaus-Zeit unterscheiden:

Die Gründungsphase 1919–1923 Das wichtigste pädagogische Element war der bereits beschriebene Vorkurs. Nach dessen Absolvierung konnten sich die Studierenden für spezielle Werkstätten entscheiden, zum Beispiel Druckerei, Töpferei, Metall, Wandmalerei, Glasmalerei, Tischlerei, Bühnenwerkstatt, Weberei, Buchbinderei, Holzbildhauerei.

Jeder Werkstatt standen zwei Leiter vor, ein „Meister der Form" (Künstler) und ein „Meister des Handwerks". Dadurch sollten die manuellen und künstlerischen Fähigkeiten der Studierenden gleichermaßen gefördert werden. In der Praxis zeigte sich jedoch bald, dass die Handwerksmeister den Formmeistern untergeben waren. Dadurch entstanden zahlreiche soziale Spannungen, da letztlich der autonome Künstler auch am Bauhaus im Mittelpunkt stand. In dieser Phase wurden im Bereich des Designs hauptsächlich Unikate angefertigt, die erste Versuche in Richtung einer Produktästhetik darstellten.

Die Konsolidierungsphase 1923–1928 Das Bauhaus wurde nun mehr und mehr zu einer Lehr- und Produktionsstätte für industrielle Prototypen. Diese sollten einerseits an den Realitäten industrieller Produktion, andererseits an sozialen Bedürfnissen breiter Bevölkerungsschichten orientiert sein. Zu den aus heutiger Zeit einflussreichsten Werkstätten des Bauhauses gehörte neben der Metallwerkstatt die Tischlerei. Marcel Breuer, seit 1920 selbst Student am Bauhaus, übernahm 1925 als Jungmeister die Leitung der Letzteren. Mit der Entwicklung von Stahlrohrmöbeln gelang Breuer der Durchbruch zu funktionsgerechten und den Möglichkeiten der Massenproduktion entsprechenden Möbeln. Vermutlich angeregt durch den gebogenen Lenker seines Fahrrads, begann Breuer gedankliche Verbindungen zu den Thonet-Stühlen herzustellen. Der Vorteil der hohen Festigkeit des

Walter Gropius, Das Bauhaus-Gebäude in Dessau (1925)

Stahlrohres wurde mit der Leichtigkeit der Bespannung (Geflecht, Stoff, Leder) verbunden. Damit gelang es, einen völlig neuen Typus (Giedion, 1948) von Sitz-möbeln einzuführen, dessen Prinzipien bald darauf auf Tische, Schränke, Regale, Schreibtische, Betten, Kombinationsmöbel und anderes übertragen wurden.

Ziel der Entwurfstätigkeit am Bauhaus war es, für breite Bevölkerungskreise Produkte zu entwickeln, die erschwinglich waren und ein hohes Maß an Funktionalität besaßen. In dieser zweiten Phase wurde insbesondere der Funktionsbegriff theoretisch und praktisch entwickelt. Dieser beinhaltete stets eine soziale Orientierung: die „Lebens- und Arbeitsbedingungen beherrschen" (Moholy-Nagy) und die „Angelegenheiten des Massenbedarfs" ernst nehmen. „Funktion" bezeichnete immer die Verknüpfung von zwei Voraussetzungen: Es galt, im Design die Bedingungen der industriellen Herstellung (Technik, Konstruktion, Material) und die sozialen Bedingungen, das heißt die Bedürfnisse der breiten Bevölkerung und die Erfordernisse der Sozialplanung, in Einklang zu bringen.

In dieser zweiten Phase des Bauhauses wurden somit zweckfreie künstlerische Experimente zugunsten angewandter Gestaltungsaufgaben zurückgedrängt. Zum Teil durch Aufgabenstellungen, die aus Industrieaufträgen resultierten, veränderte sich das Bauhaus in eine „Hochschule für Gestaltung". Typisierung, Normie-

rung, serielle Herstellung und Massenproduktion wurden zum Leitbild sämtlicher Arbeiten am Bauhaus. Für diese Entwicklung zeichnete insbesondere der Schweizer Architekt Hannes Meyer verantwortlich, der 1927 Leiter der Architekturabteilung wurde. Er begründete eine systematische und wissenschaftlich fundierte Architekturausbildung.

Die Desintegrationsphase 1928–1933 Hannes Meyer wurde 1928 zum Direktor des Bauhauses ernannt, in dieser Zeit wurden neue Fachgebiete und Werkstätten im Bauhaus eingeführt, unter anderem Fotografie, Plastik und Psychologie. Meyer plädierte vehement für eine soziale Bestimmung von Architektur und Design. Der Gestalter habe dem Volk zu dienen, das heißt, dessen elementare Bedürfnisse etwa im Bereich des Wohnens mit adäquaten Produkten zu befriedigen. Das ursprüngliche Konzept einer Kunsthochschule wurde damit endgültig aufgegeben. Zahlreiche Künstler verließen das Bauhaus (darunter Schlemmer, Klee, Moholy-Nagy). Unter dem politischen Druck in Deutschland verließ auch Meyer 1930 das Bauhaus und wanderte mit zwölf Studierenden nach Moskau aus.

Mies van der Rohe wurde zum neuen Direktor berufen, aber bereits 1932 schlossen die Nationalsozialisten das Bauhaus in Dessau, und Mies versuchte, das

Bauhaus in Berlin als unabhängiges Institut fortzuführen (siehe dazu: Hahn, 1985). Am 20. Juli 1933, nur wenige Monate nach der „Machtergreifung" Adolf Hitlers in Berlin, erfolgte jedoch die Selbstauflösung des Bauhauses.

Ziele des Bauhauses

Das Bauhaus hatte, zusammengefasst, zwei zentrale Ziele:

Zum einen sollte durch die Integration aller Kunstgattungen und Handwerkssparten unter dem Primat der Architektur eine neue ästhetische Synthese erreicht werden,

zum anderen sollte durch die Ausrichtung der ästhetischen Produktion auf die Bedürfnisse breiter Bevölkerungsschichten eine soziale Synthese erreicht werden.

Diese beiden Aspekte wurden im Verlauf der folgenden Jahrzehnte zu den zentralen Kategorien gestalterischer Tätigkeit. Jenseits der rein pädagogischen Beiträge war das Bauhaus aber auch eine „Schule des Lebens", das heißt, es wurde von Dozenten und Studenten eine gemeinsame, konstruktivistische Lebensphilosophie praktiziert (Wünsche, 1989), die zumindest in der Weimarer Phase einem „logenhaften Gemeinschaftsleben" gleichkam, so Moholy-Nagy. Diese gemeinsame Identität war sicherlich auch ausschlaggebend für den nahezu missionarischen Eifer, mit dem die Bauhaus-Gedanken in alle Welt getragen wurden.

Anschaulich wird dies in diversen Sammlungen, die öffentlich zugänglich sind: in Weimar (Klassik Stiftung Weimar, Abteilung Bauhaus-Museum), Dessau (Stiftung Bauhaus Dessau) und in Berlin (Bauhaus-Archiv / Museum für Gestaltung). Die China Academy of Art (CAA) eröffnete in Hangzhou in der Nähe von Schanghai eine Bauhaus-Sammlung mit über 7 000 Objekten. Die Stadt Hangzhou erwarb dafür 2012 die Sammlung von Torsten Bröhan, dem Sohn des renommierten Berliner Kunstsammlers Karl Bröhan, für rund 60 Millionen Euro; für diese Sammlung wurde dann ein eigenes Designmuseum erbaut.

Neuere Forschungen über das Bauhaus zeigen, dass dieses nicht nur eine Arbeitsgemeinschaft, sondern auch eine Lebensgemeinschaft war. Deutlich wird dies beispielsweise in den legendären Bauhausfesten in Weimar und Dessau. Über das Bauhaus als Lebensgemeinschaft wird in der Publikation von Fiedler/Feierabend (1999) ausführlich berichtet.

Jüngere Forschungen (siehe dazu: Christoph Wagner, 2009) zeigen des Weiteren, dass neben aller Rationalität des Entwerfens der Architekten und Gestalter auch diverse esoterische Strömungen am Bauhaus auf fruchtbaren Boden fielen. Ob Freimaurerei, Anthroposophie, Astrologie oder parawissenschaftliche Ansätze:

Die Esoterik hatte durchaus ihren Platz am Bauhaus. Es waren insbesondere Künstler wie Johannes Itten, Wassily Kandinsky oder Paul Klee, die sich dafür ernsthaft interessierten. So wird berichtet, dass der Architekt und Designer Marcel Breuer zusammen mit der Weberin Gunta Stölzl einen afrikanischen Stuhl entworfen hat, der möglicherweise als „Thron" für den damaligen Direktor des Bauhauses – Walter Gropius – bestimmt gewesen sein soll. Über dessen Reaktion wird jedoch nichts berichtet.

Eine vergleichbare Verknüpfung von Arbeits- und Lebenswelt, wie sie für das Bauhaus kennzeichnend war, lässt sich nach dem Zweiten Weltkrieg auch an der HfG Ulm wiederfinden (↗S. 37 ff.). Diese bisher erst wenig beleuchteten Aspekte des Bauhauses wurden in der voluminösen Publikation von Jeannine Fiedler und Peter Feierabend (1999) gewürdigt, die sich in kurzer Zeit nach dem „Wingler" als zweites bedeutendes Standardwerk zum Thema Bauhaus etablieren konnte.

Produktkulturelle Auswirkungen des Bauhauses

Mit Gropius' Postulat „Kunst und Technik – eine neue Einheit" wurde ein neuer Typus von Mitarbeitern für die Industrie angestrebt, der die moderne Technik und die ihr entsprechende Formensprache gleichermaßen beherrschen sollte. Walter Gropius legte damit das Fundament für die Veränderung der Berufspraxis vom traditionellen Kunsthandwerker zum Industrial Designer in seiner heutigen Ausprägung.

Mit den Methoden der Wesensforschung und der Funktionsanalyse sowie einer sich entwickelnden Gestaltungswissenschaft sollten die objektiven Bedingungen des Gestaltens geklärt werden. Gropius formulierte dies 1926 so: „Ein Ding ist bestimmt durch sein Wesen. Um es so zu gestalten, dass es richtig funktioniert – ein Gefäß, ein Stuhl, ein Haus –, muss sein Wesen zuerst erforscht werden; denn es soll seinem Zweck vollendet dienen, das heißt, seine Funktionen praktisch erfüllen, haltbar, billig und schön sein." (Gropius, 1925)

Florian Arnold verweist in seiner Dissertation an der HfG Offenbach zur Logik des Entwurfs auf eine ideengeschichtlich aufschlussreiche Querverbindung zwischen Walter Gropius und Martin Heidegger. Obwohl eine solche faktisch nicht nachweisbar ist, finden sich doch in der Suche nach dem „Wesen" Gemeinsamkeiten, die der Zeit geschuldet waren (Werner Marx, 1961). Sowohl Husserls phänomenologische Überlegungen (↗S. 98 ff) als auch Heideggers fundamentalontologische Untersuchungen flossen in die Überlegungen von Walter Gropius ein – im Sinne einer Reaktion auf die Rationalisierung der modernen Lebenswelt (Arnold, 2015).

Versuchte man im Bauhaus quasi prototypische Möbel zu entwerfen und zu produzieren, so ging es Heidegger um die Grundfragen des menschlichen Wesens. In dieser Tradition stehend wurde der Begriff des „Wesensanzeichens" (Fischer/Mikosch, 1983) geprägt, der darauf verweist, dass es bei jedem Produkt typische Anzeichen, also Visualisierungen praktischer Funktionen, gibt, die sich auf das Spezifische einer Produktklasse beziehen.

Die soziale Haltung wird im Werk des Bauhaus-Schülers Wilhelm Wagenfeld besonders deutlich. Er war davon überzeugt, dass Massenerzeugnisse billig und zugleich vorzüglich gestaltet und produziert sein müssen. Seine Arbeiten für die Lausitzer Glaswerke oder die Württembergische Metallwarenfabrik (WMF) sind so verbreitet, dass sie quasi als anonymes Design zur Alltagskultur gehören, da Wagenfeld als Designer immer hinter seinen Produkten zurücktrat (zu seinem Lebenswerk siehe: Manske/Scholz, 1987).

Es muss jedoch festgehalten werden, dass die Entwürfe des Bauhauses in den 1930er-Jahren keinen Einfluss auf die Massenkultur hatten. Die Käufer der Bauhausprodukte entstammten intellektuellen Kreisen, die für die neuen Entwurfskonzepte aufgeschlossen waren. Gleichwohl kann man heute in der Rückschau durchaus von einem „Bauhausstil" sprechen (Bittner, 2003), der für das Design des 20. Jahrhunderts prägend wurde.

Die besondere Bedeutung des Bauhauses für das Möbeldesign

Das Design am Bauhaus wurde im Wesentlichen von einer Generation junger Architekten geprägt, deren zentrales Interesse den Funktionen der Produkte sowie den Lebensräumen der Bewohner galt. In einem radikalen Bruch mit dem 19. Jahrhundert, mit den herrschenden Vorstellungen von Dekoration und Plüsch im bürgerlichen Wohnen, richteten die Entwerfer ihr Interesse jetzt auf technologische Fragen. Die Faszination der neuen Konstruktionsmethoden führte zu „Typenmöbeln", die alle funktional neu durchdacht wurden. Aber bereits damals entwickelte sich diese Faszination der Technologie zu einer eigenständigen Symbolik. Das Stahlrohr im Interieurbereich wurde zum Zeichen der intellektuellen Avantgarde. Die Marktchancen solcher Möbel wurden aber erst in den 1960er-Jahren erschlossen, beispielsweise durch italienische Möbelhersteller wie die Firma Cassina.

Gertrud Arndt, Teppichboden „Classic: Frauen am Bauhaus" (1926),
Fa. Vorwerk Teppichwerke (1994)

Pädagogische Auswirkungen des Bauhauses

Die politisch bedingte Emigration von Studierenden und Lehrenden des Bauhauses führte weltweit zur Weiterentwicklung von Forschung, Lehre und Praxis dieses wegweisenden Konzeptes:

1926 gründete Johannes Itten eine private Kunstschule in Berlin.

1928 wurde unter der Leitung von Sandor Bortnyik das sogenannte Budapester Bauhaus („Mühely") gegründet.

1933 wurde Josef Albers an das Black Mountain College in North Carolina berufen, wo er bis 1949 lehrte.

1937 wurde in Chicago The New Bauhaus mit Moholy-Nagy als Leiter gegründet.

Ebenfalls 1937 wurde Walter Gropius Leiter der Architekturabteilung der Harvard Graduate School of Design. Bis 1946 lehrte dort auch Marcel Breuer.

1938 kam Mies van der Rohe als Leiter der Architekturabteilung an das Armour Institute of Technology in Chicago, aus dem 1940 durch Fusion das bedeutende Illinois Institute of Technology entstand.

1939 wurde von Moholy-Nagy in Chicago die School of Design gegründet, die 1944 in Institute of Design mit Collegerang umbenannt wurde.

1949 wurde unter Moholy-Nagys Nachfolger, Serge Chermayeff, das Institute of Design dem Illinois Institute of Technology angegliedert und erhielt Hochschulrang. Unter Chermayeff wurden spezielle Abteilungen gebildet: Visual Design, Product Design, Architektur, Fotografie. Diese Gliederung wurde im weiteren Verlauf von zahlreichen Designschulen weltweit übernommen.

Von 1950 bis 1959 lehrte Albers an der Yale University, New Haven, Connecticut. Dort entstand seine berühmte Farbuntersuchung *Interaction of Colour* (Albers, 1963, 1977), die insbesondere für die Grundausbildung von Designern in den Farbkursen heute noch herangezogen wird.

Vor allem in lateinamerikanischen Ländern beziehen sich noch heute viele Designschulen in ihren Grundlehre-Kursen auf die Erkenntnisse, die im deutschen Bauhaus gewonnen wurden.

    Aber auch aus einem ganz anderen Bereich wird dem Bauhaus heute Reverenz erwiesen. In den 1970er-Jahren entwickelte die inzwischen legendär gewordene deutsche Musikgruppe Kraftwerk den „Elektropop" und wurde damit zum Wegbereiter für ein neues Genre der Musik. Ihr Zugang zur Musik ist, so Thomas Hüetlin,

Kraftwerk
Die Mensch-Maschine (1978)

durch den russischen Konstruktivismus (↗S. 26) und das Bauhaus geprägt worden. Die ästhetische Neuorientierung im 20. Jahrhundert (geprägt durch Walter Gropius u. a. in Weimar und Dessau) sei auch Leitbild für die Musik von Kraftwerk gewesen (Hüetlin, 2015).

Die Hochschule für Gestaltung Ulm

Als wichtigste Neugründung nach dem Zweiten Weltkrieg gilt die Ulmer Hochschule für Gestaltung. So wie das Bauhaus in den 1920er-Jahren Architektur, Gestaltung und Kunst maßgeblich geprägt hat, so gingen auch von der HfG Ulm für die Theorie, Praxis und Lehre des Designs sowie der visuellen Kommunikation mannigfaltige Einflüsse aus, sodass ein direkter Vergleich dieser beiden Institutionen legitim erscheint. Der Schweizer Max Bill, der selbst von 1927 bis 1929 am Bauhaus studierte, war an der Gründung der HfG beteiligt und leitete sie bis 1956. Gastdozenten in Ulm waren u. a. auch die ehemaligen Bauhäusler Albers, Itten und Walter Peterhans. Das Programm der Hochschule orientierte sich anfangs streng am Dessauer Vorbild des Bauhauses.

Die Kontinuität wird auch durch die Eröffnungsrede von Walter Gropius im Jahre 1955 deutlich: Er knüpfte an die Bedeutung der Rolle des Künstlers in einer fortschrittlichen Demokratie an und wies gleichzeitig den Vorwurf zurück, das Bauhaus habe einen einseitigen Rationalismus betrieben. In seiner Arbeit gehe es ihm darum, ein neues Gleichgewicht zwischen den praktischen und den ästhetisch-psychologischen Ansprüchen der Zeit zu finden. Gropius verstand den Funktionalismus im Design so, dass es darum gehe, mit den Produkten die physischen und psychischen Bedürfnisse der Bevölkerung zu befriedigen. Insbesondere Fragen nach der Schönheit der Form waren für ihn psychologischer Natur. Aufgabe einer Hochschule müsse es daher sein, nicht nur Wissen und Kenntnisse zu vermitteln und so den Verstand zu erziehen, sondern auch die Sinne.

Im Zuge eines gewachsenen historischen Interesses erfuhr die HfG Ulm seit den 1980er-Jahren wieder vermehrt Beachtung. Die Arbeitsgruppe HfG-Synopse (Roericht, 1982, 1985) präsentierte 1982 eine synchron-optische Darstellung, in der die Hochschule anhand von Dokumenten präsentiert wird. Die HfG-Synopse war

Max Bill, Gebäude der Hochschule für Gestaltung Ulm (1967)

auch Grundlage für eine Ausstellung über die HfG Ulm (siehe die parallel dazu erschienene Dokumentation: Lindinger, 1987). Aus eher kunsthistorischer Sicht wurden diverse Dissertationen angefertigt, wie beispielsweise die (recht umstrittene) von Hartmut Seeling (1985), diejenige von Eva von Seckendorff (1989) sowie die in höchstem Maße akribische von René Spitz (2001), die sich insbesondere mit den institutionellen Prozessen und den politischen und gesellschaftlichen Kontexten der HfG Ulm auseinandersetzt.

Anlässlich des 50-jährigen Jubiläums der HfG Ulm erschien parallel zu einer Wanderausstellung 2003 der Katalog *ulmer modelle – modelle nach ulm* (Ulmer Museum / HfG-Archiv 2003). Dort sind insbesondere die Ausführungen zu Theorie und Methodik aufschlussreich, da an diesen noch einmal deutlich wird, warum das Modell HfG Ulm einmalig und designhistorisch so bedeutsam war: ging es doch in den 1960er-Jahren zunächst einmal darum, zumindest ansatzweise Theorie und Praxis miteinander zu verbinden.

Die sechs Phasen ihrer Entwicklung

Die Entwicklung der Ulmer Hochschule für Gestaltung lässt sich in sechs Phasen darstellen.

1947–1953 Im Gedenken an ihre durch die Nationalsozialisten hingerichteten Geschwister Hans und Sophie Scholl initiierte Inge Scholl eine Stiftung, die das Ziel hatte, eine Schule zu errichten, in der berufliches Können und kulturelle Gestaltung mit politischer Verantwortung verbunden würden. Auf Initiative des amerikanischen Hochkommissars für Deutschland, John McCloy, wurde die Geschwister-Scholl-Stiftung als Trägerin der HfG Ulm gegründet. An der Entwicklung des inhaltlichen Konzepts dieser Schule arbeiteten insbesondere Inge Scholl, Otl Aicher, Max Bill und Walter Zeischegg mit. 1953 wurde mit dem Bau des von Bill entworfenen Gebäudes begonnen.

1953–1956 In provisorischen Gebäuden begann der Unterricht in Ulm. Die ehemaligen Bauhäusler Helene Nonné-Schmidt, Walter Peterhans, Josef Albers und Johannes Itten unterrichteten die ersten Studenten. Die Lehre war durch die unmittelbare Fortführung der Bauhaus-Tradition gekennzeichnet, obgleich keine Mal- und Bildhauerklassen, keine freie und keine angewandte Kunst angeboten wurden. Die ersten neu berufenen Dozenten hatten eine künstlerische Vorbildung, gleichwohl hatte die HfG Ulm an der Kunst eigentlich nur ein instrumentelles Erkenntnisinteresse, zum Beispiel bei ihrer Anwendung in den sogenannten Grundlehre-Arbeiten.

1954 wurde Max Bill zum ersten Rektor der HfG Ulm ernannt, die offizielle Eröffnung des neuen Gebäudes auf dem Ulmer Kuhberg erfolgte am 1. und 2. Oktober 1955. Mit seiner Eröffnungsrede markierte Bill die hohen Ansprüche dieser Neugründung: „das ziel ist uns klar: die gesamte tätigkeit an der hochschule ist darauf gerichtet, am aufbau einer neuen kultur mitzuarbeiten, mit dem ziel, eine mit unserem technischen zeitalter übereinstimmende lebensform zu schaffen. (…) die heutige kultur ist zu tief erschüttert, als dass man gewissermaßen an der spitze der pyramide anfangen könnte mit weiterbauen. wir müssen unten anfangen und die fundamente überprüfen." (Spitz, 2001) Als erste Dozenten der HfG Ulm wurden Otl Aicher, Hans Gugelot und Tomás Maldonado berufen.

1956–1958 Diese Phase war durch die Aufnahme neuer wissenschaftlicher Disziplinen in den Lehrplan gekennzeichnet. Die engen Beziehungen zwischen Gestaltung, Wissenschaft und Technologie wurden insbesondere durch die Dozenten Aicher, Maldonado, Gugelot und Zeischegg aufgezeigt. Max Bill verließ die Hochschule bereits 1957 wieder, da er mit ihrer inhaltlichen Entwicklung nicht mehr einverstanden war. Diese Phase war auch geprägt vom Aufbau eines Ausbildungsmodells für die Hochschule, das Maldonado 1958 mit einem klaren Statement umschrieb: „sie sehen, dass wir uns bemüht haben, die arbeit der hochschule auf eine exakte grundlage zu stellen." (Spitz, 2001)

1958–1962 Disziplinen wie Ergonomie, mathematische Techniken, Ökonomie, Physik, Politologie, Psychologie, Semiotik, Soziologie, Wissenschaftstheorie und andere mehr erhielten zunehmende Bedeutung im Lehrplan. Die HfG Ulm stand damit klar in der Tradition des deutschen Rationalismus, da sie versuchte, insbesondere mit der Anwendung mathematischer Methoden „Wissenschaftlichkeit" zu demonstrieren. Gleichwohl war die Auswahl der in den Lehrplan aufgenommenen Disziplinen eher bedingt durch die gerade zu gewinnenden Gastdozenten und damit auch selten von Kontinuität geprägt. Der avantgardistische, intellektuelle Anspruch wurde zwar kultiviert, eine stringente Theorieentwicklung konnte die HfG Ulm jedoch nicht betreiben. Daher erscheint mir das Statement von Michael Erlhoff (1987), dass an der HfG Ulm das vorerst letzte Konzept einer begründenden Formgebung entwickelt worden sei, problematisch, waren es doch eher zufällige theoretische Bruch- und Fundstücke, die in Ulm thematisiert, das heißt, in Lehre und Forschung integriert wurden (siehe dazu: Bürdek, 2003). Gleichwohl haben sich die Überlegungen von ehemaligen Ulmer Studenten wie Reinhart Butter, Richard Fischer oder Klaus Krippendorff als tragfähige Fundamente für die „Produktsemantik" (↗S. 178) erwiesen.

In der Abteilung Produktgestaltung wurden Walter Zeischegg, Horst Rittel, Herbert Lindinger und Gui Bonsiepe als Dozenten berufen. Besonderes Gewicht wurde zu dieser Zeit auf die Entwicklung von Designmethoden gelegt; Baukasten- und Systemdesign traten in den Vordergrund der Entwurfsprojekte.

1962–1966 In dieser Phase wurde ein Gleichgewicht zwischen theoretischen und praktischen Disziplinen im Lehrplan erreicht. Der Lehrbetrieb selbst wurde sehr stark formalisiert und damit zu einem Referenzmodell für zahlreiche andere Designschulen in der ganzen Welt.

In autonomen Entwicklungsgruppen (Instituten) wurden verstärkt Projekte für industrielle Auftraggeber bearbeitet. Gleichzeitig wurde das Verwertungsinteresse der Industrie am Design immer deutlicher. Gerade deutsche Unternehmen erkannten, dass mit den an der HfG Ulm angewandten Prinzipien rationelle Produktkonzeptionen zu verwirklichen waren, die dem damaligen Stand der Technologie besonders entgegenkamen. Die HfG selbst wurde von außen auch nicht mehr als Hochschule im Sinne einer forschenden und entwickelnden Einrichtung angesehen, was dazu führte, dass nach dem Motto „Keine Forschung – kein Zuschuss" finanzielle Mittel der Bundesregierung ausblieben (Spitz, 2001).

1967–1968 Der Versuch, die Autonomie der Hochschule zu bewahren, löste in diesen Jahren die Suche nach einer inhaltlichen und institutionellen Neuorientierung aus, die jedoch nicht mehr umgesetzt werden konnte. Da die Forderungen des badenwürttembergischen Landtags nach neuen Konzepten – nicht zuletzt aufgrund der Zerstrittenheit der Hochschulangehörigen – nicht erfüllt wurden, stellte die HfG Ulm Ende 1968 ihre Tätigkeit ein (Spitz, 2001).

Jenseits aller politischen Gründe, die gerne angeführt werden, ist die HfG jedoch auch daran gescheitert, dass es ihr seit Mitte der 1960er-Jahre nicht mehr gelang, zeitgemäße inhaltliche Konzepte zu entwerfen. Die damals einsetzende Funktionalismuskritik und die wenig später beginnende Debatte über ökologische Fragen wurden von der Hochschule nicht mehr rezipiert. Insbesondere in ihren Instituten herrschte eine so starke Kommerzialisierung durch Industrieprojekte, dass bei etlichen Dozenten von Unabhängigkeit und kritischer Distanz keine Rede mehr sein konnte. Zu groß waren die Verlockungen, als man endlich den Ulmer Stil gefunden hatte, sich den Verwertungsmechanismen auszuliefern. Aufgrund dieser Verstrickungen konnten keine Lösungen gefunden werden, die den massiven Forderungen der damaligen Studenten nach gesellschaftlicher Relevanz der Arbeit und hochschulgemäßer Autonomie entsprachen.

1   **Nick Roericht**
    Stapelgeschirr TC 100 (1958/59),
    Diplomarbeit HfG Ulm
    Fa. Rosenthal AG (1961–2008),
    Fa. HoGaKa (seit 2010)

2   **Klaus Krippendorf**
    Motorgrader (1960)
    Diplomarbeit HfG Ulm

1

2

Das Institut für Umweltplanung (IUP) In den Gebäuden der HfG Ulm wurde ab 1969 ein Institut für Umweltplanung der Universität Stuttgart betrieben, das zum einen die Kontinuität zur ehemaligen HfG darstellen sollte, zum anderen aber deren engen Gestaltungsbegriff auflöste. Dort widmete man sich verstärkt gesellschaftspolitischen Themenstellungen, die durch die Studentenbewegung der Jahre 1967/68 auch in das Bewusstsein der Designer gerückt waren (siehe z. B. Klar, 1968, oder Kuby, 1969). Der Verlust an Autonomie, das heißt der Möglichkeit, als eigenständige Hochschule agieren zu können, führte jedoch zu einer starken Abhängigkeit des IUP von der Universität Stuttgart, die letztlich auch die erneute Schließung im Jahre 1972 verursachte. Zu erwähnen bleibt jedoch, dass in einer Arbeitsgruppe des IUP erste Grundlagen für eine Neuorientierung der Designtheorie geschaffen wurden.

Der ehemalige HfG-Student Gerhard Curdes wurde 1969 Dozent am IUP. In seiner akribischen Analyse *Gestaltung oder Planung?* (Curdes, 2015) schildert er die damaligen Probleme auf dem Ulmer Kuhberg. Insbesondere die Dominanz der Planung gegenüber der Gestaltung (Letztere wurde quasi vernachlässigt) verdeutlicht den Zeitgeist der beginnenden 1970er-Jahre im Design.

Die einzelnen Abteilungen der HfG Ulm

Am Beispiel der einzelnen Abteilungen sollen die inhaltlichen Schwerpunkte der HfG Ulm kurz umrissen werden.

Die Grundlehre Ähnlich wie am Bauhaus kam der Grundlehre an der HfG große Bedeutung zu. Ihr Ziel bestand in der Vermittlung allgemeiner Gestaltungsgrundlagen sowie theoretisch-wissenschaftlicher Kenntnisse, der Einführung in die Entwurfsarbeit einschließlich Modellbau- und Darstellungstechniken. Auch hier ging es um die Sensibilisierung der Wahrnehmungsfähigkeit durch das Experimentieren mit den elementaren Mitteln der Gestaltung (Farben, Formen, Gestaltgesetzen, Materialien, Oberflächen). Im Laufe der Zeit entwickelte sich die anfangs noch stark vom Bauhaus geprägte Grundlehre in Richtung exakte mathematisch-geometrische Grundlagen einer visuellen Methodik (Lindinger, 1987).

Die eigentliche Intention der Ulmer Grundlehre bestand jedoch darin, über das Training der manuellen Präzision der Studierenden letztlich eine intellektuelle Disziplinierung zu erreichen. Wissenschaftstheoretisch dominierte das cartesianische Denken. Der Wunsch nach Rationalität, nach strenger Form und Konstruktion bestimmte das Denken. Als Bezugswissenschaften wurden eigentlich nur die „exakten" Naturwissenschaften akzeptiert. So wurden insbesondere mathematische Disziplinen auf ihre Anwendungseignung für das Design untersucht (siehe dazu: Maldonado/Bonsiepe, 1964), unter anderem:

die Kombinatorik (für Baukastensysteme und Probleme der Maßkoordination),

die Gruppentheorie (in Form einer Symmetrietheorie für die Konstruktion von Netzen und Gittern),

die Kurventheorie (für die mathematische Behandlung von Übergängen und Transformationen),

die Polyedergeometrie (für die Konstruktion von Körpern),

die Topologie (für Probleme der Ordnung, Kontinuität und Nachbarschaft).

Die Studierenden wurden darin geschult, Gestaltungsprozesse bewusst und kontrolliert durchzuführen. So bekamen sie eine Denkweise vermittelt, die den Aufgabenstellungen entsprach, die sie später auf den Gebieten der Produktgestaltung, des industrialisierten Bauens oder der Kommunikation bewältigen sollten (Rübenach, 1987).

Bauen Im Bereich der Architektur beschäftigte man sich schwerpunktmäßig mit vorfabriziertem Bauen. Elementbauweise, Verbindungstechniken, Fertigungsorganisation und Modularanordnungen standen im Vordergrund der Ausbildung. Damit sollten insbesondere preisgünstige Wohnquartiere für große Bevölkerungsgruppen geschaffen werden. Vom Entwurfsansatz her knüpfte die HfG Ulm an die Ansätze von Hannes Meyer im Bauhaus an. Diese Arbeiten schlossen sich aber auch nahtlos dem damaligen Trend zum vorfabrizierten Bauen in der Bauindustrie an.

Film Dieser Bereich wurde 1961 als eigene Abteilung eingerichtet. Studieninhalte waren die Vermittlung der erforderlichen handwerklichen und technischen Fähigkeiten sowie die Entwicklung neuer experimenteller Formen des Films. Dozenten waren Edgar Reitz, Alexander Kluge und Christian Straub. Im Oktober 1967 machte sich die Abteilung als Institut für Filmgestaltung selbstständig.

Information Ziel dieser Abteilung war die Ausbildung für neue Tätigkeitsfelder in den Bereichen Presse, Film, Rundfunk und Fernsehen. Besonderen Einfluss hatten hier die Dozenten Max Bense, Abraham A. Moles und Gert Kalow. Von hier aus wurde versucht, den informationstheoretischen Ansatz auf andere Gestaltungsbereiche zu übertragen.

Produktgestaltung Im Mittelpunkt des Erkenntnisinteresses stand die Entwicklung und Gestaltung industriell gefertigter Massenprodukte, die im alltäglichen Gebrauch, in Verwaltung und Produktion eingesetzt werden sollten. Besonderen Wert legte man dabei auf eine Entwurfsmethode, in der alle Faktoren berücksichtigt werden, die ein Produkt bestimmen: funktionelle, kulturelle, technologische und wirtschaftliche.

Thematisch richtete sich das Interesse weniger auf Einzelprodukte als vielmehr auf Fragen von Produktsystemen, durch die ein einheitliches Erscheinungsbild (Corporate Design), beispielsweise eines Unternehmens, erreicht werden sollte. Geräte, Maschinen und Instrumente waren die dominierenden Produktbereiche. Objekte, die kunsthandwerklichen Charakter besitzen, wurden praktisch tabuisiert. Auch die Gestaltung von Prestige- und Luxusobjekten gehörte nicht zur Aufgabenstellung der Abteilung Produktgestaltung.

Visuelle Kommunikation Die Probleme der Massenkommunikation waren in dieser Abteilung zentral. Typografie, Fotografie, Verpackungen, Ausstellungssysteme, technische Kommunikation, Gestaltung von Anzeigevorrichtungen und Entwicklung von Zeichensystemen bildeten die Palette der Entwurfsprojekte.

Pädagogische Auswirkungen der HfG Ulm

Ähnlich wie das Bauhaus war die HfG Ulm, trotz ihrer relativ kurzen Existenz von nur fünfzehn Jahren, auch nach ihrer Schließung außerordentlich einflussreich. Dabei kam den Absolventen der HfG ein glücklicher Umstand zugute: Viele öffentliche Arbeitgeber, zum Beispiel in Deutschland, legen bei der Einstellung von Bewerbern Wert auf die Tatsache, dass diese einen Diplomabschluss vorweisen können. Bis in die 1960er-Jahre konnten diese Forderung einzig die Ulmer Absolventen erfüllen. Mit der ihnen eingeimpften rigiden cartesianischen Grundhaltung war zudem garantiert, dass „abweichlerische Tendenzen" schon im Keime erstickt wurden oder gar nicht erst aufkamen. Dies erklärt auch die extrem klare Abgrenzung von Design gegenüber der Kunst und dem Kunsthandwerk in jener Zeit. Die dadurch provozierte postmoderne Gegenbewegung in den 1980er-Jahren führte zwar zu einer erhöhten medialen Aufmerksamkeit für Design, blieb aber im Kern kontraproduktiv, da grundlegende Erkenntnisfortschritte über die Disziplin nur spärlich gewonnen werden konnten. Überhaupt sieht man heute an jenen Hochschulen, an denen sowohl freie als auch angewandte Künste gelehrt werden, dass die oftmals propagierte „dialogische Interdisziplinarität" der Lehrbereiche am Statusbeharren der vermeintlich „freien" und anscheinend „autonomen"

Künstler scheitert. Insbesondere ihre Denkweise, die noch aus den autonomen Kunstakademien des 19. Jahrhunderts stammt, ist dabei weit verbreitet. Und so scheint es, dass Designhochschulen dann besonders erfolgreich sind, wenn sie ein aktives und breites Engagement in den kulturellen Kontexten zeigen, worunter nicht unbedingt die freien Künste zu verstehen sind, sondern beispielsweise Architektur, Bühnenbild, Inszenierungs- und Eventdesign, Film, Fotografie, Literatur, Mode, Musik, Popkultur, Stadt- und Raumplanung, Theater.

Vor allem der Bereich der Designmethodologie ist ohne die Arbeiten der HfG Ulm überhaupt nicht denkbar. Das systematische Nachdenken über Problemstellungen, Methoden von Analyse und Synthese, Begründung und Auswahl von Entwurfsalternativen – all dies ist heute gemeinsames Repertoire der Profession Design geworden. Die HfG Ulm war die erste Designschule, die sich ganz bewusst in die geistesgeschichtliche Tradition der Moderne einordnete.

So wie sich die Angehörigen des Bauhauses nicht nur als Künstler, Architekten oder Designer, sondern auch als Lebens- und Geistesgemeinschaft verstanden (siehe dazu: Fiedler/Feierabend, 1999), so verstehen sich die „Ulmer" als eine Gruppe mit ähnlicher Prägung. Von den insgesamt 640 Studierenden verließen nur 215 diese Hochschule mit einem Diplomabschluss, sodass man sicherlich zu Recht von einem Mayflower-Effekt (Bürdek, 1980) sprechen kann: Dort studiert zu haben, hat inzwischen fast den gleichen Stellenwert wie in den traditionsbewussten Vereinten Staaten der per Stammbaum geführte Nachweis, dass die eigenen Vorfahren bereits mit der Mayflower nach Amerika gekommen sind.

Eine grobe Übersicht zeigt, dass etwa die Hälfte der Ulmer Absolventen in Designbüros oder Designabteilungen von Unternehmen tätig ist. Zahlreiche Produktgestalter gingen nach Italien, wohingegen sich die Architekten zumeist in der Schweiz niederließen. Die andere Hälfte ist oder war an Hochschulen tätig. Durch sie wurde während der Curriculumsrevision in den 1970er-Jahren, die zu neuen Studien- und Prüfungsordnungen führte, das Ulmer Gedankengut in die jeweiligen Lehrpläne eingebracht.

Jenseits der offiziellen Geschichtsschreibung der HfG Ulm kommt den persönlichen Erfahrungen ehemaliger Studierender eine besondere Bedeutung zu. So ist die von Achim Czemper (2008) herausgegebene Publikation *hfg ulm. Die Abteilung Produktgestaltung. 39 Rückblicke* eine recht authentische Schilderung der Ulmer Erfahrungen. Die Rückblicke von Rido Busse, Andries van Onck, Klaus Krippendorff, Horst Diener, Hans-Jürgen Lannoch, Alexander Neumeister, Bernhard E. Bürdek und vielen anderen zeigen eindrucksvoll, wie sich das Studium und der Alltag auf dem Ulmer Kuhberg darstellten.

Da viele ehemalige Ulmer Dozenten und Studenten neue Arbeitsfelder in aller Welt suchten, wurden die Einflüsse der HfG Ulm auch im Ausland wirksam:

In den 1960er-Jahren hatten ehemalige Ulmer beim Aufbau der Escola Superior de Desenho (ESDI) in Rio de Janeiro maßgeblichen Einfluss.

Anfang der 1970er-Jahre wurde in Paris ein Institut für Umweltgestaltung gegründet, das jedoch nur einige Jahre existierte.

Zur gleichen Zeit wurde in Chile versucht, Produkte für den Basisbedarf zu entwickeln. Die Entwurfskonzepte waren sehr stark durch Ulmer Vorstellungen geprägt (siehe dazu: Bonsiepe, 1974).

In Indien sind sowohl am National Institute of Design in Ahmedabad als auch am Industrial Design Center in Mumbai Ulmer Einflüsse sichtbar.

Das Gleiche gilt für das Oficina Nacional de Diseño Industrial (ONDI) in Kuba, den Postgraduate-Kurs für Designer an der Universidad Autónoma Metropolitana (UAM) in Mexiko-Stadt sowie das ehemalige Laboratorio Associado in Florianopolis, Brasilien.

Produktkulturelle Auswirkungen der HfG Ulm

Die Ulmer Gestaltungsprinzipien wurden in den 1960er-Jahren durch die Zusammenarbeit mit den Brüdern Braun rasch und exemplarisch in einem industriellen Kontext angewandt. So wurde die Firma Braun zum Zentrum für eine Bewegung, die als „Gute Form" weltweit Beachtung fand. Entsprach diese einerseits idealerweise den Produktionsmöglichkeiten der Industrie, so wurde sie andererseits durch die Anwendung bei Konsum- und Investitionsgütern rasch vom Markt akzeptiert. „Good Design", „El buen diseño" oder „Bel Design" wurden im Verlauf von zwei Jahrzehnten quasi international zu Markenzeichen deutschen Designs. Erst in den 1970er- (Funktionalismuskritik) und verstärkt zu Beginn der 1980er-Jahre (Postmoderne) geriet dieses Konzept ernsthaft ins Wanken. Gleichwohl hat in Deutschland eine Vielzahl von Unternehmen diese Prinzipien mit großem Erfolg angewendet.

Dazu zählen neben der Firma Braun, die schon sehr früh eine Zusammenarbeit mit Dozenten der HfG Ulm praktizierte, Unternehmen wie Bulthaup, ERCO, Gardena, Hewi, Interlübke, Lamy, Rowenta, SSS Siedle, Viessmann und Wilkhahn. In ihren Firmengeschichten, aber auch mit den von ihnen gefertigten Produkten verweisen sie deutlich auf die Traditionen der HfG Ulm. Auch daran wird die besondere Bedeutung dieser Hochschule für die deutsche Produktkultur im 20. Jahrhundert sichtbar, denn von ähnlichen Wirkungen anderer Designschulen kann man nicht berichten.

Seit 1993 ist das Archiv der ehemaligen HfG Ulm Bestandteil des Ulmer Museums. Dort befinden sich insbesondere Donationen zahlreicher ehemaliger Studierender sowie die Werknachlässe von Otl Aicher, Tomás Gonda und Walter Zeischegg. Das Gebäude der HfG Ulm selbst wurde über viele Jahre von der Universität Ulm genutzt. Nach deren Auszug und nach der Renovierung des billschen Bauwerks konnte das HfG-Archiv im Jahr 2011 eigene Räume im ehemaligen HfG-Gebäude beziehen. Dort wird seit 2013 eine neue ständige Ausstellung unter dem Titel „Hochschule für Gestaltung Ulm – Von der Stunde Null bis 1968" gezeigt.

Das Beispiel Braun

Kein anderes Unternehmen hat die Entwicklung des Designs in Deutschland so maßgeblich beeinflusst wie die Firma Braun in Kronberg bei Frankfurt. Die ungebrochene Tradition der Moderne bestimmt bis heute die Unternehmens- und Designpolitik. Braun galt jahrzehntelang für zahlreiche andere Unternehmen als eine Art Leitbild – nicht nur in Deutschland.

Die Anfänge

Nach dem Tod des Firmengründers Max Braun 1951 übernahmen seine Söhne Erwin und Artur Braun die Leitung. Die Produktion umfasste zu jener Zeit Elektrorasierer, Rundfunkgeräte, Küchenmaschinen und Elektronenblitzgeräte.

Zu Beginn der 1950er-Jahre initiierte Fritz Eichler, der für die Designpolitik des Unternehmens verantwortlich war, die Zusammenarbeit mit der HfG Ulm, um eine neue Gerätelinie zu entwickeln. Maßgeblichen Anteil an diesen Arbeiten hatte der damalige HfG-Dozent Hans Gugelot. 1955 begann Dieter Rams, der übrigens nicht in Ulm, sondern an der Werkkunstschule Wiesbaden studiert hatte, als Architekt und Innenarchitekt bei der Firma Braun (siehe: Burkhardt/Franksen, 1980). 1956 übernahm er bereits erste Aufgaben als Produktdesigner. In Zusammenarbeit mit Hans Gugelot und Herbert Hirche wurden erste wichtige Grundlagen für das Erscheinungsbild von Braun geschaffen.

Die Prinzipien

Die Anwendung funktionalistischer Prinzipien wird an den Produkten der Firma Braun besonders deutlich (siehe dazu auch: Industrie Forum Design Hannover, 1990). Einige charakteristische Merkmale sind:

Wilhelm Wagenfeld, Braun Combi (Phono Radiokoffer) (1954/55)

hohe Gebrauchstauglichkeit der Produkte,

Erfüllung ergonomischer und physiologischer Forderungen,

hohe funktionelle Ordnung der einzelnen Produkte,

sorgfältige Gestaltung bis in die kleinsten Details,

harmonische Gestaltung, erreicht mit einfachen und geringen Mitteln,

intelligentes Design, basierend auf Bedürfnissen, Verhaltensweisen der Benutzer
sowie innovativer Technologie.

In der Tradition der klassischen Moderne stehend, beschreibt Dieter Rams seine
Tätigkeit als Designer mit folgendem Satz: „Weniger Design ist mehr Design." Er
knüpft damit unmittelbar an die Aussage von Mies van der Rohe an: „Less is more"
(weniger ist mehr), dessen Bekenntnis zum Internationalen Stil prägend für die
Architektur nach dem Zweiten Weltkrieg wurde. Obgleich bereits 1966 Robert
Venturi das Wort von Mies treffend parodiert hatte: „Less is bore" (weniger ist lang-
weilig), blieb Rams von dieser Diskussion weitgehend unbeeinflusst.

Am Beispiel der Firma Braun wird offensichtlich, wie durch die Einheit von
technologischem Konzept, kontrollierter Produktgestaltung und streng geordne-
ten Kommunikationsmitteln (wie Briefbögen, Prospekten, Katalogen) ein Gesamt-

erscheinungsbild eines Unternehmens realisiert wurde, das in seiner Stringenz beispielhaft ist. Eine solche Koordination aller gestalterischen Maßnahmen wird als das Corporate Design eines Unternehmens bezeichnet.

1967 wurde die Firma Braun vom US-amerikanischen Konzern Gillette übernommen, was aber die Designstrategie des Unternehmens nicht beeinflusst hat. Seit 2005 gehört Braun zum US-amerikanischen Konzern Procter & Gamble, wodurch die Globalisierung des Designs forciert wurde.

Im Zusammenhang mit einer Ausstellung in Osaka (2008/09) erschien eine 800-seitige Publikation über das Gesamtwerk von Dieter Rams (Klemp/Ueki-Polet, 2011), die deutlich macht, dass es Rams gelungen ist, über vierzig Jahre hinweg Gestaltung auf höchstem Niveau zu realisieren und dabei eine persönliche Haltung zu bewahren.

Braun nach Dieter Rams

Die Auswirkungen der Postmoderne im Design der 1980er-Jahre wurden produktkulturell bei Braun erst in der zweiten Hälfte der 1990er-Jahre spürbar. Der große Erfolg von Unternehmen wie Alessi, Authentics, Koziol oder Philips, die ihre Produktlinien mit Stilelementen einer neuen Popkultur versahen und damit die Märkte der Warenhäuser und Boutiquen überschwemmten, ging auch an einem Unternehmen wie Braun nicht spurlos vorbei. Mit dem Ausscheiden von Dieter Rams (der als einer der beharrlichsten Protagonisten des deutschen Funktionalismus galt; siehe dazu auch: Klatt/Jatzke-Wigand, 2002) als Leiter der Designabteilung im Jahre 1997 war dessen maßgeblicher und zugleich rigider Einfluss auf das Produktdesign bei Braun beendet. Die zunehmenden Einflüsse eines immer mehr am globalen Design orientierten Marketings führten in weiten Produktbereichen zum Verlust der gestalterischen Alleinstellung (siehe dazu: Braun Design, 2002).

Doch mit Oliver Grabes, seit 2009 Chefdesigner bei Braun, wird eine neue Designhaltung sowie eine entsprechende Designsprache entwickelt: „Strength of Pure" (siehe dazu: Terstiege, 2012). „Retrodesign kommt für uns nicht in Frage. Wir orientieren uns am früheren Braun-Design, übersetzen es aber in die heutige Zeit." (Braun Design Team, 2012)

Im Jahre 2012 hat Braun die Markenrechte an seinen Haushaltsgeräten an die italienische Firma De'Longhi verkauft, die dafür in Neu-Isenburg (bei Frankfurt a. M.) eine eigene Designabteilung gegründet hat. Thomas Edelmann (2014) bezeichnet die dort entworfenen Produkte allerdings als „Visionen von gestern". Es muss offen bleiben, ob durch diese Übernahme eine neue produktkulturelle Identität erzielt werden kann.

Produkte der Firma Braun, Kronberg (1960–1980)

Deutsche Demokratische Republik

Das Design in der Deutschen Demokratischen Republik (DDR) war von 1949 bis 1989 (also bis zur sogenannten Wende: dem Beitritt der DDR zur BRD) im Wesentlichen durch drei Aspekte gekennzeichnet:

eine intensive staatliche Förderung, die unmittelbar nach dem Zweiten Weltkrieg einsetzte,

eine über Jahrzehnte hinweg klare Orientierung an gesellschaftspolitisch notwendigen Themenstellungen,

eine zu Beginn der 1980er-Jahre intensiv einsetzende theoretische Auseinandersetzung mit Fragen des Funktionalismus sowie der Produktsemantik.

Die Entwicklung in der DDR beruhte auf vollkommen anderen gesellschaftlichen Rahmenbedingungen als in der Bundesrepublik Deutschland. Sie orientierte sich in der ersten Phase vornehmlich an Aufgabenstellungen des öffentlichen Bereichs. Arbeits-, Verkehrs-, Wohn- oder Freizeiteinrichtungen waren die wichtigsten Aufgabengebiete für die Entwerfer. Die ursprünglich weitgehend agrarwirtschaftlich orientierte DDR baute unter immensen Anstrengungen eine Schwerindustrie auf, in der vornehmlich Investitionsgüter produziert wurden. Erst Mitte der 1960er-Jahre begann eine stärkere Orientierung in Richtung auf Konsumgüter.

Erst viele Jahre nach der Wende setzte eine ernsthafte designhistorische Aufarbeitung der Konsumgüterproduktion ein. Günter Höhne, in den 1980er-Jahren Redakteur der Fachzeitschrift *form + zweck*, sammelte und dokumentierte akribisch all jene Gegenstände, die die Produktkultur der DDR ausmachten. Seine Spurensuche nach den Designklassikern (2001) führte zu erstaunlichen Einsichten. So gehörten viele Produkte gar nicht zum Lebensalltag im östlichen Teil Deutschlands, sondern wurden ausschließlich für große Versandhäuser im Westen produziert. Ihr Design schloss deshalb auch unmittelbar an die amerikanischen, italienischen oder skandinavischen Vorbilder an, die die Warenkataloge im Westen prägten. So sind die Kompakt-Sucherkamera Penti, die mechanische Schreibmaschine Erika oder der elektrische Rasierapparat bebo sher durchaus bedeutsame Produktentwürfe aus der ehemaligen Deutschen Demokratischen Republik.

Die praktizierte staatliche Designförderung wurde 1972 durch die Gründung des Amtes für industrielle Formgestaltung (AIF) erheblich aufgewertet. Als Institution, die dem Ministerrat der DDR direkt unterstand – der Leiter des AIF (Martin Kelm) hatte den Rang eines Staatssekretärs –, verfügte es über weitreichende Kompetenzen in sämtlichen Wirtschaftszweigen. Es entwickelte Richtlinien, Verordnungen oder Gesetze, nach denen die Erzeugnisgestaltung im ganzen Land zu erfolgen hatte. Dies war für den Binnenmarkt genauso bedeutsam wie für den Export. Mit über 200 Mitarbeitern zählte das AIF übrigens weltweit zu den größten staatlichen Designinstitutionen. Martin Kelm (Wölfel/Wölfel/Krzywinski, 2014) selbst konstatiert in seiner Rückschau selbstbewusst und sicherlich zu Recht: „Vergleicht man die DDR-Designförderung mit anderen Ländern, so fällt eine gewisse Einmaligkeit auf. In keinem anderen Land gab es ähnliche Förderstrukturen. International wurde das hoch bewertet und anerkannt (...). Die DDR-Designförderung wurde oft als Vorbild benannt."

Bedeutsam und offenbar recht unproblematisch war das Verhältnis von Design und Kunst. So gab es seit 1958/59 eine Designabteilung innerhalb der großen Dresdner Kunstausstellung. Neben Malerei, Bildhauerei und freier Grafik wurden hier Maschinen und Geräte, Fahrzeuge und Inneneinrichtungen, Textil- und Glasentwürfe präsentiert. Auch wurde zu den für die DDR ökonomisch äußerst bedeutsamen Internationalen Leipziger Messen die staatliche Auszeichnung „Gutes Design" für „hervorragend gestaltete Erzeugnisse" verliehen.

Ein wichtiges Gestaltungsmerkmal im Design der DDR stellte das sogenannte offene Prinzip dar (siehe dazu auch: Hirdina, 1988). Als Begründer galt Karl Clauss Dietel, der im Herbst 1988 Präsident des Verbandes Bildender Künstler der DDR wurde. Er plädierte für einen behutsamen Umgang mit den bestehenden gegenständlichen und räumlichen Lebensbedingungen, das heißt, dass das Gestaltungsrepertoire kontinuierlich verbessert, aber nicht zugunsten kurzlebiger Moden (wie etwa der Postmoderne) über Bord geworfen werden sollte. Die Offenheit bezog sich dabei sowohl auf Veränderungen, die aus dem wissenschaftlich-technischen Fortschritt resultieren, als auch auf sich verändernde Bedürfnisse der Benutzer. So sollte sich insbesondere der Mensch offen entwickeln können, wobei ihm die Gestaltung der Dinge helfen sollte. Diese Öffnung bezog sich (zumindest gedanklich) auch auf die Internationalisierung, die aber real damals kaum möglich war.

Clauss Dietel, der 2014 im Rahmen des Designpreises der Bundesrepublik Deutschland den Ehrenpreis für sein Lebenswerk erhielt, gehörte zusammen mit Lutz Rudolph zu den bekanntesten Gestalterpersönlichkeiten in der DDR (Kassner, 2002); sie versuchten, in ihren Arbeiten – die oftmals gegen den Strom der herrschenden Ideologie gerichtet waren – den Menschen in den Mittelpunkt des Entwerfens zu stellen. Durch die äußere Form der Dinge, die sie gestalterisch beeinflussen wollten, sollte auch der innere Zustand der Gesellschaft verändert werden. Die Produkte sollten ihre Benutzer auch zum demokratischen Umgang miteinan-

Mähdrescher, Design: Rüdiger Laleike, Erhard Noack, Gunter Schober
VEB Erntemaschinen Singwitz/DDR (1982)

der befähigen. Gerade am Beispiel der DDR wurde dabei deutlich, dass die Macht der Form zu einer Form der Macht wurde, oder anders gesagt: Die Ohnmacht der Form war eine spezielle (politische) Form der Macht.

So wurde Anfang der 1950er-Jahre quasi ein Verdikt gegen die funktionale Gestaltung verhängt, die Formgebung (wie das Design in der DDR lange Zeit genannt wurde) hatte sich an den kleinbürgerlichen, tradierten Wertvorstellungen der Zeit vor dem Zweiten Weltkrieg zu orientieren. Vor allem die Traditionen des in der ehemaligen DDR gelegenen Bauhauses wurden lange Zeit praktisch tabuisiert. Erst Ende der 1960er-Jahre ernannte sich die DDR zur einzigen rechtmäßigen Erbin des Bauhauses und vereinnahmte die Prinzipien funktionalistischer Gestaltung als nationales Erbe für ihre Produktion.

1976 begannen in Weimar Internationale Bauhaus-Kolloquien, die in den Jahren 1979, 1983 und 1986 fortgeführt wurden. In diesen Kolloquien (die Beiträge der Referenten wurden in der *Wissenschaftlichen Zeitschrift der Hochschule für Architektur und Bauwesen* wiedergegeben) wurden historische, pädagogische, soziale und länderübergreifende Auswirkungen des Bauhauses thematisiert.

Diese Öffnung für theoretische Fragen der Gestaltung wurde insbesondere durch ein Seminar zum Funktionalismus im Jahre 1982 im Amt für industrielle Formgestaltung (AIF) in Berlin deutlich (siehe dazu die Artikelserie in der Zeit-

Hydraulikbagger UB 1233, Design: Gerhard Bieber, Georg Böttcher, Peter Prusseit
VEB NOBAS Nordhausen/DDR (1986)

schrift *form + zweck* 1982/1983). Der Funktionalismus wurde zu dem Gestaltungsprinzip erhoben, das den Lebensbedingungen der sozialistischen Gesellschaft als
Zielvorstellung am meisten entspreche. „Funktionalismus" wurde dabei nicht als
Stilkategorie verstanden (grau, eckig und stapelbar), sondern als eine „Methode
der Arbeit" (Blank, 1988).

In einer Vortragsreihe zum Thema „Postmoderne und Funktionalismus" erin-
nerte Bruno Flierl (1985) an das Defizit, dass der Funktionalismus als Programm oft
nicht genügend in der Einheit von materieller und ideeller Funktionalität praktiziert und erklärt wurde. Die Kritik am Funktionalismus – zum Beispiel in der
Bundesrepublik und in Italien – schlage in einen blinden Antifunktionalismus um
und werde dadurch asozial und reaktionär.

Heinz Hirdina (1985) bemerkte, das Reaktionäre am postmodernen Design be-
stünde darin, dass der Entwurfsgegenstand wie im Styling nur aufgebläht und den
gleichen Mechanismen unterworfen werde, wie sie in Werbung und Verpackung
wirksam sind. Für Hirdina war demnach nicht das Aussteigen aus der Gebrauchs-
wertdiskussion das Entscheidende, sondern das offensichtliche Ankoppeln an die
kapitalistischen Prinzipien der Warenästhetik, also die Manipulation durch den
raschen, modischen Verschleiß der Waren.

Für die Entwicklung der Designtheorie lieferte Horst Oehlke (1982) wichtige Beiträge. Seine intensive Beschäftigung mit der Semantik der Produkterscheinung – also der Sprache der Gegenstände unter sozialistischen Bedingungen – gab entscheidende Impulse für eine Neuorientierung des Designs in der DDR (↗S. 182 f.).

So waren zwar die von Heinz Hirdina (1988) in bisher nicht gekannter Vollständigkeit dokumentierten Produktbeispiele noch weitgehend an den traditionellen funktionalistischen Designkategorien orientiert, aber bereits in seinem kurzen Kapitel „Erkundungen und Experimente in den achtziger Jahren" wurden neue Tendenzen sichtbar, wie sie sich zum Beispiel auch in einem Stehpult von Herbert Pohl dokumentierten, das im Rahmen der Ausstellung „Design in der DDR" 1988 im Stuttgarter Design Centrum gezeigt wurde.

Diese starke Exportorientierung auf der einen Seite führte auf der anderen Seite zu einer eigenständigen Gestaltung der Produkte für den Binnenmarkt, deren exotischer Charakter im Sommer 1989 in einer Ausstellung („SED – Schönes Einheits-Design") dokumentiert wurde. Wenige Monate vor der Öffnung der Grenze zwischen der DDR und der BRD wurden auf einmal in konzentrierter Form Produkte sichtbar, die vor allem in ihrer rigiden Schlichtheit unter produktsprachlichen Aspekten bedeutsam waren: „Teils gewollt, teils ungeplant, wie man heute feststellen kann, ist eine eigene Identität gewachsen. Immer wieder irritiert die Mangelhaftigkeit. Fast möchte man sagen, die Waren leiden an Fetisch-Mangel." (Bertsch/Hedler, 1990) Ein ehemaliger DDR-Designer, Karl Clauss Dietel, sah das indes ganz anders: Das „denunzierende Buch SED – Schönes Einheits-Design" leiste gerade keine konstruktiv-kritische Beschäftigung mit der Formgestaltung in der DDR (Kassner, 2009), die noch immer aussteht und hier auch nur partiell geleistet werden kann.

Clauss Dietel plädierte noch im Sommer 1989 dafür, dass die DDR mehr für ihr „Image" tun und sich um eine neue Corporate Identity bemühen solle (Zimmermann, 1989). Daraus sollte aber nichts mehr werden, denn der Verlust der eigenen Identität ging schneller vonstatten, als man denken konnte. Nach knapp einem Jahr existierte die DDR real überhaupt nicht mehr. Die Mechanismen des Marktes weiteten sich im östlichen Teil Deutschlands genauso rasch aus, wie dies im westlichen seit den 1960er-Jahren der Fall war.

Das „abgeschlossene Sammelgebiet" DDR-Design wurde in zwei Publikationen von Günter Höhne (2007, 2009) aufgearbeitet: *Das große Lexikon DDR-Design* dokumentiert Entwerfer, Produkte und Unternehmen in der ehemaligen DDR, während *Die geteilte Form* Essays von ehemaligen Akteuren im Osten und Autoren aus dem Westen enthält. Dazu gehört auch eine detaillierte Analyse und Einschätzung der „Theorie und Methodik" von Horst Oehlke, der einen bedeutsamen Beitrag zur deutschen Theorieentwicklung geliefert hat (Bürdek, 2009).

Eines der wenigen Unternehmen, die mit einer eigenen Produktidentität weiter existieren, ist der Porzellanhersteller Kahla. Mit seiner Ausrichtung auf eine junge Käuferschicht, aber auch auf die Abnehmer von Hotelgeschirren, gelang es Kahla, ein neues Image aufzubauen und am Markt erfolgreich zu sein. Mit dem Kombinationsgeschirr Update, das aus nur wenigen Teilen besteht und mit diversen Ornamenten lieferbar ist, gelang dem Unternehmen 1998 der endgültige Durchbruch.

Das Unternehmen Glashütte-Uhren profilierte sich in der DDR als hochwertiger Produzent klassisch-funktionaler Uhren. Nach der Wende gelang es der Manufaktur NOMOS Glashütte, sich im Luxusuhrensegment zu positionieren, welches weltweit eine zunehmende Bedeutung erfährt, denn solche Uhren gelten als prägnante Differenzierungsmerkmale ihrer Benutzer. Heute gehört das Unternehmen zum schweizerischen Swatch-Konzern.

Von der Guten Form zur Designkunst

Wie mit Sullivan alles anfing

Dem lange Zeit angewendeten Funktionsbegriff lag ein offensichtliches Missverständnis der Thesen des amerikanischen Architekten Louis H. Sullivan (1856–1924) zugrunde, ging es diesem doch nicht nur um die praktischen Funktionen von Bauwerken, sondern insbesondere auch um die semiotischen Dimensionen der Objekte: „Jedes Ding in der Natur hat eine Gestalt, das heißt eine Form, eine äußere Erscheinung, durch die wir wissen, was es bedeutet, und die es von uns selbst und allen anderen Dingen unterscheidet." (Sullivan, 1896) Er wünschte sich die vollkommene Übereinstimmung und Entsprechung von Leben und Form. Die im 20. Jahrhundert praktizierte Bewegung der Guten Form hat dies jedoch kaum reflektiert.

Mit Adolf Loos (*Ornament und Verbrechen*, 1908) begann in Europa die Entwicklung sachlicher Gestaltung, die im Wesentlichen durch die sich rasch verbreitenden industriellen Produktionsformen gefördert wurde. Loos verkannte jedoch, dass die alltäglichen Wohn- und Lebensbedürfnisse der Bevölkerung vielschichtig und zumeist von traditionellen ästhetischen Leitbildern geprägt sind. Noch vor den Arbeiten des Bauhauses versuchte Ernst Bloch (1918), das starre Diktum der Ornamentlosigkeit wenigstens dialektisch offen zu halten: „Eine Geburtszange muss glatt sein, eine Zuckerzange mitnichten."

Das loossche Konzept erlangte zur Bauhaus-Zeit seine erste Blüte. Die dort entwickelte Methodik und Gestaltungsweise verstand sich als eine Überwindung der Stile, wenngleich sie durch ihre stringente Anwendung zu einem neuen Stil, nämlich dem Symbol einer kleinen intellektuellen und progressiven Bevölkerungsschicht, wurde, die dies in ihren Wohnungen und Häusern mit Stahlrohrmöbeln und spartanischen Regalen demonstrierte.

Nach dem Zweiten Weltkrieg erlebte der Funktionalismus seine eigentliche Blütezeit in der Bundesrepublik Deutschland, aber auch – mit einigen Jahren Verzögerung – in der Deutschen Demokratischen Republik. Die sich entwickelnde Massenproduktion fand in ihm ein geeignetes Instrumentarium zur Standardisierung und Rationalisierung der Produktion; dies galt sowohl für das Design wie auch für die Architektur. Insbesondere an der HfG Ulm wurde dieses Konzept in den 1960er-Jahren theoretisch und praktisch konsequent weiterentwickelt.

Die radikalen 1960er-Jahre

Mitte der 1960er-Jahre zeigten sich in einigen europäischen Ländern erste Krisensymptome. Die wirtschaftliche Aufschwungphase nach dem Zweiten Weltkrieg war weitgehend abgeschlossen. Der lange anhaltende Vietnamkrieg führte in den Vereinigten Staaten zu studentischen Protestbewegungen, die bald auch in Europa rezipiert wurden: im Prager Frühling, den Maiunruhen in Paris oder den Demonstrationen in Berlin und Frankfurt am Main. Gemeinsame Basis war eine Gesellschaftskritik, die sich in Westeuropa unter dem Begriff der Neuen Linken subsumieren ließ. In Deutschland fand diese Bewegung insbesondere in den theoretischen Arbeiten der Frankfurter Schule (Theodor W. Adorno, Max Horkheimer, Herbert Marcuse, Jürgen Habermas und andere) ihre argumentative Grundlage (↗S. 129 f.).

Für das Design gewannen die Arbeiten von Wolfgang Fritz Haug besondere Bedeutung. Die von ihm entwickelte Kritik der Warenästhetik untersuchte im marxschen Sinne den Doppelcharakter der Waren (Produkte), der sich mit Gebrauchswert und Tauschwert bestimmen lässt. Haug zeigte an diversen Beispielen auf, dass das Design als Mittel der Tauschwerterhöhung fungiert, das heißt, durch die ästhetische Gestaltung der Gegenstände können keine Gebrauchswertverbesserungen erzielt werden.

Die Funktionalismuskritik entzündete sich ganz besonders an der Architektur und der Städteplanung. Der Internationale Stil (Hitchcock/Johnson, 1966), wie er sich in der Stuttgarter Weißenhofsiedlung bereits recht anschaulich manifestiert hatte, wurde in den Trabantenstädten vieler Großstädte pervertiert: in Deutschland beispielsweise im Märkischen Viertel in Berlin, in der Nordweststadt in Frankfurt, in Neu-Perlach bei München oder im Stadtteil Marzahn im östlichen Teil Berlins. Diese Art von seriell gebauter Umwelt wurde später gar als Unterdrückung und Vergewaltigung der menschlichen Psyche (Gorsen, 1979) angeklagt.

Insbesondere die Arbeiten von Alexander Mitscherlich (1965), der von Theodor W. Adorno 1965 gehaltene Vortrag „Funktionalismus heute" sowie die Beiträge von Heide Berndt, Alfred Lorenzer und Klaus Horn (1968) waren wichtige Meilensteine der wissenschaftlichen Funktionalismuskritik.

Innerhalb des Designs wurde eine Funktionalismuskritik nur recht zaghaft formuliert. Abraham A. Moles (1968) sah eher die Probleme der Überflussgesellschaft heraufziehen und zog aus der Krise des Funktionalismus den Schluss, dieser müsse noch rigider aufgefasst werden. Seine „Magna Charta des Funktionalismus" resultierte in einer Lebensauffassung der Sparsamkeit, der rationalen Verwendung vorhandener Mittel zu eindeutig bestimmten Zwecken.

Polemisch-ironisch reagierte der Architekt Werner Nehls (1968), der die Designszene mit der Meinung schockierte, die sachliche oder funktionalistische Auffassung des Designs sei restlos überholt. In dem Maße, in dem die Designer den Gedanken des Bauhauses und der HfG Ulm verhaftet seien, würden sie falsches Design produzieren. Rechter Winkel, gerade Linie, geometrische, das heißt objektive Form, offene Form sowie Kontrast- und Farblosigkeit müssten zurückgedrängt werden. „Weiter muss die flächig-optische Gestaltungsweise abgeschafft werden, der Kubus, die Gestaltung des Maskulinen. Die heutige Gestaltung kommt aus einer femininen Haltung, das Emotionelle wird betont. Die feminin-irrationale Gestaltung bevorzugt organische Formen, kontrastreiche Farben, Zufallsattribute." Diese Gestaltungsauffassung wurde von Luigi Colani (Dunas, 1993) exzessiv verwirklicht. Die Freiräume, die die kostengünstigen neuen Kunststoffe boten, wurden gerade von ihm in exemplarischer Weise ausgenutzt und gestalterisch umgesetzt.

Gerda Müller-Krauspe (1969) plädierte in ihrer Unterscheidung zwischen dem Funktionalismus des Bauhauses und dem der HfG Ulm dafür, einen „erweiterten Funktionalismus" zu betreiben. Sie verstand darunter eine Gestaltungsauffassung, deren Vertreter sich bemühten, möglichst viele produktbestimmende Faktoren ausfindig zu machen und im Entwurfsprozess zu berücksichtigen. Die Rolle des Designers als Koordinator wurde bereits an der HfG Ulm angedacht und auch praktiziert.

Erste ökologische Ansätze

Zu Beginn der 1970er-Jahre gerieten *Die Grenzen des Wachstums* (Meadows, 1972) – als Bericht des Club of Rome zur Lage der Menschheit veröffentlicht – ins

Blickfeld der Öffentlichkeit. Die Autoren machten deutlich, dass bei anhaltendem exponentiellem Wachstum die Industrienationen in absehbarer Zeit ihre Existenzgrundlagen verlieren würden. Das rapide Absinken der Rohstoffvorräte, die steigende Bevölkerungsdichte sowie die zunehmende Umweltverschmutzung würden zur Destabilisierung beziehungsweise zum offensichtlichen Zusammenbruch der Industriegesellschaften führen. Auch für das Design wurden erste ökologische Forderungen aufgestellt, die jedoch weitgehend ohne Beachtung blieben.

Aus solch globalen Überlegungen entwickelte eine Arbeitsgruppe namens des-in an der HfG Offenbach anlässlich eines Wettbewerbs des Internationalen Design Zentrums Berlin (IDZ) schon 1974 erste Ansätze zu einem Recyclingdesign. Dieses frühe Modell, das auch beinhaltete, Entwurf, Produktion und Verkauf der Produkte selbst zu realisieren, scheiterte jedoch an den eigenen ökonomischen Unzulänglichkeiten. Gleichwohl war des-in wohl die erste Gruppe, die im Design versuchte, neue theoretische Konzepte mit alternativer Entwurfspraxis zu verbinden.

Die eklektizistische Gegenbewegung

Im Design gewann aber eine gegenläufige Bewegung die Oberhand: Der Einfluss der eklektizistischen Bewegung der Post- beziehungsweise Neomoderne, die sich insbesondere in Italien in der Memphis-Gruppe formierte, wurde zunehmend in Deutschland spürbar. Bereits 1983 proklamierten Rolf-Peter Baacke, Uta Brandes und Michael Erlhoff den „neuen Glanz der Dinge", welcher der Designwende – also der Überwindung der Doktrin des Funktionalismus – einen veritablen Aufschwung verlieh. Nicht nur in Italien, sondern insbesondere in Deutschland gab es eine Reihe von Entwerfern, die abseits der funktionalistischen Designideologie arbeiteten.

Der Architekt, Bildhauer, Designer und Künstler Stefan Wewerka etwa (siehe dazu: Fischer/Gleininger, 1998, Herzogenrath/Wewerka, 2010) entwarf artifiziell verfremdete Stühle, die nur noch zu „besitzen" waren. Sein einbeiniger Freischwingerstuhl knüpfte an die Tradition der Bauhaus-Klassiker an und ironisierte diese zugleich. Die Firma Tecta, die selbst Möbelklassiker produziert, sah darin gar eine wichtige Ergänzung ihres Produktprogramms (Wewerka, 1983).

1982 zeigte das Hamburger Museum für Kunst und Gewerbe einen ersten Querschnitt des Neuen Deutschen Designs. Progressive Möbelläden und Galerien boten den Entwerfern, die wie die Neuen Wilden in der Malerei der 1980er-Jahre Furore machten, eine Plattform, ihre Objekte zu präsentieren: so beispielsweise Möbel Perdu oder Form und Funktion in Hamburg, Strand in München oder Quartett in Hannover (Hauffe, 1994).

Italy: The New
Domestic Landscape
Ausstellungskatalog
Museum of Modern Art,
New York (1972)

Die jungen Entwerfer arbeiteten in Gruppen wie Bellefast in Berlin, Kunstflug in Düsseldorf oder Pentagon in Köln. Einzelne Entwerfer wie Jan Roth, Stefan Blum, Michael Feith, Wolfgang Flatz, Jörg Ratzlaff, Stiletto oder Thomas Wendtland experimentierten mit Materialien, Formen und Farben, die anscheinend wahllos kombiniert wurden. Fundstücke aus dem Sperrmüll wurden mit industriellen Halbzeugen (auch Halbfabrikate genannt) gemischt (Albus/Borngräber, 1992). Eine umfassende Retrospektive zum Neuen Deutschen Design der 1980er-Jahre erschien 2014 anlässlich einer Ausstellung in Berlin (Hoffmann/Zehentbauer, 2014).

Das Design knüpfte bewusst an künstlerische Arbeitsweisen an, es sollte aber nicht um eine gehobene Do-it-yourself-Bewegung gehen, sondern um neue Qualitäten und die Aussagekraft der Dinge. Und auch die Trennung von Kunst und Kitsch wurde aufgehoben; realisiert wurden Läden, Boutiquen, Galerien sowie Café- und Restaurantinterieurs. Höhepunkt und Abgesang des Neuen Deutschen Designs war die im Sommer 1986 in Düsseldorf gezeigte Retrospektive „Gefühlscollagen – Wohnen von Sinnen" (Albus/Feith/Lecatsa u. a., 1986).

Alchimia Plakat, Mailand (1983)

Medien-Komponententräger, Designwerkstatt Berlin, Entwurf: Joachim B. Stanitzek (1988)
Computerpult für Wartezonen, Designwerkstatt Berlin, Entwurf: Gabriel Kornreich (1988)

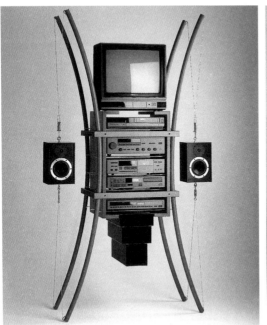 

Design auf dem Thron der Kunst

Nachdem sich das Design in seiner vermeintlichen Radikalität in den 1980er-Jahren von den funktionalen Sachzwängen endgültig verabschiedet hatte, war es nur noch eine Frage der Zeit, bis es sich endgültig zur scheinbar reinen Kunst entwickelte. Dabei sind Parallelitäten offensichtlich: Die Kunst hatte sich in den 1980er-Jahren in weiten Teilen Jean Baudrillards Theorie der Simulation angeschlossen, indem sie sich als Kunst des Spektakels und der Kulisse präsentierte, was auf der documenta 8 im Sommer 1987 in Kassel zu besichtigen war. Dort saß das Design fast schon auf dem Thron der Kunst, wohin es nicht gehört und wo es nicht sein möchte, wie Michael Erlhoff (1987) beteuerte.

In die Abteilung Design dieser documenta 8 wurden neben einigen Architekten auch etwa 15 Designer eingeladen, Objekte und Inszenierungen zu präsentieren. Dazu gehörten die Spanier Javier Mariscal und Oscar Tusquet Blanca, die Italiener Lapo Binazzi, Paolo Deganello, Guglielmo Renzi, Denis Santachiara und Ettore Sottsass, der in London lebende Ron Arad, die Deutschen Andreas Brandolini und

Tobias Rehberger, Skulptur „Was du liebst, bringt dich auch zum Weinen", Biennale di Venezia (2009)

Florian Borkenhagen, die Gruppe Pentagon und andere mehr. Die dort gezeigten Objekte waren weitgehend Unikate und eigneten sich weder als Prototypen noch als Modelle für eine irgendwie geartete Serienfertigung. Ob Moderne, Postmoderne oder Moderne nach der Postmoderne, das gezeigte Design reihte sich nahtlos in die neue Beliebigkeit der 1980er-Jahre ein.

Vom Design zur Kunst und umgekehrt?

Es liegt somit nahe, die Übergänge von der Kunst zum Design und umgekehrt einmal etwas näher zu beleuchten. Die Trennung der Kunst vom Handwerk sowie des Designs von Kunst und Handwerk war nahezu über ein Jahrhundert hinweg klar definiert.

Gleichwohl gab es in der Rezeption von Design erhebliche Missverständnisse, und zwar was die Begriffe „freie" und „angewandte Kunst" betrifft.

Der Designhistoriker Herbert Read (1958) hatte darauf hingewiesen, dass bei Produkten oder Bauwerken oftmals Ornamente hinzugefügt (angewendet) werden. Durch sprachliche Ungenauigkeiten wurde im Verlauf der Zeit das „angewendete Ornament" zur „angewandten Kunst". So ist die „angewandte Kunst" (also z. B. das

Design) bereits seit den 1930er-Jahren ein zentraler Irrtum (Bürdek, 2012). Gleichwohl geistert dieser Begriff munter durch die Medien und die Berichterstattung über Design.

So wie sich jedoch die Designer in den 1980er-Jahren auf das Gebiet der Kunst begaben (also der vermeintlich „angewandten"), so hatten sich viele Künstler schon lange vorher der Bearbeitung von Gebrauchsobjekten gewidmet. Insbesondere Möbel und Haushaltsobjekte waren beliebte Gegenstände künstlerischer Reflexion und Produktion: Man denke an Gerrit T. Rietvelds Stühle, Constantin Brâncuşis Tisch des Schweigens, Marcel Duchamps verfremdete Objekte, René Magrittes surrealistische Objektbilder, Salvador Dalís Mae-West-Sofa, Meret Oppenheims Tisch mit Vogelfüßen, Allen Jones Grüner Tisch, die Installationen von Kienholz und Segal. Claes Oldenburg und David Hockney, Timm Ulrichs, Wolf Vostell, Günther Uecker, Daniel Spoerri, Joseph Beuys, Richard Artschwager, Mario Merz, Franz Erhard Walther, Donald Judd, Franz West, Erwin Wurm und viele andere haben sich mit Gebrauchsobjekten beschäftigt. Der Frankfurter Tobias Rehberger ist der wohl aktuellste Künstler, der sich im Spannungsfeld von Kunst und Design bewegt. Sein Entwurf der Cafeteria auf der Biennale di Venezia 2009 war sowohl Interieurdesign als auch ein Revival der Op-Art der 1960er-

Jahre (Menne, 2010). Er wurde dafür mit dem Goldenen Löwen der Biennale für das beste Kunstwerk ausgezeichnet!

Die Arbeiten von grenzenüberschreitenden Künstlern hat Sabine Foraita, die mit ihrer Dissertation einen bedeutsamen Beitrag zu diesem Thema geleistet hat, einmal als „Borderliner" bezeichnet (Foraita, 2005/2011).

Bei all diesen Projekten ging es aber nicht um eine Annäherung von Kunst an das Design, sondern um eine Verfremdung der Produkte, ein Infragestellen der Objekte, um paradoxe Umwandlungen, um Paraphrasen, Brüche oder Fragmente: „Möbelstücke von Künstlern bergen die Möglichkeit der Benutzung, doch ist es nicht deren überwiegende Intention. Ihre Qualität hängt nicht vom Grad der Bequemlichkeit, bei Regalen vom Platzangebot oder von der Ergonomie der Form ab." (Bochynek, 1989) Franz Erhard Walther, einer der oben erwähnten Künstler, der auch im Objektbereich arbeitet, antwortete einmal auf die Frage, was er vom Design lernen könne, schlichtweg: „Nichts." Aus der Sicht des industriellen Designs könnte man sagen, dass das Design von der Kunst auch nichts lernen kann; gemeinsam sind beiden indes ästhetische Fragen. Im Falle der Kunst sind es primär individuelle, im Falle des Industrial Designs technologische, ökonomische und gesellschaftliche Fragen.

Design

und Globalisierung

Kaum ein anderes Thema bestimmt seit dem Übergang vom 20. zum 21. Jahrhundert das Design derart stark wie das der Globalisierung. Gleichwohl gibt es nur wenige designspezifische Publikationen, die sich mit diesem Thema ernsthaft auseinandersetzen. Im deutschsprachigen Raum sind dies beispielsweise die Dissertation von Kerstin Plüm (2007) oder der Ausstellungskatalog *Global Design* von Angeli Sachs (2010). Ökonomie und Ökologie, Technik und Politik, Soziologie und Ethnologie u. a. m. beschäftigen sich heute intensiv mit den Auswirkungen der Globalisierung auf die Weltgesellschaft.

So ist es insbesondere die Achse Amerika–Europa–Asien, auf der sich dieses Thema entfaltet. Asiatische Unternehmen, vor allem aus China, Japan, Korea und Taiwan, erkannten sehr früh die ökonomische Bedeutung von Design für ihre exportorientierten Absatzstrategien. In den großen Seehäfen von Hongkong, Schanghai oder Tianjin dominieren gewaltige Containerschiffe und machen anschaulich, wo die von dort zu exportierenden Güter und Waren ihren Ursprung haben: „Wenn der Computer und der Container das Rückgrat der Globalisierung sind, dann ist die Kommunikation das Nervensystem." (Sachs, 2010) Die zentrale Rolle der Container unterstreicht eindrucksvoll Philip Ursprung (2010): „Container sind Schlüsselobjekte innerhalb des Designs der Globalisierung, also der Planung und Durchführung des Flusses von Waren und Dienstleistungen, die nicht von nationalen Grenzen beschränkt sind. Und sie hängen zugleich untrennbar zusammen mit dem globalisierten Design, mit den Formen, welche wir unseren Konsumobjekten geben."

Entscheidend für die Globalisierung ist das Zusammenwirken von Digitalisierung auf mehreren Ebenen: Zu nennen sind hier Industrie 4.0, das Internet der Dinge, die Vernetzung der Produktion, neue Formen des Onlinehandels etc.

Mobilität, Kultur- und Wissenstransfer sind keine neuen Phänomene, sondern schon seit Jahrtausenden Bestandteil einer globalen kulturellen Entwicklung (Sachs, 2010). So waren die Expansionen des Römischen Reiches nach Asien und Nordafrika zunächst einmal machtpolitische Projekte, aber es ging auch um die Ausbreitung von Warenströmen. Und auch die Reisen des venezianischen Händlers Marco Polo im 13. Jahrhundert können durchaus unter dem Begriff „Globalisierung" subsumiert werden, denn auch ihm ging es um die Erschließung von internationalen Handelsbeziehungen und daraus resultierend um ökonomische Machtpositionen.

Peter Sloterdijk (1999) hat zu Recht darauf hingewiesen, dass insbesondere die europäischen Staaten so gesehen schon seit über 500 Jahren globalisieren. Er bezeichnete die Kolumbus-Fahrt von 1492 als den Auftakt zum Zeitalter der Globalisierung. Jetzt aber treten wir in eine zweite Phase ein: Die Länder Asiens globalisieren die westlichen Länder (Amerika und Europa). „Von nun an sind die Europäer nicht mehr nur Entdecker, sondern auch Entdeckte, nicht mehr nur Erreichende, sondern auch Erreichte."

„Internationalisierung" als Ausweitung von ökonomischen Interessen über die jeweiligen nationalen Grenzen hinaus kann dabei als eine Vorstufe der Globalisierung verstanden werden. Exportaktivitäten von Unternehmen wurden zunehmend internationalisiert, um die nationalen Absatzmärkte zu vergrößern. Im letzten Drittel des 20. Jahrhunderts wurde erkannt, dass dabei das Design (als ein Versprechen für die Produktqualität und zunehmend auch als Merkmal für sozialen Status) eine bedeutsame Rolle spielt.

Der dafür auch verwendete Begriff der „Globalität" (Beck, 1997) meint jene Weltgesellschaft, in der wir uns seit dem 20. Jahrhundert befinden. Dazu gehört auch die Aufhebung nationaler Eigenschaften, die im Design bedeutsam und anschaulich werden. Unter „Globalisierung" versteht man sodann die Prozesse, durch die die weltumspannenden Vernetzungen realisiert werden. Angeli Sachs (2010) terminiert den Beginn der Globalisierung im engeren Sinne auf die welt weite Aufhebung des Goldstandards, bei dem die Währungen zu einem festen Kurs gegen Gold getauscht werden konnten. Dadurch hatte ein bis dahin stabiles Wertesystem ausgedient. Die eigentliche Entfesselung der Globalisierung begann jedoch erst am Ende des 20. Jahrhunderts.

Dabei wird Design aus ökonomischer Sicht zu einem dominierenden Faktor: „*Sein wird Design* – und dies weltweit. Die Menschen sind, was sie kaufen (können). Dieses Gesetz kultureller Globalisierung gilt – so lautet das Argument – selbst dort, wo die Kaufkraft gegen null geht. Mit der Kaufkraft endet das *soziale* Menschsein, droht, beginnt der Ausschluß. *Exklusion!* Lautet das Urteil für diejenigen, welche aus der Gleichung Sein gleich Design herausfallen." (Beck, 1997)

Die Globalisierung ist durch zwei konträre Pole gekennzeichnet: zum einen durch Erhalt und Ausprägung einzelkultureller (nationaler) Identitäten und zum anderen durch die Überwindung gerade dieser. Wolfgang Welsch (1996) verwendet dafür den Begriff des „Transkulturellen", der nach seiner Meinung durch die innere Differenzierung und Komplexität moderner Kulturen gekennzeichnet ist: „Heutige Kulturen sind generell durch Hybridisierung gekennzeichnet." Nationale Identitäten und die damit verbundenen soziokulturellen Unterschiede (das deutsche, italienische, japanische, schweizerische, skandinavische Design usw.) sind trotz aller Globalisierung immer noch gravierend.

Containerschiff, Maersk Line, Kopenhagen

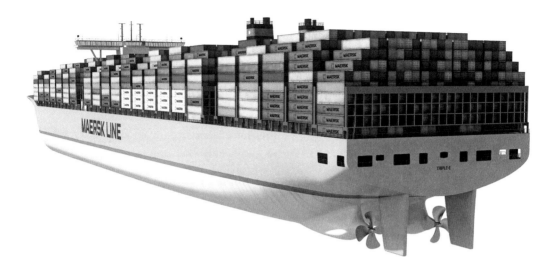

Asiatische Unternehmen (insbesondere aus Japan) haben in den 1980er- und 1990er-Jahren damit begonnen, Kontaktbüros in Europa zu etablieren, denen die Aufgabe zukommt, als Sonden in den jeweiligen Märkten zu fungieren. In der Folge wurden Designbüros aus Europa oder den USA beauftragt, für asiatische Unternehmen Produkte zu entwickeln, die dann auf den jeweiligen Märkten vertrieben werden. In den 1990er-Jahren gingen große Designbüros wie Design Continuum, frog design oder IDEO dazu über, selbst Zweigbüros in Asien zu eröffnen, um mit den jeweiligen Auftraggebern unmittelbarer zusammenarbeiten zu können, das heißt, für die Unternehmen Ansprechpartner unmittelbar vor Ort präsent zu haben. Die Entwurfs- und Entwicklungsprojekte selbst konnten dank globaler Datennetze in den Büros Europas oder Amerikas abgewickelt werden.

Vor allem auf dem rapide wachsenden chinesischen Markt bieten sich heute und in Zukunft mannigfaltige Chancen für Designbüros aus aller Welt, wenn sie vor Ort Fuß fassen und bei den dortigen Unternehmen präsent sind. So gesehen globalisieren sich Designbüros im Zuge der Globalisierung zunehmend selbst. Überhaupt hat das Thema „Globalisierung" erst mit dem Eintritt Chinas in die Weltmärkte am Ende des 20. Jahrhunderts seine eigentliche Bedeutung gewonnen. Die Reformpolitik Chinas nach dem Tod von Deng Xiaoping im Jahre 1997 führte dazu, dass das Land zur „Werkbank der Welt" wurde. Das besonders niedrige Lohnniveau in der Industrie hatte eine massenhafte Ansiedlung europäischer und amerikanischer Niederlassungen zur Folge.

One Labtop Per Child
Courtesy of fuseproject (Ives Behar)
San Francisco (2007)

Die Globalisierungsstrategien zeitigen aber auch ganz andere Effekte. So übernahm 2014 der japanische Mischkonzern Lixil (mit rund 11 Milliarden Umsatz) den deutschen Sanitärhersteller Grohe (für ca. 2,6 Milliarden Euro), der bereits einen Teil seiner Produkte in China fertigen lässt. Ziel ist es, als globaler Anbieter im internationalen Wohnungsbau und auf den Ausstattungsmärkten präsent zu sein. Eine solche Strategie hat natürlich Auswirkungen auf die Produktgestaltung: Die höchst unterschiedlichen Bedürfnisse und Erwartungen asiatischer Bevölkerungsgruppen können jetzt strategisch in einem global agierenden Konzern bearbeitet werden.

An diesem Beispiel wird zugleich deutlich, worin die Unterschiede zwischen Industrial Design und Design liegen. Ist Ersteres an den industriellen Rahmenbedingungen orientiert, so orientiert sich Letzteres beispielsweise an den Möglichkeiten neuer Technologien. Die derzeit so intensiv diskutierten 3-D-Drucker sind individualisierte Lösungen, geeignet nur zur Produktion von Kleinstserien. Wie Hartmut Esslinger in seinen Erinnerungen an die frühen Jahre von Apple zeigt (Esslinger, 2014), beruhten die Erfolge von frog design nicht zuletzt darauf, dass die Designer immer in den jeweiligen Fabriken präsent waren. Dieses Moment entfällt natürlich bei den 3-D-Druckern, denn die Fertigung kann direkt neben dem Schreibtisch erfolgen.

Europäische Unternehmen (insbesondere aus der Elektronik- und Automobilindustrie) eröffneten verstärkt Zweigbüros in Asien und den USA – sogenannte Advanced Design Studios –, um den sich dort entwickelnden sozialen und technologischen Bedingungen näher zu sein; aber auch Lifestyle-Trends müssen vor Ort untersucht werden, um sie schneller in die Produktentwicklung der Heimatländer zu integrieren. So soll der AUDI TT Anfang der 1990er-Jahre auf den Reißbrettern des kalifornischen Zweigbüros entstanden sein; dieses Fahrzeug wurde gleichermaßen in Amerika wie in Europa zu einem spektakulären Erfolg (siehe dazu: Bürdek, 2011).

Eine andere Form der Globalisierung besteht in der Nutzung der unterschiedlichen Fertigungsbedingungen. Die Firma Apple beispielsweise lässt beim taiwanesischen Hersteller Foxconn in China fertigen, aber auch Unternehmen wie Dell, Hewlett-Packard, Microsoft, Nintendo und Sony nutzen die Fertigungstechniken von Foxconn, das heute rund 1,2 Millionen Mitarbeiter beschäftigt. Das Design

Blue Diversion Toilet
Eawag – The Swiss Federal Institute
of Aquatic Science and Technolgy
Zürich und EOOS, Wien, (2014)

wird in den Heimatländern der jeweiligen Firmen entwickelt (Apple: „Designed in California"), die Fertigung jedoch dezentralisiert („Assembled in China"). Am Beispiel des iPhone5 werden die Vorteile der Globalisierung recht anschaulich: Experten schätzten die Kosten der dafür verwendeten Komponenten und Materialien im Jahr 2013 auf etwa 152 Euro, die Arbeitskosten hingegen nur auf sechs Euro. Der damalige Verkaufspreis lag bei rund 600 Euro (Der Apple-Check, 2013).

Dabei zeichnen sich aber auch Veränderungen ab, die sich insbesondere auf die Lohnkosten auswirken sollen: Foxconn plante bis Ende des Jahres 2014 zehntausend Roboter (genannt „Foxbots") zu installieren, unter anderem für die Fertigung eines neuen iPhones für Apple. Damit will man sich unabhängiger von den Arbeitskräften machen, und es ist abzusehen, dass „das Zeitalter der unerschöpflichen Arbeitskraft in China endet" (Siemons, 2014). So wird der „Werkbank-Gedanke" bereits nach ganz kurzer Zeit ad acta gelegt, die Revolution der intelligenten Maschinen wird weit geringere Fertigungskosten und eine höhere Produktivität ermöglichen und damit verbunden zu einer deutlich höheren Dienstleistungsökonomie führen, so der chinesische Ökonom Yang Heqing. Wenn die Ära der billigen Arbeitskräfte zu Ende geht, dann werden Teile der Fertigung in andere Billiglohnländer weiterwandern.

Die Textilbranche wendet dieses Prinzip schon seit Längerem an: In den Billigsegmenten lassen die Unternehmen in Pakistan oder in Bangladesch fertigen, in den hochpreisigen Segmenten gibt es standardisierte Vorprodukte, die die Qualitätsstandards beispielsweise in Italien oder Frankreich sichern sollen. Und so verweisen die jeweiligen Marken etwa mit „Made by Zegna" nicht mehr auf das Herkunftsland, sondern sind nur noch ein Qualitätsversprechen. Solche Luxusmarken wiederum genießen in asiatischen Ländern ein hohes Prestige: Brioni, Cerruti, Gucci, Hermes, Prada, Zegna und Co. betreiben in den dortigen Metropolen erfolgreich ihre exquisiten Läden und Galerien.

Die Globalisierung lässt seit Beginn des 21. Jahrhunderts auch die jeweils nationalen Ausprägungen von Design obsolet werden; durch den intensiven Transfer von Wissen über Gestaltung verwischen sich die im Design bis zum Ende des 20. Jahrhunderts sichtbaren nationalen Identitäten. Vielleicht mit einer Ausnahme: So ist es den in der Schweiz tätigen Designern sowie den dort produzierenden, meist mittelständischen Unternehmen gelungen, trotz aller Turbulenzen auf den internationalen Märkten ihre „swissness" beizubehalten und zu kultivieren. Bezogen auf die Produktgestaltung bedeutet dies, dass gestalterische Werte aus der Zeit der „Guten Form" (den 1950er-Jahren) bewahrt, aber auch intelligent weiterentwickelt werden. Dazu gehören Präzision, Funktionalität, Materialgerechtigkeit usw. (siehe dazu: Leuschel, 2009). Doch selbst das so gelobte schweizerische Design gerät ins Wanken: Aus Anlass der Ausstellung „100 Jahre Schweizer Design" (Brändle/Menzi/Rüegg 2014) in Zürich konstatiert Urs Steiner (2014) das „Ende des Designs". Denn auch dort kulminiere das aktuelle Design im Schnickschnack, unübersehbar beispielsweise im zum Handtäschchen faltbaren Hocker für Louis Vuitton oder in einer Hängematte aus Leder. Und man frage sich unwillkürlich: „War's das jetzt?" Und warum auch sollte gerade die Schweiz von dem derzeit so aktuellen Bricolage-Design verschont bleiben?

Weitere Momente der Globalisierung sind ein unbändiger Fortschrittswille und der kontinuierliche Innovationsmythos, wie sie in asiatischen Ländern zu spüren sind. Nach der Dominanz Europas im 19. Jahrhundert und Amerikas im 20. Jahrhundert wird das 21. Jahrhundert zweifellos im Zeichen Asiens stehen (Naisbitt, 1995), anders ausgedrückt: Die neue Leitkultur wird eine asiatische sein.

Aufgrund dieser globalen Entwicklungen wird mit dieser Neuauflage auf die historische und aktuelle Abhandlung ausgewählter Länder verzichtet, zumal dazu inzwischen zahlreiche Monografien erschienen sind.

Design
und

Methodologie

Design ist eine Tätigkeit, die mit Begriffen wie „Kreativität" und „schöpferische Fantasie", „Erfindungsgeist" und „technische Innovation" in Verbindung gebracht wird, dabei herrscht oftmals die Vorstellung, der Designprozess sei eine Art Schöpfungsakt.

Um einen kreativen Prozess handelt es sich allemal. Gestaltung geschieht jedoch nicht im luftleeren Raum, im freien Spiel mit Farben, Formen und Materialien. Jedes Produkt ist das Ergebnis eines Entwicklungsprozesses, dessen Verlauf immer von verschiedenen – nicht nur gestalterischen – Bedingungen und Entscheidungen geprägt ist. Sozioökonomische, technologische und insbesondere kulturelle Entwicklungen, aber auch geschichtliche Hintergründe und produktionstechnische Rahmenbedingungen spielen dabei ebenso eine Rolle wie ergonomische oder ökologische Anforderungen, wirtschaftliche oder politische Interessen, aber auch gestalterisch-experimentelle Ansprüche. Sich mit Design zu beschäftigen bedeutet deshalb auch immer, die Bedingungen, unter denen es entstanden ist, zu reflektieren und in den Produkten zu visualisieren.

Theorie und Methodologie des Designs geben sich dabei gerne objektiv, denn ihre Bemühungen zielen letztlich auf die Optimierung von Methoden, Regeln und Kriterien, mit deren Hilfe Design untersucht, bewertet und auch verbessert werden soll. Bei näherer Betrachtung zeigt sich jedoch, dass die Entwicklung von Theorie und Methodik auch selbst von kulturgeschichtlich-gesellschaftlichen Bedingungen geprägt ist. Theorie im Design zu betreiben heißt deshalb zuerst einmal, sich der Erkenntnistheorie zuzuwenden. Im Sinne Ernst Blochs (1980) bedeutet „Erkennbarkeit" sodann auch Veränderbarkeit der Welt aufgrund der Erkenntnis und des schweren Wegs, den die Menschheit zurücklegen musste und den sie noch lange nicht beendet hat.

Theorie und Methodologie des Designs entwickeln sich ebenso wie in jeder anderen Disziplin auf der Basis bestimmter Grundannahmen und Voraussetzungen, die meist selbstverständlich sind und weitgehend unbewusst bleiben. Beschäftigung mit Designtheorie muss daher auch die Auseinandersetzung mit den Vorstellungen beinhalten, die den methodischen Vorgehensweisen oder gestalterischen Konzepten zugrunde liegen. Dies führt letztlich zur Beschäftigung mit Philosophie.

Nach dem Zweiten Weltkrieg setzte zuerst in Europa und später auch in einigen asiatischen Ländern wie China, Korea, Japan oder Taiwan ein intensiver wirtschaftlicher Aufschwung ein, wobei sich der Wettbewerb in den marktwirtschaftlich geprägten Ländern rasch zu einem internationalen Konkurrenzkampf verschärfte – heute spricht man dabei von Globalisierung. In dieser Situation musste sich auch das Design den veränderten Bedingungen anpassen, das heißt, es konnte nicht weiterhin subjektive und emotionale Gestaltungsmethoden praktizieren, die der Werkkunst-Tradition entstammten, während die Industrie dabei war, Entwurf, Konstruktion und Produktion zu rationalisieren. Somit lag es nahe, dass sich die Designer darum bemühten, wissenschaftliche Methoden in den Entwurfsprozess zu integrieren, um damit in der Industrie als seriöse Gesprächspartner akzeptiert zu werden. Insbesondere die HfG Ulm spielte dabei eine wegbereitende Rolle (siehe dazu: Ulmer Museum / HfG-Archiv, 2003)

Durch die intensive Auseinandersetzung mit der Methodologie (siehe dazu: Bürdek, 2003) wurde das Design quasi erst lehrbar, erlernbar und damit kommunizierbar. Die weiterhin konstante Bedeutung der Designmethodologie für die Lehre besteht heute darin, dass sie insbesondere zur Schulung des logischen und systematischen Denkens beiträgt. Sie besitzt somit weniger den Charakter von Patentrezepten – ein Missverständnis, das sich lange gehalten hat – als vielmehr didaktische Bedeutung.

So ist auch die akribische Dissertation von Claudia Mareis (2011) zu diesem Thema überaus verdienstvoll, nur sind die Schlussfolgerungen, die sie aus der „Design Method Movement" der 1960er-Jahre zieht – nämlich dass diese gescheitert sei (Mareis, 2014) –, schlichtweg falsch. Die Notwendigkeit und der Erfolg der klassischen Designmethodologie resultierten u. a. daraus, dass sie Design (Produktgestaltung) in den industriellen Prozessen (Produktplanung und Produktentwicklung) seriös und nachvollziehbar etabliert hat. Design, das sich von dieser Tradition entfernt und sich vermehrt dem Bricolage zuwendet, benötigt solche Methoden natürlich nicht mehr.

Bruce Archer, einer der bedeutendsten und einflussreichsten Vertreter der „Design Method Movement" (1963/1964), der dieser Bewegung Ende der 1960er-Jahre allerdings selbst recht kritisch gegenüberstand, beschrieb die Kontinuität von Methodologie und Forschung sehr treffend: „Design methodology is alive and well, and living under the name of Design research." (Archer, 1979) Dabei stand für ihn (schon sehr früh) die Frage im Vordergrund, ob Design eine eigenständige Disziplin sein oder werden könne. Ebenso interessierte ihn die Frage, wie sich Design von den Natur- und Geisteswissenschaften unterscheidet: Könnte eine Art dritter Wissenschaftskategorie für das Design zutreffen?

Die immer komplizierter werdende Welt der technischen Produkte konnte schon damals, also in den 1960er-Jahren, und kann erst recht heute (Stichworte:

Herleitung der Methodologie

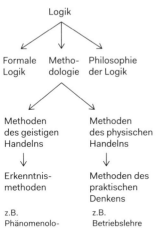

Logik

Formale Logik — Methodologie — Philosophie der Logik

Methoden des geistigen Handelns — Methoden des physischen Handelns

Erkenntnis-methoden — Methoden des praktischen Denkens

z.B.
Phänomenolo-gische Methode
Sprachanalyse
(Semiotik)
Hermeneutik
Deduktive Methode
Reduktive Methode
Dialektik
u.a.m.

z.B.
Betriebslehre
Planungsmethoden
Heuristische Methoden
Methoden der Ideenfindung
(Kreativitätsmethoden)
Arbeitstechniken
u.a.m.

Mikroelektronik und Digitalisierung) vom einzelnen Gestalter kaum mehr erfasst werden. Die Systemtheorie wurde als wichtige Disziplin erkannt, die auch für das Design hilfreich sein könnte. Sie gewinnt heute an Aktualität, indem man, auf den Überlegungen von Niklas Luhmann aufbauend, versucht, systemisches – sprich ganzheitliches, vernetztes – Denken für das Design zu proklamieren. Immer mehr rücken dabei die Sinnfragen (siehe dazu: Bürdek, 2001a) in den Vordergrund: So stellt sich aus methodologischer Sicht weniger die Frage, wie man Produkte entwirft, sondern vielmehr, was die Produkte für die Benutzer in den jeweiligen soziokulturellen Kontexten bedeuten und was diese mit Produkten kommunizieren wollen (↗S. 148 ff.).

Methodologie – also die Lehre von den Methoden – umfasst aus wissenschaftstheoretischer Sicht wesentlich mehr als den meistens zu eng angewandten Begriff der „Designmethodologie". Der polnische Philosoph Józef Maria Bocheński (1954) hat eine wissenschaftliche Herleitung der Methodologie vorgeschlagen, die sich für die hier angestellten Betrachtungen als sinnvolles Gerüst verwenden lässt. In Anlehnung an seine Darstellung kann man sagen, dass sich die traditionelle Designmethodologie nahezu ausschließlich mit den Methoden des „physischen Handelns" beschäftigt hat, die ja auch hinreichend dokumentiert wurden (Bürdek, 1971, 1977), wohingegen Methoden des „geistigen Handelns" im Design bisher nur in Ansätzen thematisiert wurden. Interessanterweise beginnen sich jetzt (endlich – so möchte man sagen) auch die Kulturwissenschaften mit dem Design zu beschäftigen (↗S. 91 ff.).

Aufgrund dieses noch immer existierenden Ungleichgewichts soll auf Erstere nur stichwortartig verwiesen, auf Letztere jedoch ausführlicher eingegangen werden. Dies erscheint umso dringlicher, als bei den Diskussionen um neue Designtendenzen immer mehr semiotische (zeichenhafte), hermeneutische und phänomenologische Methoden zur Anwendung kommen.

Diese geisteswissenschaftliche Sicht auf das Design erfuhr in den 1990er-Jahren einige gravierende Erweiterungen. Durch die Beschäftigung mit Designmanagement erhielt Design gar strategische Bedeutung. Die breit geführten Diskussionen um das Branding (also die Markenbildung) behandeln im Kern natürlich auch zeichenhafte Prozesse. Auf der anderen Seite forderten Stimmen aus der Praxis, vor der Produktion zu prüfen, ob die neuen Produktkonzepte bei den potenziellen Benutzern überhaupt auf Resonanz stießen: Die Empirie fand Einzug in die Designmethodologie. Damit einher ging ein neues Spektrum an Methoden, die weitgehend aus den Sozialwissenschaften entlehnt wurden. Aber wie so oft im Design wurden viele davon weitgehend unkritisch übernommen (Brandes/Erlhoff/Schemmann, 2009), ohne die Entwurfspraxis überhaupt zu kennen und ohne zu hinterfragen, wie nützlich sie für das Design (Gestaltung) und die damit verbundene Entwurfspraxis wirklich sein können. Auch hier hätte die Designforschung existierende Defizite aufzuarbeiten.

Erkenntnismethoden im Design

In der Entwicklung von Methodologie und Theorie des Designs kommt den Geisteswissenschaften eine besondere Rolle zu. Die konstante Sinnkrise der Disziplin macht ein vermehrtes Bedürfnis nach Theorie und Reflexion – also nach Philosophie – spürbar. Deshalb soll der Frage nachgegangen werden, welche designtheoretischen oder designmethodologischen Aspekte ihre Ursprünge in der europäischen Philosophie haben.

Einige Aspekte der griechischen Philosophie

Sokrates (470–399 v. Chr.) kann als der erste wirkliche Erkenntnistheoretiker bezeichnet werden, der eine Methodenlehre entwickelte und praktizierte. Sein Anliegen war nie die Sammlung oder Vermittlung von Wissensinhalten oder fertigen Systemen. Sein Interesse richtete sich vielmehr stets auf das Wesen einer Sache und galt der Frage, wie man zu echtem und sicherem Wissen überhaupt gelangen könne.

Platon (427–347 v. Chr.) formulierte eine Dialektik, mit der durch Nachdenken der Zusammenhang zwischen verschiedenen Begriffen erforscht werden sollte. Ein Gattungsbegriff wurde in seine Arten zerlegt, bis man zu unteilbaren Begriffen gelangte. Diese Methode wird als Diairesis (Ideenteilung) bezeichnet, sie ist das erste bekannte Beispiel für Definitionsregeln. Sie wird heute sinngemäß bei der Strukturierung komplexer Sachverhalte angewandt.

Aristoteles (384–322 v. Chr.) untersuchte als Erster systematisch Wesen und Methoden der Wissenschaft und unterteilte die Philosophie in Logik, Physik und Ethik. In seiner formalen Logik zeigte er, dass das Denken immer drei einfache

Grundelemente benutzt, die auch heute noch die wichtigsten Kapitel der Logik ausmachen: Begriff, Urteil und Schluss. Seine Hauptleistung in der Logik bestand in der Entwicklung von Deduktion (das Schließen vom Allgemeinen auf das Besondere) und Induktion (das Schließen vom Besonderen auf das Allgemeine).

Archimedes (um 285–212 v. Chr.) war Mathematiker und Physiker. In seiner *Methodenlehre von den mechanischen Lehrsätzen* schildert er, wie er mittels mechanischer Vorstellungen – heute würden wir von Modellen sprechen – bestimmte Annahmen und Lösungen mathematischer Probleme fand, die er später auch exakt beweisen konnte. Mit seinem Ruf „Heureka!" (Ich habe es gefunden!) gilt er als der Vater der Heuristik. Diese Methode des Problemlösens stellt das Gegenstück zu den logischen Verfahren dar, da hier unter anderem mit Analogien und Hypothesen gearbeitet wird, um Lösungen zu finden.

Die Neuzeit

Nach Aristoteles gab es lange Zeit keine wesentlich neuen Ansätze philosophischer oder methodologischer Art, lediglich Ergänzungen oder Modifikationen. Erst durch Galileo Galilei (1564–1642) wurden die modernen Naturwissenschaften begründet. Er kritisierte an Aristoteles, dass dieser nur die deduktive Methode als wissenschaftlich gelten lassen wollte und damit beispielsweise das Studium der Prozesse und ihrer Dynamik nicht erfassen konnte. Seinen eigenen Untersuchungen legte Galilei daher die Induktion zugrunde, hielt diese allein jedoch ebenfalls nicht für ausreichend. Hinzu kamen das Experiment als Methode und das Ziel, daraus Gesetze abzuleiten und zu formulieren.

René Descartes (1596–1650) gilt als „Vater" der neuzeitlichen Philosophie. Sein Ziel war es, eine neue, vollständige und exakte Wissenschaft von der Natur zu entwickeln. Der Suche nach einer eindeutig gesicherten Grundlage menschlicher Erkenntnisse legte er den methodischen Zweifel zugrunde. Ausgehend von seiner berühmten Feststellung „Cogito, ergo sum" (Ich denke, also bin ich) führte er alle menschliche Erkenntnis auf das Verstandesdenken zurück.

Descartes verhalf der Mathematik als allgemeiner Methode zum Durchbruch. Er vertrat die Meinung, dass – ebenso wie in seiner analytischen Geometrie – der ganze Weltinhalt aus einfachsten, rational erfassbaren Grundelementen, aus Zahlen synthetisch aufgebaut sei. Durch Analyse, Intuition und Deduktion sollten alle komplexen Sachverhalte ergründet und verstanden werden können, wenn man sie in Stücke zerlegt und so auf ihre Grundbestandteile reduziert. Descartes' mathematische Wissensauffassung sowie sein fester Glaube an die rationale Durchschaubarkeit des ganzen Seins machten ihn zum Ahnherrn des Rationalismus.

Die gesamte Entwicklungsgeschichte des Designs wurde bis in die 1970er-Jahre hinein vom cartesianischen Denken geprägt.

Gottfried Wilhelm Leibniz (1646–1716) unternahm den Versuch, durch eine Synthese von mathematischen und logischen Verfahren eine allgemeine Wissenschaft (scientia generalis) zu schaffen, in der alle Wahrheiten in ihrem natürlich-logischen Zusammenhang dargestellt werden können. Sein universeller Charakter, in dem er Aristoteles vergleichbar ist, richtete seine Interessen auf die ganze Breite der Wissenschaften. Für Leibniz musste das wissenschaftliche Denken immer in einer Wechselbeziehung zwischen „Finden" und „Beweisen" stattfinden, wobei unter „Finden" immer „Forschen", das heißt das Finden von Neuem verstanden wird. Dafür wollte er eine eigene Methode, die „Kunst zu erfinden", entwickeln.

Immanuel Kant (1724–1804) versuchte als Theoretiker des modernen Wissenschaftsbegriffs die Frage zu klären, was menschliches Erkennen überhaupt sei. Er warf sowohl dem Rationalismus (z. B. Leibniz) als auch dem Empirismus (z. B. Locke) vor, dass sie sich bei der Erklärung der Möglichkeit von Erkenntnis nur auf reines Denken beziehungsweise nur auf reine Wahrnehmung stützten. Mit seiner berühmten Feststellung „Gedanken ohne Inhalt sind leer, Anschauungen ohne Begriffe sind blind" versuchte er, eine Synthese aus beiden zu entwickeln, und folgerte, dass die Wissenschaft zwar allgemeine und notwendige Sätze biete, gleichzeitig hierfür jedoch die Sinneserfahrung befragen müsse.

Besondere Bedeutung kommt im Design dem kantschen Vernunftbegriff zu. Der Frankfurter Philosoph Wilfried Fiebig (1986) hat – von Kant ausgehend – dargestellt, dass die Quellen menschlicher Vorstellung die sinnliche Wahrnehmung und das verstandesmäßige Erfassen sind. Diese beiden gehen in den Begriff „Einheit der Vernunft" ein. Zwar ist in diesem Vernunftbegriff die äußere Trennung von Sinnlichkeit und Verstand (Dualismus) aufgehoben, sie sind als solche aber weiterhin dialektisch vorhanden. Da sich nur in der Trennung der Begriffe deren Unterschiede bestimmen lassen, wird in der „Einheit der Sprachen" ein gemeinsamer Vernunftbegriff vorausgesetzt. Anders ausgedrückt, die Vernunft liegt der Erscheinung von Sprache zugrunde. Ziel von Design müsse somit die Entwicklung „vernünftiger" Lösungen sein. Dieser Ausgangspunkt war bestimmend für die Entwicklung einer „Theorie der Produktsprache", u. a. an der HfG Offenbach. Ein solcher Konsens existiert heute im Design jedoch nicht mehr.

Georg Wilhelm Friedrich Hegel (1770–1831) stellte zum ersten Mal die Natur, die Geschichte und das Denken als Prozess dar; dabei ging er von einer dauernden Bewegung, Veränderung und Entwicklung der natürlichen, geschichtlichen und geistigen Welt aus und versuchte, die Zusammenhänge in dieser Bewegung und Entwicklung nachzuweisen.

Friedrich Engels (1820–1895) ging über die naturphilosophischen Erkenntnisse Hegels hinaus und entwickelte die „materialistische Dialektik". Insbesondere verwahrte er sich gegen die Trennung von Methode und Gegenstand. Die dialektische Methode sei immer Methode eines Gegenstandes, der Sache selbst, zum Beispiel der Natur, der Geschichte, der Kunst oder des Rechts. Eine Sache einzusehen, so wie sie wirklich ist, hieß bei Hegel, die Bedingungen zu kennen, die zu ihrer Entstehung, Geschichte sowie ihrem Vergehen als Übergehen in anderes notwendig sind.

Der Dreischritt These–Antithese–Synthese war für ihn jedoch nicht nur Methode, sondern gleichzeitig Geschichte der Begriffe. Da im Leben alles in Bewegung sei und Engels auch alles vermeintlich Statische nur als Momente dieser ewigen und offenen Bewegung sah, fasste er auch die Begriffe nicht statisch, sondern dynamisch auf.

Im 20. Jahrhundert spezialisierten sich die einzelnen Wissenschaften immer mehr. Aus den Geisteswissenschaften gewannen dabei insbesondere drei Bereiche besondere Bedeutung für das Design: die Semiotik, die Phänomenologie und die Hermeneutik.

Semiotik und Design

Design ist eine Disziplin, die nicht nur materielle Realität erzeugt, sondern insbesondere kommunikative Funktionen erfüllt (Bürdek, 1997b). Allerdings wurde dieser Aspekt über lange Zeit hinweg wenig beachtet: Im Vordergrund des Interesses von Designern standen immer die praktischen Funktionen, das heißt die funktionalen und technischen Leistungen der Produkte, Fragen der Bedienbarkeit oder Aspekte der Bedürfnisbefriedigung, also die sozialen Funktionen.

Seit Beginn 21. Jahrhunderts wurde deutlich – und von immer mehr Beteiligten akzeptiert –, dass die Semiotik eine zentrale Rolle für das Design spielt: für das industrielle wie für das nicht industrielle. Dies gilt auch für das Grafikdesign, wie von Meredith Davis (2012) sehr anschaulich aufgezeigt wurde. In den gestalterischen Disziplinen muss der Semiotik also besondere Aufmerksamkeit zuteilwerden. In der Architektur ist dieses Phänomen spätestens seit Beginn der Postmoderne – also seit dem Ende der 1970er-Jahre – bekannt (Jencks, 1978).

Bereits an der Wende vom 19. zum 20. Jahrhundert gab es sogenannte „sprechende Möbel". Der französische Designer Émile Gallé entwarf und produzierte in Nancy mit „Seelenstimmung" beladene Möbelstücke, die eine lebendige Sprache sprechen sollten. Er versuchte, die „Seele" der Pflanzen – hier als feingliedrige

Etagèren, welkende Blätter oder feine Hölzer verstanden – künstlerisch auf seine Möbel zu übertragen. Im täglichen Umgang sollten diese einen besänftigenden und versöhnenden Einfluss auf den schon damals von Technik und Industrie gequälten Menschen ausüben (Bangert, 1980).

Am Beispiel von Stühlen kann recht anschaulich gezeigt werden, dass Produktentwürfe nicht nur ergonomischen, konstruktiven, fertigungstechnischen, ökonomischen oder ökologischen Anforderungen genügen müssen. Neben der Frage, um welche Art von Sitzen es sich überhaupt handelt, beispielsweise Sitzen am Arbeitsplatz, in der Wohnung, im öffentlichen Bereich, in der Schule, in Verkehrsmitteln, kurzzeitiges oder langzeitiges Sitzen, Sitzen von Kindern oder alten Menschen, geht es aus der gestalterischen Perspektive auch darum, welche Konnotationen (also zusätzliche, emotionale oder expressive Bedeutungen) das Wort „sitzen" noch enthalten kann.

Umberto Eco (1972) erläuterte am Beispiel eines Stuhles als Thron, dass hier „sich setzen" nur eine Funktion unter anderen darstellt, die oft auch noch schlecht erfüllt wird. Vielmehr soll der Thron majestätische Würde ausstrahlen, Macht repräsentieren, Ehrfurcht wecken. Solche Deutungsmuster lassen sich auch auf andere Stühle übertragen. Ein Bürostuhl beispielsweise soll in hervorragender Weise ergonomischen Ansprüchen genügen, aber er macht auch deutlich, welche hierarchische Stellung der Benutzer einnimmt.

Überhaupt sind Möbel – nicht nur in der Vergangenheit, sondern insbesondere in der Gegenwart – weniger Gebrauchsobjekte als vielmehr Medien (Hackenschmidt & Engelhorn, 2011). Die Autoren berichten, dass beispielsweise Möbel-Gepäckstücke schon im 16. und 17. Jahrhundert als Medien des kulturellen Austauschs fungierten. Mit den jeweils mitgeführten Objekten kommunizierten die Weltreisenden ihren sozialen Status, und die besuchten Einwohner fremder Länder konnten daran erkennen, welche gesellschaftliche Stellung die Reisenden besaßen. Deren sozialer Status drückte sich also zeichenhaft (semiotisch) in ihrer Kleidung, aber auch in den mitgeführten Produkten aus.

Das Gegenstück dazu ist heute der sogenannte „Monoblock-Plastikstuhl" (Sibylle Hofter, 1997): Für wenig Geld – unter 3 US-Dollar – weltweit erhältlich, signalisiert er die vermeintliche Gleichstellung der Besitzenden. Der Gedanke der Demokratisierung, der hier zum Ausdruck kommt, spiegelt sich in den gigantischen Stückzahlen wider; von dem weltweit zu findenden Monoblockstuhl gibt es geschätzt über 1 Milliarde Exemplare.

Solche Betrachtungen können bei sämtlichen Produkten angestellt werden. So sind Automobile nicht nur Fortbewegungsmittel, sondern auch symbolträchtige Alltags- oder Kultobjekte. Die Analyse der Kleidung veranlasste Roland Barthes

1 **Der Monoblock Plastikstuhl**

2 **Juan – Ein neuer Monoblock-Stuhl**
Design: Reinhard Dienes (2001)
Fa. Senchuan/China

1

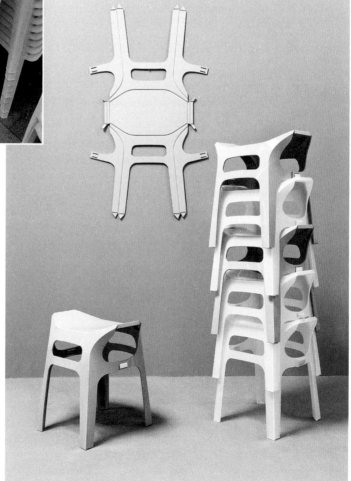

2

(1967) zu der Feststellung, dass auch die Mode zwei Bedeutungen habe: die praktische Nutzung und die rhetorische Aussage (etwa wenn man zum Cocktail „das kleine Schwarze" trägt). Die Dinge der Natur sprechen zu uns (sofern wir ihre Sprache verstehen gelernt haben), die künstlich geschaffenen lassen wir sprechen (dabei wird die Sprache oder auch die Bedeutung den Dingen zugewiesen, denn von alleine können sie ja nicht sprechen). Die Objekte (Produkte) können beispielsweise erzählen, wie sie entstanden sind, welche Technologien für ihre Herstellung verwendet wurden, aus welchen kulturellen Kontexten sie stammen. Sie erzählen uns aber auch einiges über die Benutzer, deren Lebensweisen, über wirkliche oder vermeintliche Zugehörigkeiten zu sozialen Gruppen, über Werthaltungen. Der Designer muss also zum einen diese Sprachen verstehen, zum anderen aber selbst die Dinge zum Sprechen bringen können. In den Objektformen lassen sich so gesehen die jeweiligen Lebensformen erkennen (siehe dazu: formdiskurs 3, II/1997).

Ein kurzer Rückblick auf die Geschichte der Semiotik

Die Semiotik selbst reicht bis in das Altertum zurück. So wurde dieser Begriff im alten Griechenland beispielsweise in der Medizin für jenes Gebiet verwendet, in dem Diagnose und Prognose von Krankheiten durch Zeichen vorgenommen wurden. Im Altertum hieß eine zu analysierende Urinprobe „signum" – also Zeichen.

Bei Platon finden sich verschiedene semiotische Ausführungen, und auf ihn geht die Unterscheidung in:

das Zeichen (semeion),

die Bedeutung des Zeichens (semainómenon),

und das Objekt (pragma)

zurück.

Ihm ging es darum, die Beziehungen zwischen dem Zeichen, seiner Bedeutung und der bezeichneten Sache festzustellen. Diese sogenannte dreifache Relation wurde erst im 19. Jahrhundert von Charles Sanders Peirce wieder aufgegriffen.

Aristoteles verwandte verschiedene semiotische Begriffe, wie „Zeichenlehre", „Zeichentheorie", „Zeichenkunst" (semeiotiké) und „Zeichen" (sema oder semeion). Er schloss sich den Überlegungen Platons an und entwickelte eine Theorie der lautlichen und schriftlichen Zeichen, deren Essenz darin besteht, dass in den Zeichen „etwas für etwas anderes steht" (aliquid stat pro aliquo).

**„Zeichen – Objekt – Interpret"
nach Peirce**

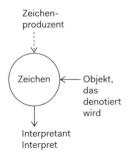

Zeichen-
produzent

Zeichen ◄── Objekt,
das
denotiert
wird

Interpretant
Interpret

Im 19. Jahrhundert wurde die Semiotik an den medizinischen Fakultäten Europas weiterentwickelt. Anknüpfend an die alten Griechen wurde eine ärztliche Zeichenlehre (Reimers, 1983) entwickelt. Sie verfolgte einen ganzheitlichen Ansatz, das heißt, sie beobachtete eine vergangene Lebenszeit nach anamnestischen Zeichen (Anamnese = Wiedererinnerung, Vorgeschichte einer akuten Krankheit), den gegenwärtigen Zustand nach diagnostischen Zeichen (Diagnose = Feststellung) und stellte für den zu erwartenden Krankheits- beziehungsweise Gesundungsverlauf prognostische Zeichen (Prognose = Voraussage) auf. Alle diese wurden dann miteinander in Verbindung gebracht. Diese zu erklären ist Zeichenerkennung und -deutung , also Semiotik. Für die heutige Form der Semiotik, wie sie im Design Anwendung findet, sind vor allem zwei Richtungen prägend gewesen: die Semiologie, die aus der Sprachwissenschaft entstanden ist, und die Semiotik im heutigen Sinne, deren Ursprünge im amerikanischen Pragmatismus zu finden sind.

Charles Sanders Peirce (1839–1914) Peirce gilt als der eigentliche Vater der Semiotik. Er war der Begründer des Pragmatismus und wurde als der letzte Vertreter eines Universalgelehrtentums angesehen: Universalität zielte bei ihm auf die Einheit des Wissens, die er in der „Logik der Semiotik" erfüllt sah. Peirce begann 1867 mit der Publikation seiner semiotischen Untersuchungen. Auf ihn geht der zentrale Begriff der Semiotik, die „triadische Relation" zurück. Er betonte den relativen Charakter von Zeichen, das heißt ihre Existenz ausschließlich in der Beziehung zwischen einem Objekt und einem Interpreten. Diese Beziehung nannte er eine dreistellige – oder triadische – Relation. Peirce verwendete den Begriff der „Repräsentation", das bedeutet, dass etwas für etwas anderes steht, oder es wird gedanklich so behandelt, als wäre es jenes andere. In diesem Sinne sind Zeichen Repräsentanten für etwas.

Ferdinand de Saussure (1857–1913) Saussure hielt in der Zeit von 1906 bis 1911 Vorlesungen an der Universität in Genf. Aus den Mitschriften seiner Studenten wurde das Werk *Cours de linguistique générale* (1916) erstellt und veröffentlicht. Er gilt als der Begründer der strukturalistischen Sprachwissenschaft sowie des strukturalistischen Denkens überhaupt. Mit seinem Werk gelang der Sprachwissenschaft der Durchbruch zur eigenständigen Disziplin.

**Typologie der Funktionen
nach Mukařovský**

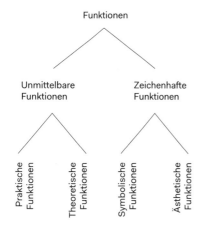

Saussure sprach vom referenziellen Charakter der Sprache: Die Menschen beziehen sich mithilfe der Sprache auf Dinge, die außerhalb der Sprache liegen, nämlich auf real existierende Gegenstände und Sachverhalte. Sprachliche Zeichen sind nicht nur physikalische Laute, sondern auch psychische Eindrücke. Er nannte das Ganze die Einheit von „Vorstellung" und „Lautbild". So hat die Vorstellung von einem Stuhl mit der Lautfolge der Buchstaben keine natürliche Verbindung. Diese Verbindung wird erst durch kollektive Absprache – also eine Konvention – hergestellt.

Jan Mukařovský (1891–1975) Der tschechische Linguist gehörte in den 1930er-Jahren zu einem literarischen Zirkel in Prag, in dem die Grundlagen für das theoretische Konzept des Strukturalismus diskutiert und schon sehr früh die Arbeiten Ferdinand de Saussures rezipiert wurden. Er analysierte ästhetische Funktionen von Kunstwerken, die seiner Meinung nach unter sozialen Erscheinungen eingeordnet werden müssen. Mukařovský bezog sich in seinen Arbeiten sowohl auf den triadischen Zeichenbegriff von Charles W. Morris als auch auf die Schlüsselbegriffe „langue" (Sprachsystem einer Gemeinschaft) und „parole" (Sprechakt des Einzelnen) von Saussure.

Zentraler Punkt seines semiotischen Ansatzes in der Ästhetik ist der Ersatz des Begriffs des Schönen durch den Begriff der Funktion. Mukařovský entwickelte auf deduktivem Wege eine „Typologie der Funktionen" (1942) und bezog sich dabei ausdrücklich auf den Strukturalismus, das heißt, er verstand die Hierarchie der jeweiligen Funktionen immer als einen dynamischen Prozess.

Charles William Morris (1901–1979) Morris knüpfte an die Untersuchungen von Peirce und John Dewey (1910) an und formulierte einen verhaltenswissenschaftlichen (behavioristischen) Ansatz der Semiotik. Er bestimmte das Zeichenverhalten durch die drei Kategorien „Kennzeichnen", „Bewerten" und „Vorschreiben" (oder „Befehlen"). In seinem programmatischen Werk *Foundations of the Theory of Signs* (1938) unterschied er drei semiotische Dimensionen:

die syntaktische Dimension, das heißt die formalen Beziehungen der Zeichen untereinander und die Beziehung zu anderen Zeichen,

die semantische Dimension, das heißt die Beziehung der Zeichen zu den Objekten, also deren Bedeutung, und

die pragmatische Dimension, das heißt die Beziehung zwischen den Zeichen und den Zeichenbenutzern, also den Interpreten.

Max Bense (1910–1990) Bense hat mit seinen Arbeiten zur Semiotik den wohl nachhaltigsten Einfluss auf die gestalterischen Disziplinen in der zweiten Hälfte des 20. Jahrhunderts ausgeübt (siehe dazu: Walther, 2002). Er beschäftigte sich sehr früh mit den Arbeiten von Peirce und Morris und versuchte, deren Begrifflichkeiten auf die ästhetischen Fragestellungen anzuwenden. Im Rahmen seiner parallelen Lehrtätigkeit an der Universität Stuttgart und der HfG Ulm initiierte er an beiden Institutionen semiotische Untersuchungen in den Bereichen Information, Produktgestaltung und Visuelle Kommunikation. Bense hat zur Semiotik eine große Anzahl von Publikationen veröffentlicht (Bense, 1954–1960, 1967, 1969, 1971), welche die Designdiskurse nachhaltig geprägt haben.

Jean Baudrillard (1929–2007) Baudrillard kann als der eigentliche Begründer einer semiotisch fundierten Designtheorie bezeichnet werden, da er semiotisch-strukturalistische Methoden auf die Analyse des Alltäglichen anwendet. So untersucht er die „Sprache der Gegenstände" (1991), womit zum Beispiel Objekte des Wohnens, das Auto sowie technische Gebrauchsgegenstände gemeint sind. Wenn Dinge, mit denen sich der Mensch umgibt, sprechen, dann berichten sie über den Besitzer, über dessen Werte, Wünsche und Hoffnungen. Baudrillards Analyse der Gegenstände läuft auf eine politisch-ökonomische Dekuvrierung hinaus: Die Güter existieren nicht etwa, um „in Besitz genommen und gebraucht, sondern nur um erzeugt und gekauft zu werden. Anders ausgedrückt, sie strukturieren sich nicht gemäß unseren Bedürfnissen und auch nicht im Sinne einer traditionellen Ordnung der Welt, sondern ausschließlich zum Zweck einer Produktionsordnung und einer ideologischen Vereinheitlichung." (Baudrillard, 1974)

Umberto Eco (geb. 1932) Eco hat sich in zahlreichen Arbeiten mit Fragen der Literatursemiotik, der Ästhetik, der Erkenntnistheorie, der Semiotik sowie der strukturalistischen Methode beschäftigt. Er verwendet den Begriff des „semiotischen Feldes"; in diesem sind verschiedene semiotische Ansätze realisiert. Eine semiotische Untersuchung liegt für ihn dann vor, wenn vorausgesetzt wird, dass die Kommunikation als Sendung von Botschaften auf der Grundlage von Codes funktioniert.

Eco knüpft an die peirceschen Überlegungen an und untersucht Kommunikationsprozesse. Mittels der Semiotik können alle kulturellen Vorgänge analysiert werden. Die Codes sind Transformationsregeln, mit denen bestimmte Zeichen verschlüsselt und sodann in ihrer Bedeutung erkannt werden können, sobald man sie decodiert. Er verwendet weiterhin die für das Design zentralen Begriffe der „Denotation" und „Konnotation".

Unter „Denotation" versteht Eco die unmittelbare Wirkung, die ein Ausdruck (ein Zeichen) beim Empfänger (in einer bestimmten Kultur) einer Botschaft auslöst. Im Falle des Stuhles also: Dies ist eine Sitzgelegenheit. Unter „Konnotation" hingegen versteht er all das, was einem Einzelnen (innerhalb einer bestimmten Kultur) zur Bedeutung eines Zeichens einfallen kann. Am Beispiel Stuhl kann dies Thron, Kunstobjekt, Richterstuhl und vieles andere mehr sein. Die Konnotation kann somit als Summe der Assoziationen verstanden werden, die in einer speziellen Gesellschaft aufgrund eines bestimmten Zeichens auftreten können.

In seiner *Einführung in die Semiotik* (1972) widmet Eco ein ausführliches Kapitel dem Thema „Semiotik und Architektur", wobei er Design und Städtebau explizit einschließt. An anschaulichen Beispielen zeigt er auf, dass das Credo des Funktionalismus, die Form folge der Funktion, Mystik bleibt, wenn nicht der Code des jeweiligen Produktes gelernt oder gesellschaftlich vermittelt wurde. Wie soll man einen Fahrstuhl bedienen, ohne Druckknöpfe oder Pfeile „dechiffrieren" zu können? Kommunikationstechnisch gesprochen muss die Form die Funktion so eindeutig denotieren, dass die Bedienung eines Produktes nicht nur möglich, sondern auch wünschenswert wird, mithin zu den Bewegungen führt, die am besten geeignet sind, die Funktionen zu erfüllen. Die Form bezeichnet die Funktion nur auf der Basis eines Systems von erworbenen Erwartungen und Gewohnheiten, also auf der Basis von Codes.

Ugo Volli (geb. 1948) Volli konstatiert, dass das Feld der Semiotik nicht vorgegeben, sondern erst langsam bestellt worden sei (Volli, 2002). Er schließt in seinen Ausführungen an das bekannte Axiom von Paul Watzlawick an: „Man kann nicht nicht kommunizieren." Menschen, Gegenstände (ob natürliche oder künstliche), Organisationen etc. erzeugen ständig „Kommunikation", sie verbreiten Informationen über sich, die von den Rezipienten interpretiert werden. Diesen Prozess bezeichnet er im Sinne der Semiotik als „Bedeutung" oder „Sinn". Die Welt um uns herum (und speziell die Dinge, Objekte oder Produkte) erfassen wir nur über den Weg der Deutung (Interpretation), sie erscheinen uns als unmittelbar konkret, also als „sinnhaft".

Für Volli besteht der grundlegende semiotische Akt nicht in der Erzeugung von Zeichen, sondern in der Erfassung eines Sinnes. Damit lässt sich auch ganz offensichtlich eine Brücke zur Gestaltung herstellen: Produkte müssen Sinn machen, sowohl praktisch als auch semantisch.

Volli verweist auch darauf, dass das Phänomen der Bedeutung als eine „kulturelle Einheit" aufgefasst werden muss; es ist nicht nur im Bewusstsein der Produktion von Kommunikation verankert, sondern wird auch durch die jeweiligen Kulturen bestimmt. Dies zu untersuchen – auch im Sinne von Globalisierung – wäre durchaus ein veritables Thema für die Designforschung.

Semiotik in den Kulturwissenschaften

Nicht zuletzt durch die zunehmende mediale Präsenz gerät das Design zu Beginn des 21. Jahrhunderts in den Fokus der Kulturwissenschaften. Den in den 1960er-Jahren begründeten „cultural studies" oder „cultural sciences" ist es in den vergangenen Jahrzehnten nicht in einem umfassenden Sinne gelungen, relevante Forschungsergebnisse zum Thema Design zu präsentieren. Dies hängt sicherlich damit zusammen, dass es dem Design an kultureller Wertigkeit mangelt: „Es ist bislang nur ansatzweise in den Kreis der akkreditierten Themen der *cultural studies* vorgedrungen. Design führt ein Schattendasein, wahrscheinlich aufgrund seiner Komplexität und kapillaren Verbindungen mit Technik, Gesellschaft, Wirtschaft und Kultur." (Bonsiepe, 2009) Durchaus erwähnenswert sind die Studien von Helene und Matthias Karmasin (1997) sowie von Karmasin (1998): „Design hat ja immer auch etwas mit sozialer Kommunikation zu tun und Design hat prinzipiell wichtige semiotische Funktionen. Es bestimmt in hohem Ausmaß die Produktsemantik: es signalisiert die Botschaft, die das Produkt für den Benutzer annimmt und die er seiner sozialen Botschaft mitteilen kann."

In Deutschland ist nicht zuletzt aufgrund der dominanten Rolle funktionalen Gestaltens (Bauhaus, HfG Ulm, Die Gute Form, der Einfluss der Fa. Braun usw.) wenig Semiotisches in der Praxis von Design angekommen. Der Berliner Kulturwissenschaftler Wolfgang Ruppert jedoch hat schon sehr früh ernsthafte Diskurse über die zeichenhaften Dimensionen von Produkten initiiert. So ist seine Darstellung der fünf Formen von Bedeutungsproduktion (Ruppert 1997) ein sehr brauchbares Modell, um die Komplexität von Design (Produktgestaltung) zu erklären:

Zweckbestimmung der Dinge Darunter versteht er die Nützlichkeit der Dinge, deren Werkzeugcharakter sowie den Gebrauchswert. Keine Frage, dies war und ist noch immer die klassische Domäne von Designern, wobei die Frage offenbleibt, von welcher empirischen Basis aus sie dazu Stellung nehmen und ihre Kompetenz einbringen.

Bedeutungen und ästhetisches Zeichen Gemeint sind hier die ästhetische Sprachlichkeit, die visuelle Identifizierbarkeit, die Repräsentation, der Schmuckwert u. a. m. Diese zweite Ebene wird heute durchaus als Designkompetenz wahrgenommen, wenngleich die Sprachlichkeit noch recht unterentwickelt erscheint.

Mittel der Warenproduktion Zu dieser Form zählt Ruppert das Aneignungsbegehren der Käufer, die Codierung der Dinge als Waren, aber auch die ästhetische Inszenierung und die Bedeutungszuschreibung. Darunter fällt das Erlebnis- oder Eventdesign, dem heute eine hohe ökonomische Bedeutung zukommt.

Innovation Neben der Ausprägung der Modernisierung versteht Ruppert darunter insbesondere die „Semantik des Fortschritts", also die gestalterische Ausprägung neuer Produkte, um deren Innovationspotenzial zu visualisieren. Hartmut Esslinger hat in einem Gespräch (Esslinger, 2011) sehr anschaulich gemacht, dass seine Erfolge für Firmen wie Wega, Sony oder Apple eng damit verknüpft waren, dass er selbst immer eine unmittelbare Nähe zu den produzierenden Industrien gehalten hat: „(...) denn die Macht ist in den Fabriken – und darüber hinaus müssen Designer jeden Alters wissen, was die Fabriken heute können, denn tatsächlich kommen die besten Entwürfe und Produkte nur über eine Zusammenarbeit mit den Leuten in der Produktion zustande." Daran wird auch deutlich, dass Designer die Prozesse des Fortschritts wahrlich nicht allein steuern, sondern visualisieren, ihnen mithin die jeweiligen Ausdrucksformen zuweisen.

Soziale Identitäten In der letzten Stufe dieses als zwiebelartig anzusehenden semiotischen Modells verweist Ruppert auf die Kontexte des sozialen Lebens der Individuen und ihrer Gestaltungsräume. Auf die Komplexität dieses Themas wird noch an anderer Stelle verwiesen (↗S. 230).

Die Aktualität des ruppertschen Modells liegt einerseits in der Überwindung des traditionellen Denkens im Design, sich ausschließlich mit der Nützlichkeit oder dem Gebrauchswert der Produkte zu beschäftigen. Andererseits gelingt es Ruppert, den Bogen von der ästhetischen Sprachlichkeit (also der Frage danach, was die Produkte für uns bedeuten) bis hin zu den Kontexten des sozialen Lebens zu spannen, die für die Produktgestaltung immer bedeutsamer werden, denn Produktgestaltung heißt heute primär Lebensgestaltung.

Wolfgang Ruppert hat eine Vielzahl produktkultureller Studien veröffentlicht, die präzise semiotische Analysen von Alltagsgegenständen darstellen (siehe Ruppert, 1993a, 1993b, 1998). Während seine Produktbeispiele noch weitgehend aus den mechanischen und elektrischen Produktwelten stammen, hat Gert Selle (2007) mit seinen Studien *Vom Thonetstuhl zum Mikrochip* die Verbindung zu den gegenwärtigen digitalisierten Produktwelten hergestellt.

Der Kultur- und Medienwissenschaftlerin Yana Milev ist es gelungen, in einem Kompendium zu *Design Kulturen* (2013) diverse aktuelle semiotische Positionen aufzuzeigen, die für das Design relevant sind. Bemerkenswert daran ist, dass sich die Kulturwissenschaften erstmals in solcher Breite des Themenfeldes Design bewusst werden. Dabei kann die von Umberto Eco entwickelte Semiotik durchaus als Transdisziplin für die Kulturwissenschaften verstanden werden, mit der die semiotischen beziehungsweise semantischen Qualitäten von Design erschlossen werden. Milev beschreibt den Menschen als ein semiotisches Wesen, ein Designwesen: Sein Überleben sei an Handlungen gebunden, die Zeichen hinterlassen und Kommunikation ermöglichen (Milev, 2014). In diversen Einzelstudien bestätigen Kulturwissenschaftler, dass die Geschichte des Designs eine Geschichte des Zeichendiskurses ist, denn Design ist die bewusste Gestaltung von Zeichen (Elize Bisanz), und weiter: „Ein Design-Objekt ist demnach ein multifunktionales Objekt; denn es ist nicht nur ein industriell angefertigter Gebrauchsgegenstand, sondern genauso, sogar noch stärker ein repräsentationales Objekt." (Milev, 2014) Bemerkenswert ist dabei, dass die Kulturwissenschaften in ihrer Designorientierung heute dort angekommen sind, wo die Designtheorie schon seit Jahrzehnten unterwegs ist.

Semiotik und Methodologie

Dies führt nun zu der Überlegung, ob die Semiotik nur interpretative – sprich beschreibende – Qualitäten besitzt, das heißt, über existierende Objekte, Produkte und deren Rolle in kommunikativen Prozessen etwas aussagen kann, oder ob sie nicht auch als Methode und Strategie für die Produktentwicklung und Produktgestaltung eingesetzt werden kann. So bezeichnet Sandra Hirsch (2014) in ihrer Untersuchung zu neuen Wertschöpfungskonzepten Produkte als Repräsentationen, „die als Möglichkeiten neuer kultureller Bedeutungen zu verstehen sind". Insofern kann durchaus eine Brücke zwischen den neuen kulturwissenschaftlichen Studien (siehe: Milev, 2014) und der professionellen Produktentwicklung (Industrial Design) hergestellt werden. Wenn bei und mit Produkten neue kulturelle Bedeutungen geschaffen werden sollen, dann muss man sich methodisch auf die Semiotik beziehen, denn hier wurden und werden die erforderlichen theoretischen Konzepte entwickelt.

Der Begriff „Design" kommt ursprünglich aus dem Lateinischen; „designare" bedeutet „bestimmen" – und so verwandelt Design etwas Unbestimmtes in etwas Bestimmtes, und zwar durch fortschreitende Differenzierung. Design ist demnach Bestimmung durch Darstellung (van den Boom, 1997).

Semiotik und Architektur

Semiotische Untersuchungen wurden insbesondere über die Architektur angestellt. In den 1960er-Jahren verfolgte Robert Venturi diesen Ansatz explizit in seiner fundamentalen Studie *Complexity and Contradiction in Architecture* (Venturi, 1966), in der er für bedeutungsvolle Bauwerke plädierte, die sich deutlich vom Internationalen Stil abwenden sollten. Im Umkreis der Stuttgarter Bense-Schule entstanden ebenfalls in den 1960er-Jahren erste Arbeiten, die eine Verbindung von Semiotik und Architektur herstellten (siehe z. B. Kiemle, 1967). Georg R. Kiefer (1970) untersuchte die Architektur als ein System nicht sprachlicher Kommunikation und konstatierte eine „Semiotisierung der Umwelt", die mit unterschiedlichen Zeichen mit den Menschen ins Gespräch kommt.

Genau genommen wurden diese Diskurse schon vor über 2000 Jahren initiiert; so zeigen Vitruvs Kategorien der „firmitas" (Festigkeit), „utilitas" (Zweckmäßigkeit) sowie „venustas" (Schönheit) (↗S. 17) schon im Kern, dass Architektur auch Bedeutungen transportiert, damals eben „Schönheit" genannt.

Aber erst durch die Arbeit von Charles Jencks (1978) wurden die Analogien von Architektur und Sprache einer größeren Öffentlichkeit bewusst: Nach Jencks kann man von architektonischen „Wörtern", „Sätzen", architektonischer „Syntax" und „Semantik" sprechen. Mit ihm begann auch die postmoderne Architektur – also eine Architektur der Vielfältigkeit – weltweit an Bedeutung zu gewinnen; man kann Jencks deshalb sicherlich als den wohl einflussreichsten Promotor der Postmoderne bezeichnen.

In der Folge haben sich verschiedene Architekten mit der Textlichkeit (Bedeutung) von Bauwerken beschäftigt. So gilt beispielsweise Peter Eisenman (1991) als wichtiger Vertreter einer semiotischen Debatte von Architektur. „Die Formgebung wird mit dem Diskurs vereint, um eine Architektur als Text zu erzeugen", erklärt er (Eisenman, 1995). Diese metaphorische Aussage besagt natürlich nur, dass es jenseits der materiellen Realität von gebauter Architektur eine immaterielle – sprachliche – gibt, die jene erklärt. „Sprachlichkeit" ist dabei natürlich nicht im engen Sinne zu verstehen. Für Eisenman geht es auch darum, Architektur von „bloßem Bauen" zu unterscheiden. Ist Letzteres eher „bedeutungslos", müsste Ersteres „bedeutungsvoll" sein.

Architekten wie Zaha Hadid, Herzog & de Meuron, Jean Nouvel, Daniel Libeskind, Bernhard Tschumi und Peter Zumthor betonen die semantische Dimensionen ihrer Bauwerke. In seinem Vortrag „Ist Architektur ein Text?" (gehalten an der Columbia University 1989) verwies Tomás Maldonado (2007) darauf, dass im Übergang von den 1960er- zu den 1970er-Jahren damit begonnen wurde, Architektur als ein visuelles Zeichensystem zu verstehen. Der Architekturdiskurs präsentierte sich als ein Diskurs über Zeichen – also als ein semiotischer.

Einige Autoren gingen gar so weit, die Geburt einer neuen Disziplin zu verkünden: die der „Architektursemiotik". Die entwicklungsgeschichtlichen Parallelen sind dabei offensichtlich, auch die Produktsprache und Product Semantics beziehen sich auf ähnliche theoretische Quellen. So gesehen sind diese Diskurse für das Design weitaus tragfähiger als das permanente Schielen auf die Kunst. Dieses befördert weitgehend postmodern-beliebiges Geschwätz, was an der Realität industrieller Produkte vorbeizielt und nur für das Bricolage-Design taugen mag.

Die Semiotisierung von Architektur erlebte im Übergang vom 20. zum 21. Jahrhundert ihren eigentlichen Aufschwung. Die Formel „Architektur als Text" meint dabei nichts anderes, als dass es neben den funktionalen Bedingungen, denen die Architektur genügen muss, auch eine Bedeutungsebene gibt. Diese Bedeutung der Bauwerke gilt es zu interpretieren und zu verstehen. Bedauerlicherweise sind solche Diskurse im Design noch recht selten. Während die Architekten schon lange das Erbe funktionalen Bauens überwunden haben, ist dies bei den meisten Designern nicht der Fall. So sind es nicht nur die „Architektenmöbel" (Hesse/Lueg, 2012), die die Diskursqualitäten von Architektur bestimmen. Nun gibt es die Architektur als Disziplin schon erheblich länger als das Design, doch dessen Defizite werden im Vergleich gut sichtbar.

Auch Städten und Regionen wird die Semiotik von Bauwerken zunehmend bewusst. So wurden die Olympischen Spiele 2008 in Peking begleitet von grandiosen Bauwerken, die die Fortschrittlichkeit ihrer Auftraggeber visualisieren sollten. Und die Gebäude der EZB in Frankfurt am Main zeigen, so der Architekt Wolf Prix, dass die EU dreidimensionale Ikonen braucht – so etwas nennt man dann semiotisch gesprochen eine „zugewiesene Bedeutung".

Semiotik an der HfG Ulm

Die Beschäftigung mit der Semiotik in Deutschland reicht im Design bis in die 1950er-Jahre zurück. So hatte Tomás Maldonado bereits 1959 einen grundlegenden Artikel über die Semiotik veröffentlicht, dem 1961 eine frühe *Terminologie der Semiotik* folgte. Gui Bonsiepe (1963) betonte die Bedeutung der Semiotik für das Design: „Die Hypothese, dass Gegenstandswelt und Zeichenwelt identisch strukturiert sind, kann durchaus sehr ergiebig sein. Auch bilden die kommunikativen Aspekte – und diese beruhen auf Zeichenprozessen – an der Beziehung von Benutzer zu Gebrauchsgegenstand wohl den wichtigsten Teil einer Theorie des Industrial Design."

Hans Gugelot wies unter dem Stichwort „Design als Zeichen" bereits 1962 in einem Vortrag auf die Identität von Zeichen und Design hin: „Ein Produkt aber mit richtigem Informationsgehalt ist ein Zeichen. Darum meinte ich richtig zu entscheiden, als ich die Begriffe ‚Design' und ‚Zeichen' vereinte (...). Für unsere Betrachtungsweise ist nun als selbstverständlich angenommen, dass der Mensch die Sprache der Dinge versteht. Dies können wir innerhalb eines geschlossenen Kulturkreises auch einigermaßen voraussetzen."

Die HfG Ulm war die Institution, die – unter anderem auf Anregung und unter Mitwirkung von Max Bense – als Erste versuchte, die Semiotik für die Gestaltung zu erschließen.

Zu erwähnen ist in diesem Zusammenhang insbesondere die Diplomarbeit von Klaus Krippendorff (1961), in der er die Grundlagen für seine erst viel später publizierte *Semantische Wende* (2006/2013) gelegt hat. Dabei verwies der damals im Untertitel verwendete Begriff „Programmierung von Produktformen" durchaus auf die damals virulente Semiotik von Max Bense. Krippendorff selbst hat daran erinnert: „Meaning had no currency at Ulm", gemeint waren damit die 1960er-Jahre. Gleichwohl gilt er als ein bedeutsamer Wegbereiter für die Semiotisierung des Designs.

Semiotik und Kommunikation

Frühe Kommunikationsmodelle, die im Design angewendet wurden und auf nachrichtentechnischer Grundlage basierten (siehe z. B. Meyer-Eppler, 1959; Maser, 1971), gingen von sogenannten Sender-Empfänger-Modellen aus. Die wissenschaftlichen Grundlagen dafür lagen in der Kybernetik, die insbesondere an der HfG Ulm und in deren Methodologie eine hohe Wertschätzung erfuhr. Dass sich solch technische Modelle nicht auf die Interaktion biologischer kognitiver Systeme (Rusch, 1994) beziehen lassen, ist eigentlich erst durch die paradigmatischen Arbeiten des Radikalen Konstruktivismus deutlich geworden. Die Arbeiten von H. R. Maturana und F. J. Varela, H. von Foerster, E. von Glaserfeld und G. Roth und vor allem die beiden umfangreichen Bände von Siegfried J. Schmidt (1987, 1992) führten zu vollkommen neuen Betrachtungsweisen von Kommunikation. Darunter versteht man einen wechselseitigen Austauschprozess zwischen Akteuren, bei dem es um „Anpassungsleistungen" geht, denn nur dann kann Kommunikation wirklich erfolgreich sein. Eine grundlegende These ist dabei, dass Wahrnehmung (von Zeichen oder Produkten) immer Interpretation ist, die Bedeutungszuweisung erfolgt im Gehirn des Menschen. Dabei wird auf frühere Erfahrungen oder auch Konventionen zurückgegriffen (Schmidt, 1986).

Ein entscheidendes Merkmal von Kommunikation ist, dass Informationen nicht (wie in der Nachrichtentechnik) übertragen, sondern konstruiert werden: „Dabei wird all das berücksichtigt, was an situativen, soziokulturellen und personalen Faktoren auf diesen Konstruktionsprozess einwirkt. Aber alle Aspekte der Kommunikation werden plausibel beschrieben im kohärenten Modell des Funktionierens operational geschlossener autopoetischer Systeme." (Schmidt, 1987) Ein Vorwurf, der dem produktsprachlichen Ansatz entgegengehalten wurde, war, die Produkte würden ja gar nicht von alleine sprechen. Natürlich tun sie das nicht, und sie sind auch nicht die Signale oder Nachrichten (wie in den früheren Modellen angenommen), sondern erst im Prozess der Kommunikation (also zwischen dem Hersteller, dem Händler und dem Benutzer) wird ihnen Sprache (also Bedeutung) zugewiesen. Die Teilnehmer an solchen Kommunikationsprozessen „vereinbaren" gewissermaßen, welche Bedeutung beispielsweise Produkten zukommt (etwa teuer, professionell, technisch, ökologisch, innovativ).

Der Soziologe Niklas Luhmann (1984) sprach in diesem Zusammenhang einmal davon, dass „Kommunikation an Kommunikation anschließe". Für die Beteiligten an solchen Kommunikationsprozessen sei es deshalb erforderlich, dass eine sogenannte „Anschlussfähigkeit" hergestellt werde, denn nur dann könne Kommunikation erfolgreich sein. Daraus folgt, dass Designer nicht – wie in den traditionellen Modellen angenommen – irgendwelche Botschaften in die Welt hinaussenden, die dann von den potenziellen Rezipienten verstanden werden sollen. Vielmehr geht es in solch kommunikativen Prozessen darum, dass Interaktionen entstehen, also wechselseitige Beziehungen. Aus der Analyse produktkultureller Kontexte, Lebensformen und Verhaltensweisen müssen solche Kommunikationsangebote generiert werden, die von den potenziellen Benutzern verstanden, zugeordnet und geschätzt werden. So gesehen müssen also vom Design Identifikationsangebote formuliert und generiert werden, die auf unterschiedlichsten Ebenen wirksam werden können. Die Produkte selbst fungieren in solchen Prozessen als Vehikel der sozialen Interaktion, sie bieten „Anschlussmöglichkeiten" diverser Art (Bürdek, 2001a).

Von verschiedenen Autoren wurden zur Beschreibung der kommunikativen Funktionen von Objekten oder Produkten ähnliche Begriffe verwendet. Jean Baudrillard (1968) sprach von den primären und sekundären Funktionen eines Gegenstandes, Umberto Eco (1968) erläuterte die „abwesende Struktur" von Objekten und unterteilte diese in die erste und zweite Funktion. „Erste" und „zweite" bedeuten für ihn natürlich kein Werturteil, so als wäre eine Funktion wichtiger als die andere, vielmehr lehnen sich die zweiten Funktionen (die Konnotationen) an die ersten (die Denotationen, also die Sachbedeutungen) an. Für Eco ist die ganze Welt aus Zeichen aufgebaut, und an den Zeichen einer Kultur lässt sich ihr Zustand ablesen.

Phänomenologie und Design

Die Phänomenologie als eine traditionsreiche geisteswissenschaftliche Methode wird im Design bisher nur recht zaghaft angewendet. Man versteht darunter die Lehre von den „Erscheinungen" (den Phänomenen), die durch Verzicht auf die theoretische Analyse (insbesondere die Reduktion) beschrieben werden können. Erste phänomenologische Ansätze gab es bereits im 18. Jahrhundert, so formulierte Kant beispielsweise eine „phaenomenologia generalis", die als eine der Metaphysik vorausgehende Wissenschaft bezeichnet wurde. Aber erst im 19. Jahrhundert wurde diese philosophische Ausrichtung intensiver herausgearbeitet.

Edmund Husserl (1859–1938) Die Phänomenologie erfuhr durch Husserl ihre eigentliche Ausprägung, er gilt als der Begründer einer phänomenologischen Philosophie, die in ihrer Frühform in seinen *Logischen Untersuchungen* (1900/01) veröffentlicht wurde. Sein Ziel war es, „zu den Sachen selbst" vorzudringen, das heißt zu den ursprünglichen logischen Formen des Denkens.

Die Phänomenologie steht entwicklungsgeschichtlich in enger Wechselwirkung zur Hermeneutik (↗S. 102 ff.). Mit seinen *Ideen zu einer reinen Phänomenologie und phänomenologischen Philosophie* (1913) profilierte sich Husserl als Vertreter eines transzendenten Subjektivismus. Jeder Gegenstand wird dabei von der Seite seiner Erscheinung her untersucht, wobei es sich:

um ein Erscheinen in der äußeren Sinneswelt,

um Anschaulichkeit in der Erlebnissphäre oder auch

um symbolisches Sichtbarwerden geistiger Gebilde oder

um Vorgänge

handeln kann.

An die Bedeutung der Phänomenologie erinnert Martin Gessmann (2014), wenn er darauf hinweist, dass die Dinge (heute würde man Produkte sagen) von ihren Erscheinungen her diskutiert werden. Also nicht platonisch von den reinen Denkeinheiten oder Ideen ausgehend, sondern von den Formen, aus denen sich dann gesetzesartige Ordnungen ergeben. Husserls Methodik besteht darin, zunächst vom Erscheinen der Dinge auszugehen, um gesichertes Wissen zu generieren. Martin Heidegger verfolgt später den Gedanken – „zu den Sachen selbst" – als eine für die Designtheorie noch immer relevante Vorgehensweise.

Mit dem Schlüsselbegriff „Lebenswelt" macht Husserl deutlich, dass die Analyse von Gegenständen immer im Zusammenhang mit einer bestimmten Welt (und Zeit) reflektiert werden muss. Als phänomenologische Methode kann man somit ein Vorgehen bezeichnen, das die Lebenswelt der Menschen unmittelbar und ganzheitlich und unter Einbeziehung von Alltag und Umgebung zu verstehen versucht. Nur durch das Eintauchen in die Lebenswelten kann man die Alltagsgegenstände erfassen. Die Deutung ist dann hermeneutische Interpretation, also geisteswissenschaftliche Vorgehensweise. Jede phänomenologische Aussage kann zudem immer nur im Rahmen eines bestimmten, räumlich und zeitlich begrenzten historischen Horizonts Gültigkeit besitzen. Mit dem umfassenden Anspruch der Phänomenologie wird – mit anderen Worten und in Bezug auf das Design gesprochen – der gesamte Horizont eines Produktes untersucht und beschrieben.

Dies ist sehr eng mit kommunikationstheoretischen Überlegungen verbunden, auf die u. a. Jürgen Habermas (1981) hingewiesen hat: „Deshalb habe ich vorgeschlagen, den Begriff des kommunikativen Handelns als einen Schlüssel zur Theoriebildung zu benützen, damit wir die eigensinnigen Strukturen der Lebenswelt besser in den Griff bekommen (...)."

Beispiele phänomenologischer Untersuchungen

Im Werk des Philosophen Martin Heidegger (1889–1976) können starke Verbindungen zur Phänomenologie aufgezeigt werden, beispielsweise in seinen Arbeiten über die Kunst (1968). In drei als klassisch zu bezeichnenden Aufsätzen hat Heidegger, der als Nachfolger Husserls unter anderem an der Universität Freiburg lehrte, phänomenologische Studien zu Gegenständlichkeiten veröffentlicht: „Das Ding", „Die Frage nach der Technik" sowie „Bauen Wohnen Denken" (1967), die durchaus im Kontext des Entwerfens verstanden werden können. So bezieht sich beispielsweise der Schweizer Architekt Peter Zumthor (↗S. 215 f.) explizit auf diese philosophischen Positionen.

Erst in den 1980er-Jahren wurde der phänomenologische Ansatz wieder aufgegriffen. Dem inzwischen legendären „Walkman" wurden zwei phänomenologische Untersuchungen gewidmet. Mit diesem Produkt, das in Japan erfunden und 1980 von der Firma Sony auf den Markt gebracht wurde, ist eine kategorial neue Produktgruppe entstanden – die in sämtlichen Lebensumständen mögliche und somit allgegenwärtige Musikwiedergabe. Shuhei Hosokawa (1987) hat in seinem Essay den Blick vom ursprünglichen Produkt auf das Urbane gerichtet: „der Walkman als urbane Strategie, als urbane Klang-/Musik-Vorrichtung". Dabei verwendet er baudrillardsche Kategorien der primären (praktischen) und sekundären (immateriellen) Funktionen. Hosokawa geht es weniger um das Objekt an sich als vielmehr um das Objekt im Gebrauch: was es für den Nutzer bedeutet, wie es von der Umwelt wahrgenommen wird, welches Bild von Stadt dahintersteht. Diese Lebenswelten werden insgesamt entfaltet.

Eine wesentlich umfangreichere phänomenologische Untersuchung zum Thema „Walkman" wurde von Rainer Schönhammer (1988) veröffentlicht. In der Tradition angewandter phänomenologischer Forschung stehend (siehe z. B. Waldenfels, 1985, 1992), beschreibt Schönhammer, wie der Walkman in die Lebenswelt seiner Benutzer eingreift. Er nennt seine Studie auch eine Momentaufnahme aus der Kulturgeschichte der Sinneserfahrung: „Die Möglichkeit, sich durch das Gerät in ausgesetzten Situationen musikalisch Geborgenheit zu verschaffen, erzeugt eine entsprechende Valenz des Dinges: Der Walkman wird zum Symbol eines Lebens jenseits der Trennung von Subjekt und Welt, zum Symbol für die permanente Möglichkeit von Verschmelzungserlebnissen." (Schönhammer, 1988) So wird „die Trennung vom akustischen Geschehen im Umraum des Kopf-Hörers per se Anlass zu einem Befremdungs-Erlebnis geben. Die Trennung kann dazu genutzt werden, einem musikalischen Ereignis von besonderer Eindringlichkeit sich auszusetzen. Das Ausblenden der akustischen Umwelt kann sowohl ein (Neben-)Ziel des Gebrauchs wie eine unerwünschte Bedingung sein, der man durch eine entsprechende Regelung der Lautstärke zu entgehen sucht. Eine Irritation der Mitmenschen wird in verschiedenen Formen reflektiert." (Ebd.)

In seiner Untersuchung über die Fernbedienung geht Schönhammer (1997) der Fragestellung nach, wie sich die „Zauberzeuge für den Haushalt" durchgesetzt und ausgebreitet haben. Die Fernwirkung, die sie ausüben, nämlich wie von Geisterhand Produkte bedienen zu können, verändert unseren Umgang mit diesen auf elementarste Art und Weise. Ob Fernseher, Hi-Fi, CD-Player, Video oder Garagentore – die Fernbedienung ist zu einer „eingreifenden Kulturtechnik" geworden, mit der wir unser mediales Verhalten zwar selbst zu bestimmen meinen, aber letztlich unsere Abhängigkeiten von den elektronischen Medien nur noch fester zementieren.

An die Tradition von Philosophen wie Husserl und Heidegger anknüpfend, gab es Ende der 1990er-Jahre zwei designorientierte Publikationen, die die Tradition der Phänomenologie in die Gegenwart weiterführen. Jens Soentgen profiliert sich als moderner Phänomenologe, der sich sehr intensiv „Stoffen, Dingen und fraktalen Gebilden" (1997a) widmet und dabei bewusst Bezüge zum aktuellen Design herstellt. Soentgen macht deutlich, dass die sehr stark semiotisch orientierte „Theorie der Produktsprache" durchaus phänomenologisch erweiterbar sei, denn „Semiotik ist eine theoretische Option, die zwar viele Vorteile hat, aber auch den Nachteil, dass sie alles als Zeichen auffassen muss und das, was nicht in ein Zeichen umgedeutet werden kann, links liegen lässt" (Soentgen, 1997a). Dabei macht er auch den gravierenden Unterschied zwischen diesen beiden geisteswissenschaftlichen Methoden deutlich: „Phänomenologisch beschreiben heißt, etwas so zu beschreiben, wie es sich zeigt, ohne Rücksicht auf Vorwissen, ohne Rücksicht auf Hypothesen, ohne Rücksicht auf alles, was nicht zum direkt wahrnehmbaren sinnlichen Bestand der Sache selbst gehört. Zeichen sind dagegen immer vermittelt, ob durch Erfahrung oder durch Konvention; die Semiotik befasst sich also mit dem Vermittelten oder mit dem, was als vermittelt gedacht werden kann, die Phänomenologie mit dem Unvermittelten, Direkten." (Soentgen, 1997b)

In einer weiteren Essaysammlung geht Soentgen (1998) auf vielfältige und überaus anschauliche Art und Weise mannigfaltigen Phänomenen nach, die unser Alltagsleben bestimmen, dazu gehören beispielsweise „der Kitsch", „Marmor, Stein und Isopropylalkohol" sowie „Patina und Chromglanz". Allesamt sind darüber hinaus lehrreiche und erhellende Beispiele, wie eine geisteswissenschaftliche Ausrichtung im Design betrieben werden kann.

Volker Fischer (2001) benannte einen Essay im Untertitel als „Eine Phänomenologie elektronischer ‚devices'" und bezeichnet damit all jene nützlichen und nutzlosen digitalen Helfer (wie mobile CD-Player, Minidisc-Rekorder, Mobiltelefone, Walkmen, Kameras, Gameboys, Tamagotchis oder Lovegetys) (↗S. 237), die er eben nicht nur als einzelne Beispiele für Produktdesign diskutiert, sondern an denen vielmehr all die Lebenswelten exemplifiziert werden können, die insbesondere Kinder und Jugendliche nachhaltig in ihrem Umgang mit zeitgemäßen digitalen „devices" prägen.

So waren die Tamagotchis Ende der 1990er-Jahre und die Lovegetys zu Beginn der 2000er-Jahre frühe Produktbeispiele für „electronic devices", bei denen die Aufmerksamkeit von Menschen über digitale Produkte vermittelt wurde. Diese Rolle übernehmen heute die „Smartphones", die quasi als zweite Persönlichkeit der Benutzer bezeichnet werden können. Dass dabei die Verhaltensänderungen der Benutzer wesentlich größere Auswirkungen haben als das in vielen Fällen fast schon banal zu nennende Produktdesign, ist nur eines der Resultate solch äußerst ergiebiger phänomenologischer Analysen.

Hermeneutik und Design

Unter „Hermeneutik" versteht man im engen Sinne die Kunst des Auslegens, Deutens und Übersetzens von Texten. Über deren Interpretation führt der Weg zum Verstehen. Dies kann auf nahezu alle Lebenszusammenhänge angewendet werden, dazu gehören Handlungen und Gesten, Werke der Wissenschaft, Literatur und Kunst, geschichtliche Ereignisse und anderes mehr. Als Theorie dient die Hermeneutik der Auslegung von Reflexionen über die Bedingungen und Normen des Verstehens und ihrer sprachlichen Kundgabe.

Ein kurzer Abriss zur Geschichte der Hermeneutik

Die Hermeneutik hat geschichtlich zwei Wurzeln: einerseits die griechische Philosophie – so wurde beispielsweise von Platon der Begriff der „techné hermeneutiké" verwendet, was so viel heißt wie die Kunst des Auslegens und Erklärens von Texten –, andererseits die Bibelauslegung des Judentums.

Die moderne Hermeneutik wurde jedoch erst im 19. Jahrhundert begründet. Die Wissenschaftler waren damals gezwungen, ihre cartesianische Vorstellung von der Welt als Maschine zu ändern. Zu dieser Zeit erfolgte auch die Trennung in Natur- und Geisteswissenschaften durch den Engländer John Stuart Mill: Letztere bezeichnete er als „moral sciences".

Diese Unterteilung wurde von Charles Percy Snow (1959) unter dem Titel *Zwei Kulturen* neu untersucht. Die Trennung literarischer von naturwissenschaftlicher Forschung war für ihn eine Folge der Industrialisierung Europas. Die heutigen Diskussionen über Technikfolgen, insbesondere die Probleme im Umgang mit der Mikroelektronik (siehe z. B. Weil/Rosen, 1997; Bürdek, 2001b) sind Reaktionen darauf, naturwissenschaftliche Fortschritte geisteswissenschaftlich, das heißt auf ihren Sinn hin, zu hinterfragen.

Friedrich Daniel Ernst Schleiermacher (1768–1834) Schleiermacher gilt als der erste Repräsentant neuzeitlicher Hermeneutik. Obgleich er kein eigenständiges Werk zur Hermeneutik verfasste, waren seine Bibelinterpretationen, die er in Vorlesungen und Ansprachen vortrug, klassisch hermeneutische Werke. Er entwickelte allgemeine Regeln der Auslegung, die auch auf nichttheologische Interpretationsobjekte angewendet werden können. Ausgangspunkt war für ihn die Universalität der Sprache: Sprache und Denken bilden eine unlösbare Einheit. So wie im kantschen Vernunftbegriff – der Einheit von sinnlicher Wahrnehmung und verstandesmäßigem Erfassen – finden wir auch hier eine wichtige Voraussetzung für wissenschaftliche Interpretation von Gestaltung.

Johann Gustav Droysen (1808–1884) Droysen begründete die Geschichtsschreibung als hermeneutische Wissenschaft. Er beschrieb das Wesen geisteswissenschaftlicher Methoden als Erkennen, Erklären und Verstehen. Auf Droysen werden auch die drei wissenschaftstheoretischen Grundfragen der Geschichtswissenschaften zurückgeführt:

die nach ihrem Gegenstand,

die nach ihren Mitteln und

diejenige nach ihren Zielen.

Wilhelm Dilthey (1833–1911) Dilthey gilt als der eigentliche Begründer der Geisteswissenschaften. Er wird als der Vater der hermeneutischen, wissenschaftlichen Lebensphilosophie bezeichnet. Am Beispiel der Psychologie zeigt Dilthey den Unterschied zwischen erklärenden (Natur-) und beschreibenden (Geistes-)Wissenschaften auf. Dieser Unterteilung liegt seine noch immer bedeutungsvolle Aussage „Die Natur erklären wir, die Seele verstehen wir" zugrunde.

An dieser Stelle lässt sich eine Analogie zur Designtheorie herstellen. So besitzen Produkte immer diese Dualität: eine materiale Realität und eine immaterielle, also Bedeutungen, die sie transportieren.

Otto Friedrich Bollnow (1903–1991) Bollnow war von der Lebensphilosophie Diltheys stark beeinflusst, er wurde vielfach als der Hermeneutiker des „kleinen Verstehens" oder der „kleinen Formen" bezeichnet. Besondere Bedeutung erlangte seine Arbeit über *Das Verstehen* (1949), in der er an einen Gedanken Schleiermachers anknüpft: Es gelte, einen „Schriftsteller besser zu verstehen, als er sich selbst verstanden hat". In diesem Satz liegt das eigentliche Problem der Hermeneutik, nämlich den Akt des Verstehens als den rekonstruktiven Vollzug der Produktion (Gadamer, 1960) zu begreifen.

Hans-Georg Gadamer (1900–2002) Gadamer war wohl der bedeutendste Hermeneutiker im 20. Jahrhundert, er hatte unter anderem bei Martin Heidegger studiert. In seinem Hauptwerk *Wahrheit und Methode* (1960) geht es um die zentrale Frage der Wahrheit jenseits eines sich wissenschaftlich verstehenden Methodenbewusstseins. Wichtig für Gadamer ist, dass sich das, was interpretiert wird, und der, der interpretiert, in einer Art Austausch miteinander befinden. Interpretation heißt also immer auch Einwirkung auf das, was verstanden werden soll. Die Hermeneutik ist für sich gesehen nicht ein mechanisches Verfahren, sondern selbst eine „Kunst".

Gadamer (1988) setzte sich auch mit der snowschen Problematik der zwei Kulturen auseinander. Danach sei das menschliche Wissen in zwei Arten von Sprache gefasst: in die instrumentelle Sprache (Formeln, Berechnungen, mathematische Symbole, naturwissenschaftliche Experimente) und in die Sprache der Philosophie.

In der Sprache wird das geschichtlich Gewordene dargestellt. In ihr wird die Erfahrung des Menschen niedergelegt, sie ist das Mittel zum Begreifen der Welt. Damit wird erneut bestätigt, dass die Sprache, im Mittelpunkt der Philosophie stehend, als Kernproblem der Geisteswissenschaften zu gelten hat, und in der Weiterführung gilt dies eben auch für das Design.

Martin Gessmann (geb. 1962) Aus der Heidelberger Schule kommend, führt Gessmann die Tradition der gadamerschen Hermeneutik (insbesondere der Methode der Texthermeneutik) weiter und bezieht diese auch ganz aktuell auf das Design: „Geräte als Texte, die sich ihre eigene Welt erschließen".

Als Kultur- und Technikphilosoph widmet er sich ausführlich der Frage, „was der Mensch wirklich braucht" (Gessmann, 2010). Und für „eine Technikphilosophie auf der Höhe der Zeit" braucht es „eine Erweiterung der Analyse von Technik im Raum auf ein Verständnis von Technik in der Zeit" (ebd.).

Er bezieht sich in seinen Ausführungen explizit auf Fragestellungen des Designs, das er als eine von uns gewollte Zutat beschreibt. Neben den Gebrauchseigenschaften der Produkte geht es im 20. Jahrhundert mithin insbesondere um die Ästhetisierung von Lebenswelten. Die Formveränderungen der Produkte werden gegen die Gebrauchsanmutungen ausgespielt, womit das Diktum „Form follows function" endgültig überwunden wird. Anhand von zahlreichen Produkten wie Autos, Bildtelefonen, Fahrkartenautomaten, Handys, Kühlschränken und Mountainbikes macht er deren Brüche und Wechselwirkungen mit den Erwartungen der potenziellen Nutzer deutlich. Bei vielen Produkten wird deutlich, dass die Geräteanatomie nicht mit unserer Hirnbiologie kompatibel ist. Damit weist Gessmann auf einen eklatanten kulturtechnischen Mangel hin – nicht nur im Design.

In seinem Buch *Zur Zukunft der Hermeneutik* (2012) macht Gessmann deutlich, dass diese klassische Methode heute wieder an Aktualität gewinnt: Es gilt, die Rückbindung der Texte an die Lebenswelten herzustellen. In der Tradition der Philosophie des 20. Jahrhunderts geht es ihm darum, eine „Aufklärung der Dialektik" zu leisten.

Hermeneutische Dreiecke

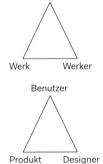

Horizontverschmelzung

Damit werden auch Überschneidungen zur „materiellen Kultur" deutlich, wie sie Hans Peter Hahn (2005) aufgezeigt hat: „Materielle Kultur ist ein fundamentaler Bereich der gesellschaftlichen Lebenswelt; sie spielt eine wichtige Rolle für die Identität der Menschen und für die Konstitution von Gesellschaften insgesamt." Dies scheint mir das aktuellste Forschungsfeld zu sein, das von einer Designtheorie und -wissenschaft zu untersuchen und für die Gestaltung aufzubereiten wäre. Die Defizite und Desiderate sind unübersehbar.

Einige hermeneutische Grundbegriffe

Die Hermeneutik hat eine Reihe von Begriffen entwickelt, deren Anwendung im Design durchaus nützlich ist.

Das hermeneutische Dreieck Es besteht aus einem Werk, einem Werker (dem Produzenten des Werkes) sowie einem Rezipienten, beschreibt mit anderen Begriffen die Kommunikation zwischen Produkt, Designer und Benutzer.

Das Vorverständnis und die Horizontverschmelzung Diese Termini sind wichtige Grundbegriffe der Hermeneutik. Unter Ersterem versteht man, dass jeder Rezipient schon über Kenntnisse und Bewusstsein über den zu interpretierenden Gegenstand verfügt, denn nur dann ist eigentliche Interpretationsleistung möglich. „Horizontverschmelzung" bedeutet, dass das „Verstehen-Wollen" davon ausgeht, dass sich das Vorverständnis des Rezipienten mit dem Horizont (also den Intentionen) des Künstlers (oder des Designers) und umgekehrt vereinigen lässt, das heißt, beide gehen ineinander über.

Der hermeneutische Zirkel Der hermeneutische Zirkel dient als Grundmuster von intersubjektiver Verständigung. Verständnis erfolgt nicht linear, sondern in einer Annäherungsbewegung, wobei das Verständnis des Ganzen das Verständnis der Teile voraussetzt und umgekehrt. Der „philosophische Zirkel" wird unter anderem im Idealismus Hegels verwendet: Um etwas zu erkennen, muss ich wissen, was Erkennen überhaupt bedeutet, das heißt, ich muss schon zuvor etwas erkannt haben.

Die Werkinterpretation Nach Rudi Keller (1986) stellt sich der Prozess der Interpretation in folgenden Schritten dar:

Wahrnehmung eines Zeichens

Interpretation der Bedeutung

Verständnis des Sinns

„Interpretation" heißt demnach so viel wie Erklärung, Auslegung, Deutung. Meistens versteht man darunter die Auslegung von Kunstwerken. Eine Interpretation ist also kein gefühlsmäßiges, oberflächliches Gerede, sondern besitzt als geisteswissenschaftliche Methode transsubjektiven Charakter: So wie in der „Einheit der Vernunft" (↗S. 82) geht es auch hier um die Dialektik von rationalen und subjektiven Aspekten.

Sinn und Bedeutung Der hier verwendete Begriff der „Bedeutung" (engl. „reference", „denotation") stimmt weitgehend mit dem in der Semiotik verwendeten Begriff der „Semantik" überein. Wichtig ist jedoch die Abgrenzung zum Begriff „Sinn" (engl. „sense", „meaning"). Keller (1986) erläutert am Beispiel der Sprache den Unterschied: Die Bedeutung eines Wortes kennt man oder man kennt sie nicht. Man kennt sie genau dann, wenn man weiß, wie dieser Ausdruck (gemäß einer Absprache, Vereinbarung oder Konvention) benutzt wird. „Den Sinn verstehen" heißt so viel wie „die Intention durchschauen", also etwa beim Schachspiel „den Zug in die Strategie einordnen können". An diesem Beispiel wird deutlich, dass erst durch Interpretation – in diesem Falle durch das Kennenlernen der Regeln – sich aus der Bedeutung (einer Figur) der Sinn (eines Schachzuges) erschließen lässt.

Zur hermeneutischen Applikation

Sprach- und Textkritik sind mit Wahrnehmen, Interpretieren, Sinnverstehen abgeschlossen. Wenn man jedoch über die deskriptive Ebene hinausgehen will, dann muss ein weiterer Schritt folgen: das Anwenden. Gadamer (1960) erinnert daran, dass bereits in der Tradition des 18. Jahrhunderts das hermeneutische Vorgehen wie folgt gegliedert war:

„subtilitas intelligendi" (das Verstehen)

„subtilitas explicandi" (das Auslegen)

„subtilitas applicandi" (das Anwenden)

Erst im Zusammenspiel könnten diese drei Elemente dann das Verstehen ausmachen.

Kritik an der Hermeneutik

Die Kritische Theorie und die Sozialwissenschaften der Frankfurter Schule melde-
ten bereits in den 1970er-Jahren erhebliche Bedenken gegen die traditionelle Hermeneutik an. Insbesondere Jürgen Habermas (1968) konstatierte ihre fehlende kritische Distanznahme; hinzu komme, dass das Erkennen immer interessegeleitet
sei. In seiner „Universalpragmatik" beschreibt er die Prinzipien universeller Bedingungen menschlicher Verständigung, aber erst in der *Theorie des kommunikativen Handelns* (1981) entwickelt Habermas ein System, das, auf Sprache basierend,
zwischenmenschliche Verständigung überhaupt erst ermögliche. Mit dem Rekurs
auf den „linguistic turn" zeigt sich eine interessante Parallele zur Entwicklung von
Designtheorie, da dieser sowohl zur Grundlage der Produktsprache als auch der
Produktsemantik wurde.

Zur empirischen Hermeneutik

Im Kontext der Frankfurter Schule entstand sodann auch ein wichtiger Ansatz
zur Weiterentwicklung der Hermeneutik. Thomas Leithäuser und Birgit Volmerg
(1979) skizzieren erste Überlegungen zu einer „empirischen Hermeneutik". Sie verweisen dabei auf die Notwendigkeit, metahermeneutische Diskurse zu führen, die
insbesondere subjektive Fehlinterpretationen vermeiden helfen, welche oftmals
in den hermeneutischen Zirkeln auftreten können. Der dabei zugrunde liegende
psychoanalytische Ansatz basiert auf empirischen Untersuchungen des Alltags-
bewusstseins. Methodisch beruht dieser auf der Sprachphilosophie („linguistic
turn") und weist damit auch eine interessante Nähe zu den kommunikativen Diskursen im Design auf.

Der methodisch entscheidende Schritt einer „empirischen Hermeneutik" besteht also darin, dass sie die jeweiligen realen soziokulturellen Bedingungen zum
Ausgangspunkt ihrer Interpretationsbemühungen macht, diese permanent reflektiert und somit nicht spekulativ vorgeht. Dabei eröffnen sich für die Designpraxis
erneut wichtige Anschlussmöglichkeiten.

Entwicklungen der Designmethodologie

Die Anfänge der Designmethodologie lassen sich bis in die 1960er-Jahre zurückverfolgen, insbesondere an der HfG Ulm widmete man sich diesem Thema sehr intensiv. Die Begründung dafür lag in den zu dieser Zeit zahlreichen und völlig neuen Aufgabenstellungen für die Designer in der Industrie. Christopher Alexander (1964), einer der Väter der Designmethodologie, führte vier Argumente für die Notwendigkeit an, den Entwurfsprozess methodisch zu armieren:

Die Entwurfsprobleme seien zu komplex geworden, um sie rein intuitiv zu behandeln.

Die Zahl der für die Lösung von Entwurfsproblemen benötigten Informationen steige derartig sprunghaft an, dass sie ein Designer allein gar nicht sammeln, geschweige denn verarbeiten könne.

Die Zahl der Entwurfsprobleme habe rapide zugenommen.

Die Art der Entwurfsprobleme verändere sich in zügigerem Rhythmus als in früheren Zeiten, sodass man immer seltener auf lange verbürgte Erfahrungen zurückgreifen könne.

Oftmals wurde fälschlicherweise angenommen, Ziel der methodologischen Forschungen sei die Entwicklung einer einheitlichen und stringenten Methode für das Design. Dabei wurde übersehen, dass unterschiedliche Aufgaben eben auch unterschiedliche Methoden erfordern und die entscheidende Frage, welche Methode man bei welcher Problemstellung anwenden solle, am Anfang jedes Entwurfsprozesses stehen muss. Der methodische Aufwand für das Re-Design eines wenig komplexen Gebrauchsgegenstandes beispielsweise ist wesentlich geringer als für die Entwicklung komplexer öffentlicher Transportsysteme. Die Designmethodologie war von dem Grundsatz geprägt, dass man, bevor man anfängt, etwas zu verändern oder neu zu entwerfen, erst einmal verstehen sollte, worum es überhaupt geht. Rückblickend kann man diese frühe Phase als das „analytische Paradigma" der Architektur oder auch des Designs bezeichnen (Tzonis, 1990).

Die Systemforschung der ersten Generation

Wichtige Arbeiten zur Designmethodologie entstanden in den 1960er-Jahren zunächst im angelsächsischen Raum. Sie waren stark von der Weltraumforschung beeinflusst, wo man komplexe Probleme zu lösen hatte. Horst Rittel (1973) bezeichnet diese frühen Ansätze als die „Systemforschung der ersten Generation", deren

Grundannahme darin bestand, dass es möglich sein müsse, den Entwurfsprozess in deutlich voneinander abgegrenzte Schritte zu zerlegen:

1. Verstehe und definiere die „Mission" (Aufgabenstellung)! Dies muss sehr sorgfältig geschehen und ist die notwendige Voraussetzung für alles Weitere.

2. Sammle Informationen! In dieser Phase informiert man sich über den Istzustand, die technischen Möglichkeiten und dergleichen.

3. Analysiere die gewonnenen Informationen! Man zieht Schlussfolgerungen aus den Informationen, indem man sie mit der „Mission", dem Sollzustand, vergleicht.

4. Entwickle alternative Lösungskonzepte! Hier kommt es häufig zu Phasen der Frustration, ab und zu auch zu kreativen Sprüngen. Diese Phase sollte jedenfalls damit enden, dass man mindestens ein Lösungskonzept entwickelt hat und seine Durchführbarkeit nachweisen kann.

5. Beurteile das Für und Wider der Alternativen und entscheide dich für eine oder mehrere Lösungen! Diese Phase kann begleitet sein von allen möglichen komplizierten Prozessen, wie zum Beispiel von Simulationen, die dem Systemforscher ein Bild von der Güte der Lösungen verschaffen sollen.

6. Teste und implementiere! Man testet die Lösungen und bietet sie dem Entscheidungsträger an. Dieser trifft nach einer solchen Vorbereitung die Entscheidung über die angebotenen Alternativen und verfügt die Implementierung.

Da die Arbeiten von Horst Rittel lange Zeit kaum zugänglich waren, sei auf zwei Publikationen verwiesen (Rittel/Reuter, 1992 sowie Rittel, 2013), die im Zuge der neuen Aktualität von Designmethodologie durchaus relevant sind. Rittel vertritt eine streng mathematisch-wissenschaftliche Methodologie, die er auf die Produktgestaltung anzuwenden versucht. Dies scheint unter dem Aspekt des Rationalismus im Design, der insbesondere an der HfG Ulm in den 1960er-Jahren vertreten wurde, durchaus adäquat zu sein.

Solche streng rationalen Modelle wurden von zahlreichen Autoren entwickelt und mit unterschiedlichen Detailverfahren versehen. So entwickelte Morris Asimov (1962) eine sogenannte Designmorphologie; Bruce Archer (1963/1964) veröffentlichte umfangreiche Checklisten, die den Entwurfsprozess stark determinierten, aufgrund ihrer Überformalisierung aber kaum brauchbar waren. John R. M. Alger und Carl V. Hays (1964) beschäftigten sich intensiv mit Verfahren zur Bewertung von Entwurfsalternativen und Christopher J. Jones (1969) beförderte die Methodologie ganz wesentlich im internationalen Kontext. Ausführliche Übersichten dazu habe ich zum Abschluss meiner Ulmer Studien veröffentlicht (Bürdek, 1971 a+b). Nigel Cross (1984, 1989) hat in den 1980er-Jahren diese intensive Entwick-

Dekomposition und Komposition nach Christopher Alexander, 1964

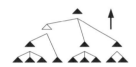

Program, consisting of sets

Realization, consisting of diagrams

lung weitergeführt, die insbesondere im Bereich Industrial Design Engineering der TU Delft exzessiv kultiviert wurde (Roozenburg/Eekels, 1995).

Die Methode von Christopher Alexander Eine besondere Rolle in der Entwicklung der Designmethodologie spielt die Arbeit von Christopher Alexander (1964), der sich insbesondere der Problematik von Form und Kontext widmete. Er plädiert für die dezidierte Einführung des Rationalismus in das Design, wie er sich aus den Formalwissenschaften Mathematik und Logik ableiten lasse. Alexander geht es primär darum, komplexe Designprobleme in ihre Bestandteile zu zerlegen, um über diesen Weg zur konkreten Lösung zu finden.

Wenn die Form die Lösung für das Designproblem darstellt und der Kontext die Form definiert – denn er enthält die Anforderungen an die zu findende Form –, dann gilt die Diskussion über Design nicht der Form allein, sondern der Einheit von Form und Kontext (↗S. 114).

Alexander entwickelt eine Methode, mit der ein Designproblem strukturiert werden kann (Definition des Kontextes), sodass danach die Form mittels dieser hierarchischen Komposition entwickelt wird.

Wissenschaftsgeschichtlich finden wir in der Methode Alexanders einerseits die cartesianische Problemzergliederung, andererseits das deduktive Verfahren wieder. Die methodische Stringenz der Dekomposition und der Komposition von Entwurfsprozessen führte in den 1970er-Jahren dazu, dass das von Alexander aufgezeigte Verfahren für den Einsatz von Datenverarbeitungsanlagen weiterentwickelt wurde. Die Euphorie, Problemstrukturierungen mittels EDV zu bearbeiten, hat sich jedoch nicht zuletzt wegen des damals erheblichen Aufwandes bald wieder gelegt. Geblieben ist letztlich der grundsätzliche Ansatz von Alexander, in deduktiver Weise komplexe Probleme zu zerlegen und im Entwurfsprozess bei den ermittelten Subproblemen mit Alternativlösungen anzusetzen.

Diese Methode hat sich in der Praxis des Industrial Designs in mannigfaltiger Weise bewährt, ihre Grenzen wurden aber in den 1990er-Jahren deutlich, als sich die Problematik Form und Kontext gravierend verändert hat. Denn mit der Ablösung des Funktionalismus durch die Postmoderne, mit der verstärkten Konzentration auf die kommunikative Funktion von Design bis hin zu den neuen immateriellen Themenstellungen (wie Interaktions- und Interfacedesign) wurden völlig neue Vorgehensweisen und Methoden erforderlich (↗S. 248 f.). Mihai Nadin räumte deshalb auch recht radikal mit dem „cartesianischen Reduktionismus" auf (Nadin,

2002), der es eben verhindere, dass nicht deterministische, also dynamische Modelle von Veränderung praktiziert würden. Auch die heute noch unzureichenden Vernetzungsmöglichkeiten würden eine Überwindung cartesianischen Denkens erforderlich machen.

Zur Methodologie der HfG Ulm Eine erste Rückschau auf die Phase der Verwissenschaftlichung der Entwurfstätigkeit wurde von Tomás Maldonado und Gui Bonsiepe 1964 angestellt. Die HfG Ulm distanzierte sich zu dieser Zeit klar und eindeutig von den Designprogrammen deutscher Werkkunstschulen, die im Wesentlichen eine nur gering modifizierte Bauhaus-Grundlehre anboten und sich durchweg schwertaten, den Übergang von der kunstgewerblichen Gestaltung zum Industrial Design zu vollziehen. Die HfG Ulm artikulierte ein starkes Interesse an der Beziehung zwischen Wissenschaft und Gestaltung, deshalb wurden zahlreiche wissenschaftliche Disziplinen und Methoden auf ihre Praktikabilität für den Entwurfsprozess untersucht.

Breiten Raum nahm die Diskussion über Methoden und Methodologie selbst ein: Letztere umfasst in systematischer Gliederung alle Methoden, die bei der Gestaltung von Produkten ins Spiel kommen. Es wäre allerdings falsch, daraus die Annahme abzuleiten, dass es eine allgemeingültige Methodologie der Produktgestaltung geben könnte. Es handelt sich vielmehr stets um ein Bündel von Methoden, von denen einige mathematische zu besonderem Ansehen gelangt sind (Maldonado/Bonsiepe, 1964).

Gerade dieser mathematische Ansatz zeigt, dass es Absicht der „Ulmer Methodologie" war, den eigentlichen Gestaltungsprozess, das heißt die ästhetische Ausprägung der Produkte, methodisch anzugehen. Der Aspekt der Rationalisierung wurde in den 1960er-Jahren durch die technologischen Möglichkeiten der Industrie sehr stark gefördert, die Formensprache entwickelte sich zu einem neuen Stilprinzip: dem „Ulmer Funktionalismus".

Die transklassische Wissenschaft Die für das Design wohl wichtigste wissenschaftstheoretische Klärung und Neuorientierung erfolgte durch Siegfried Maser (1972), der die verschiedenen Wissenschaftsarten erläuterte:

die Realwissenschaften

die Formalwissenschaften

die Geistes- oder Humanwissenschaften

Maser untersuchte anhand der Kriterien Ziel, Fortschritt, Prinzip, Weg, Folge und Kritik deren Eignung für die Herausbildung einer Designtheorie. Da diese jeweils Bestandteile der klassischen Wissenschaftsarten enthält, konzipierte er eine Designtheorie als „transklassische Wissenschaft" im Sinne von Planungswissenschaft, beispielsweise der Kybernetik. Dabei ist die Praxis der Bereich des Handelns und die Theorie der Bereich des Argumentierens. Theorie hat Handlung zu begründen beziehungsweise sie infrage zu stellen, sie zu rechtfertigen oder zu kritisieren.

Die Veränderung realer Zustände steht im Mittelpunkt eines transklassischen oder planenden Vorgehens (Maser, 1972): „Mit Hilfe der Terminologie der Kybernetik lässt sich das auch so formulieren:

1. Ist-Zustände (Ontisches) sind zunächst deskriptiv (sprachlich) möglichst präzise und vollständig (klassisch!) zu erfassen.

2. Aus diesem Wissen ist ein Soll-Zustand zu ermitteln sowie wenigstens ein Plan, nachdem der Ist-Zustand in den Soll-Zustand überführt werden kann.

3. Effektive Veränderung der Realität auf Grund des erstellten Planes."

Mit dieser Beschreibung wurde die elementarste Form des Entwurfsprozesses überhaupt beschrieben.

Modelle des Designprozesses Das Desiderat von elementarem Handwerkszeug der Methodologie habe ich in der *Einführung in die Designmethodologie* (Bürdek, 1975) aufgegriffen und mit einem praxisorientierten Modell des Designprozesses verbunden. Hinzu kamen einige leicht handhabbare Methoden und Techniken.

Im Vordergrund stand dabei der Designprozess als informationsverarbeitendes System. Das Modell ist durch zahlreiche Schleifen beziehungsweise Rückkoppelungen (Feedbacks) gekennzeichnet, die den Entwurfsprozess eben nicht als lineares Problemlösen erscheinen lassen. Vielmehr wird der Entwurfspraxis Rechnung getragen, in der auch durch Einwände, Fehl- beziehungsweise Neuinformationen, technologische Sprünge, gesetzliche Restriktionen und vieles andere ein Entwicklungsprozess langwierig und redundant, das heißt durch mehrfache Informationen nicht klarer, sondern eher undurchsichtiger gemacht wird.

Weiterhin wurde versucht, einen Basiskanon an Methoden vorzustellen, der sich in der Praxis bewährt hat und der insbesondere in der Designausbildung trainiert werden muss; dazu gehören beispielsweise die Erstellung verschiedener Analysen (wie Markt-, Funktions-, Informationsanalysen), die Entwicklung von

Ein Modell des Designprozesses

Anforderungslisten oder Pflichtenheften, Kreativitäts- oder Problemlösungsmethoden, Darstellungsmethoden (zweidimensional und dreidimensional), Bewertungsverfahren und Testverfahren.

Dabei wurde auch deutlich, dass das anzuwendende Methodenrepertoire von der Komplexität der Aufgabenstellung abhängig ist (auf der Komplexitätsskala von der Kaffeetasse zum Nahverkehrsmittel). Bei der Diskussion über Sinn und Unsinn der Methodologie wurde gerade dies allzu leicht übersehen. Zum Training der Entwurfsmethoden gehört auch die Vermittlung, in welchem Falle welches Repertoire einzusetzen ist. Gerade dies erfordert eine kritische Distanz zur Methodologie überhaupt.

Paradigmenwechsel in der Methodologie

Gegen Ende der 1970er-Jahre begann in der Methodologie eine Neuorientierung, die man durchaus als einen Paradigmenwechsel bezeichnen kann. Der Begriff selbst ist durch Thomas S. Kuhn (1967) bekannt geworden, der unter einem „Paradigma" diejenigen Bestandteile wissenschaftlicher Disziplinen versteht, die von der jeweiligen Mehrheit der Forscher als allgemeingültig akzeptiert werden. Mit dem Begriff „Paradigmenwechsel" sollte deutlich gemacht werden, dass die Wissenschaft nicht gleichmäßig voranschreitet und allmählich immer mehr Wissen anhäuft, sondern dass sie von Zeit zu Zeit revolutionsartige Brüche mit mehr oder weniger radikalen Änderungen der herrschenden Denkweisen erlebt (Seiffert, 1983).

Für die Methodologie wurde dabei die Arbeit von Paul Feyerabend (1976) besonders ausschlaggebend. Er wandte sich insbesondere gegen den Gedanken, dass nur eine festgelegte Methode (z. B. die cartesianische) als allgemeingültig akzeptiert werden soll: „Eine einheitliche Meinung mag das Richtige sein für eine Kirche, für die eingeschüchterten oder gierigen Opfer eines (alten oder neuen) Mythos oder für die schwachen und willfährigen Untertanen eines Tyrannen." Für die objektive Erkenntnis seien aber viele verschiedene Ideen erforderlich. Überdies sei eine Methode, die die Vielfalt fördert, auch als einzige mit einer humanistischen Auffassung vereinbar.

Im Design gewann diese Auffassung erst zu Beginn der 1980er-Jahre ihre eigentliche Bedeutung, als durch die Postmoderne neue Designtendenzen gefördert wurden. Dabei wurde auch ein Paradigmenwechsel in der Designmethodologie deutlich: Bis in die 1970er-Jahre hinein waren die angewandten Methoden weitgehend deduktiv orientiert, das heißt, es wurde von einer allgemeinen Problemstellung zu einer speziellen Lösung hin gearbeitet (von außen nach innen). Im Neuen Deutschen Design wurde zunehmend induktiv vorgegangen, das bedeutet, es wurde gefragt, welche Wirkung (Bedeutung) wohl von einem Entwurf ausgehen könnte, die Frage nach potenziellen Nutzern stellte sich überhaupt nicht.

Die „Pattern Language" von Christopher Alexander In der Methodologie selbst war es erneut Christopher Alexander, der mit einem opulenten Werk den wohl entscheidenden Paradigmenwechsel vollzog. 1977 veröffentlichte er zusammen mit seinen Kollegen vom Center for Environmental Structure in Berkeley, Kalifornien, das wohl bedeutendste Werk zu Fragen der Planung und Architektur: *A Pattern Language.* Zusammen mit dem 1979 veröffentlichten Buch *The Timeless Way of Building* stellt diese Arbeit einen bedeutenden Schritt in der Entwicklung der Methodologie dar.

Die „Pattern Language" ist eine Entwurfsmethode, mit deren Hilfe sowohl die Diskussion um soziale und funktionale Probleme des Entwerfens als auch ihre Umsetzung in die Dreidimensionalität fassbar und anschaulich gemacht werden. Im Mittelpunkt steht das Bemühen, den Bewohnern von Städten und Häusern Hilfen an die Hand zu geben, ihre Umwelt selbst zu gestalten. Wichtig ist dabei, dass sie verstehen, dass alle uns umgebenden Strukturen, Gebäude oder Objekte eine eigene Sprache besitzen. Die einzelnen Wörter („pattern") in dieser Sprache werden mit insgesamt 253 einzelnen Beispielen beschrieben, aus denen man eine unendliche Anzahl von Kombinationen (etwa Essays oder Reden) herstellen kann. Solche Patterns sind Regionen und Städte, Nachbarschaften, Gebäude, Räume und Nischen, bis hin zu Details wie die Esszimmeratmosphäre, Schlafräume, Sitzgelegenheiten, Farben und Beleuchtungen. Alle einzelnen Patterns stehen in Verbindung mit anderen, keines ist eine isolierte Einheit. Alle sind Hypothesen, sie sind also vorläufig und können unter dem Eindruck neuer Erfahrungen und Beobachtungen weiter entfaltet werden.

Zur Problematik von Form und Kontext Wenn die Form die Lösung für das Designproblem darstellt und der Kontext die Form definiert, dann gilt die Diskussion über Design nicht der Form allein, sondern der Einheit von Form und Kontext. Mit dieser Aussage von Alexander (1964) wurde ein Diskurs eröffnet, der in den 1990er-Jahren erneut an Aktualität gewann.

Unter „Kontext" verstand man bis zu den 1980er-Jahren weitgehend nur die praktischen Anforderungen (z. B. die ergonomischen Bedingungen, die Pflichtenhefte der Konstruktion, die Fertigungsmöglichkeiten), die der Designer bei seinem Entwurf zu berücksichtigen hatte. In der Realität sind es aber oftmals ganz andere Bedingungen, die den Entwurf dominieren. Inzwischen sind die Kontexte das ei-

Die Gläserne Manufaktur in Dresden, Volkswagen AG (2011)

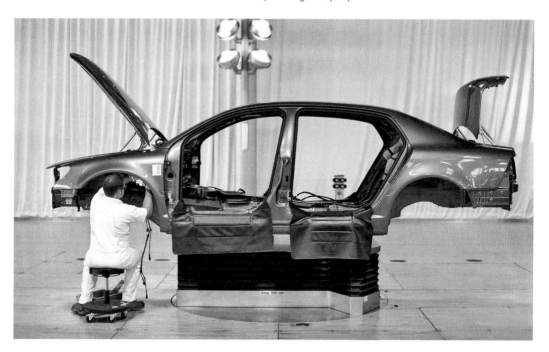

gentliche Thema des Designs: Erst durch die Formulierung und Gestaltung der jeweiligen Lebensstilzusammenhänge wird eigentlich der Hintergrund geschaffen, vor dem die Produkte Bestand haben können. So zeigt das Beispiel des Automobilherstellers Volkswagen AG, dass mit der „Autostadt Wolfsburg" (eröffnet 2000) oder der „Gläsernen Manufaktur" in Dresden (eröffnet 2002) der Kontext wichtiger wird als die Produkte selbst. Die Inszenierung „Auto" soll zu einem ganzheitlichen Erlebnis führen und damit letztlich die Markenbindung der Käufer erhöhen. Das Daimler Museum in Stuttgart, entworfen vom Architektur- und Designbüro UN-Studio (eröffnet 2006), ist im Inneren einer DNA-Spirale mit ihrer Doppelhelix nachempfunden, die das menschliche Erbgut trägt. Damit soll der Originalitätsgedanke der Marke Mercedes-Benz visualisiert werden: sich immer wieder neu zu erfinden. Das Museum selbst soll weit über die Technik und das Design einzelner Fahrzeugmodelle hinausreichen, das ganzheitliche Erlebnis der Besucher steht im Vordergrund.

Gestaltungsprobleme sind somit nicht mehr Fragen der Form allein, vielmehr wird es zunehmend wichtiger, Kontexte zu gestalten, zu inszenieren oder zumindest als Interpretationsschemata zu einem Entwurf mitzuliefern. Statt zu fragen: „Wie werden die Dinge gemacht?", heißt es jetzt: „Was bedeuten die Dinge eigentlich für uns?"

Beispiele neuer Designmethoden

Wurde der Übergang vom naturwissenschaftlichen zum geisteswissenschaftlichen Paradigma im Design der 1980er-Jahre erst zaghaft vollzogen, so deuteten sich in den 1990er-Jahren, bedingt durch die fortschreitende Digitalisierung, wichtige Neuorientierungen an. Aber auch die Notwendigkeit in der Praxis, Designkonzepte (ob Hardware oder Software) empirisch zu überprüfen, erforderte neue Methoden.

So überraschte es auch nicht, dass gerade Christopher Alexanders *Pattern Language* im Kontext der Software-Entwicklung neue Aktualität erfuhr, begann man doch auch dort, von der Linearität der Entwurfsprozesse (Problem – Analyse – Lösung) abzukommen und sich um die Vielschichtigkeit der jeweiligen Benutzerinteressen und -bedürfnisse zu kümmern. Die jeweiligen Verhaltensmuster (Patterns) bestimmten immer mehr die Entwicklungsprozesse (Borchers, 2001).

Ein besonders gravierendes massenkulturelles und soziales Problem ist dabei der Umgang mit der Elektronik. Donald A. Norman (1989) verwies darauf, dass ein wesentlicher Teil des Designprozesses sich damit befassen sollte, wie die zu entwerfenden Gegenstände einzusetzen und zu bedienen sind. Das Thema Designeinsatz verlagert sich bei den digitalen Produkten (Hardware und Software) von der äußeren Gestalt hin zu den Benutzungsoberflächen.

Personas Ähnlich wie Donald A. Norman kritisiert Alan Cooper (1999) die Problematik der Elektronik und deren Auswirkungen für die Benutzer. Er plädiert dafür, für die Programmierung von „electronic devices" Interaction-Designer zu engagieren und nicht nur Software-Ingenieure, deren Blick auf die Produkte weitgehend technischer Art ist, wohingegen die Interaction-Designer die potenziellen Benutzer und deren Verhaltensweisen im Blickfeld haben: Dies nennt er „behavioral design".

Neben der Anwendung von „Szenarios" (↗S. 117 ff.), bei denen die Alltagsbedingungen der Benutzer eine wichtige Rolle für die Software-Entwicklung spielen, beschreibt Cooper die neue Methode der „Personas". Für ihn ist die präzise Beschreibung der Benutzer und deren Wünsche sowie deren Vorstellungen davon, was sie mit einem Produkt (ob Hardware oder Software) erreichen wollen, eine der wichtigsten Grundlagen für die Entwicklung. Die „Personas" sind natürlich keine wirklichen Personen, vielmehr sind diese hypothetische Archetypen möglicher Benutzer. Deren Wünsche und Ziele stehen im Vordergrund von Gestaltung. Cooper vermeidet bewusst den Begriff „Benutzer" und spricht von individuellen Personen, die für ihn im Mittelpunkt stehen. Im Entwicklungsprozess ist es erforderlich, möglichst viele unterschiedliche Personen und deren Wünsche zu berücksichtigen.

Er verweist weiterhin auf eine spezielle Problematik in der Software-Entwicklung: Die Vorstellungen der Mitarbeiter in den entsprechenden Firmen sind oftmals ganz andere als die der Käufer. IT-Manager möchten die Bedürfnisse der Benutzer von Produkten befriedigen, wohingegen Marketingmanager davon überzeugt sind, dass sich ein Produkt mit möglichst vielen Funktionen besonders gut verkaufen lasse. Cooper hält die genaue Beschreibung von „Personas", die exakte Beschreibung von Entwicklungszielen und die Anwendung von „Szenarios" für die wichtigsten Methoden bei der Gestaltung von Hardware und Software beziehungsweise bei der Verbindung von beiden.

Mindmapping Der wohl deutlichste Sprung weg von den problemlösungsorientierten Methoden – ob linear oder durch diverse Rückkoppelungen gekennzeichnet – sind die sogenannten Mindmapping-Modelle, die in Form interaktiver Software-Programme seit Mitte der 1990er-Jahre im Kontext von „Envisioning Knowledge" auf den Markt gekommen sind. Bereits in den 1970er-Jahren von Tony Buzan entwickelt (Buzan, 1991, 2002), handelt es sich um Methoden, die für die Problemstrukturierung, Produktentwicklung oder Prozessplanung einzusetzen sind. Gedanklich wird dabei an die Ars-memoria-Techniken der Antike angeknüpft, die als frühe Erinnerungstechniken bezeichnet werden.

Die Überwindung linearen Denkens führt oftmals zu assoziativen Sprüngen, zu innovativen Ideen und Produkten. Hintergrund ist die schlichte Tatsache, dass die Probleme (auch im Design) weiterhin immer komplexer werden und sich allein schon die Problemlagen mit traditionellen Methoden (wie Bäumen, Halbverbänden) überhaupt nicht mehr darstellen, geschweige denn lösen lassen.

Die im Kontext des „Wissensmanagements" angesiedelten Mindmapping-Programme ermöglichen eine multimediale Problemaufbereitung (Texte, Bilder, Filme, Musik etc.), was für die Anwender zu vollkommen neuen Problemstrukturierungen führt. Die Interaktivität dieser Methode lässt eine sehr vielseitige Problembeschreibung zu und eröffnet dadurch ein besonders hohes Innovationspotenzial. Mindmaps sind in unterschiedlichen Versionen verfügbar, es gibt sie als freie Software (wie z. B. FreeMind, Freeplan, MindMup, VUE) oder als kostenpflichtige Software (wie z. B. Mind Map, Mind 42, Mind Genius, Mindjet, Mind View).

Die Szenariotechnik Der Begriff „Szenario" wurde aus dem griechischen Begriff „Szene" abgeleitet, der die kleinste Einheit eines Stückes (Drama, Film, Oper) bezeichnet. Heute versteht man darunter einerseits den Entwurf (z. B. eines Films) oder im Bereich der Planung von Projekten und Produkten die hypothetische Aufeinanderfolge von Ereignissen, die zur Beachtung kausaler Zusammenhänge konstruiert wird. In der Produktentwicklung werden solche Szenarios in zwei unterschiedlichen Anwendungsbereichen als wichtige Methoden eingesetzt.

Szenarios als Prognoseinstrumente Der amerikanische Zukunftsforscher Hermann Kahn entwickelte in den 1960er-Jahren ein Verfahren, um potenzielle zukünftige Entwicklungen in den Wissenschaften, der Politik oder der Gesellschaft überhaupt so darzustellen, dass daraus mögliche alternative Handlungskonzepte ableitbar gemacht wurden. Dadurch wurden die Anwender in die Lage versetzt, die Möglichkeiten in den jeweiligen Handlungsfeldern einzuschätzen (von „best case" bis „worst case"). Kahn selbst hat diese Methoden in diversen Büchern vorgestellt (siehe z. B. Kahn, 1977, 1980), wobei viele der Prognosen aus heutiger Sicht reichlich aus der Luft gegriffen erscheinen.

Die Methode der Szenarios wurde auch von anderen Autoren übernommen und hat sich als ein durchaus relevantes Instrumentarium bewährt. Alvin Toffler hat dieses in drei bedeutsamen Werken angewendet (Toffler, 1970, 1980, 1990), wobei nicht zu verkennen ist, dass durch die vermeintlich sensationellen Prognosen auch Spekulationen Tür und Tor geöffnet wird.

In der Folge waren die Publikationen auch immer weniger wissenschaftlich fundiert, als dies bei Kahn noch durchaus der Fall war, dafür widmeten sich die Autoren vermehrt den sogenannten Trends, die sie szenarioartig verbreiteten. Besonders erfolgreich war dabei John Naisbitt (1984, 1995, 1999). Eine sehr auf Produktentwicklungen zielende Szenariodarstellung hat der japanische Wissenschaftler Michio Kaku (1998) veröffentlicht; sie beschäftigt sich insbesondere mit den zukünftigen Generationen von Computern sowie der Bio- und Medizintechnik. So schrieb er: „Damit die Versprechungen über die Datenautobahn (für das Internet) eingelöst werden, müssen bis 2020 mehrere Probleme gelöst werden, und es sind wichtige Fortschritte nötig: Erstens müssen die Bandbreiten-Engpässe verschwinden, zweitens brauchen wir bessere Schnittstellen, und drittens müssen wir persönliche Agenten und Filter schaffen." Das war schon recht treffsicher, denn die damals angesprochenen Probleme sind heute weitgehend gelöst.

Gleichwohl muss angemerkt werden, dass die damaligen Prognosen überwiegend technisch-naturwissenschaftlicher Natur waren. So galt die Zukunft als das große Projekt der Moderne, das insbesondere von der intellektuellen Linken in den europäischen Ländern verfolgt wurde. Deren technizistische Erlösungsfantasien gerieten aber spätestens Anfang der 1970er-Jahre mit der Studie des Club of Rome (Meadows, 1972) ins Wanken.

Im 21. Jahrhundert hat sich durch das Internet und die dafür entwickelten „devices" wie Smartphones, Tablets, Apps und soziale Netzwerke das Nutzerverhalten (individuell und kollektiv) weltweit dramatisch verändert. Sozioökonomische Rahmenbedingungen wurden in den Szenarios der 1980/90er-Jahre nur marginal berücksichtigt, haben sich aber durchaus als bedeutsam erwiesen. Manfred Faßler hat dies in seiner detaillierten Analyse über die Habitate brillant dargestellt: „Die ‚Netzwerke von Artefakten, Dingen, Menschen, Zeichen, Normen, Organisationen, Texten und vielen mehr', die B. Latour anspricht, übernehmen das ‚Regime'. Es sind keine ‚Hybride', keine ‚Mischwesen'. Lebensumstände werden biologisch, dinglich, datentechnisch neu zusammengesetzt. Die Gesamtfitness der bio-, sozio- und info-technischen Lebensbedingungen wird neu geschaffen und bewertet." (Faßler, 2011)

Auch wenn sich die gesellschaftlichen Rahmenbedingungen dramatisch verändert haben, so hat sich in der Praxis die Szenariotechnik als durchaus seriöses Instrumentarium etabliert und vielfach bewährt. In den 1980er-Jahren gründete beispielsweise die Daimler AG in Berlin eine interdisziplinäre Studiengruppe (heute in Sindelfingen, Peking und Sunnyvale ansässig) unter der Leitung von Eckard P. Minx (Minx, 2001). Die dort tätigen Wissenschaftler verfügen alle über eine Doppelausbildung: Sie sind disziplinäre Fachwissenschaftler und interdisziplinäre Teampartner in verschiedenen Projekten. Unter ihnen sind Psychologen, Volkswirtschaftler, Kommunikationsexperten, Ökonomen, Physiker, Philosophen. Deren Aufgabe ist es, strategische Frühaufklärung an den Systemgrenzen des Unternehmens zu betreiben. Dazu gehört insbesondere die Entwicklung gesellschaftlicher und technologischer Szenarien, die für ein Unternehmen im Automobilbereich bedeutsam sind (www.technicity.daimler.com).

Solch konsistente Szenarios, wie sie von der Studiengruppe entwickelt werden, bilden die Grundlage dafür, dass beispielsweise Unternehmen daraus begründbare Handlungsalternativen ableiten können. Dass dies von den oben erwähnten spekulativen Prognosen meilenweit entfernt ist, wurde unter anderem in zwei Szenarios zum Thema „Stadt, Mobilität und Kommunikation im Jahr 2020" dokumentiert (Minx u. a., 1994).

Interessanterweise gehören Designer nicht zu dieser Studiengruppe, deren Aufgabe ist es vielmehr, auf der Basis interdisziplinärer Forschung die jeweiligen Zukunftsszenarien und denkbaren Fahrzeugkonzepte zu visualisieren. Es gibt auch eine Abteilung „Advanced Design", in der für die entferntere Zukunft „gezeichnet" wird. Bekannte Beispiele dafür sind die sogenannten „Concepts Cars", die von allen Fahrzeugherstellern entwickelt werden, um die möglichen und neu erdachten technologischen und gesellschaftlichen Konzepte gestalterisch anschaulich machen.

Ein inzwischen designhistorisch überaus bedeutsames Beispiel ist das Philips Corporate Design Center in Eindhoven unter der Leitung von Stefano Marzano. Zusammen mit der Domus Academy in Mailand wurde in den 1990er-Jahren eine auf breiter Basis beruhende Untersuchung zur Zukunft der digitalen Medien durchgeführt. Dabei wurden auch sehr anschaulich Szenarios formuliert und mit gestalterischen Konzepten visualisiert (Manzini/Susani, 1995). Dies war für die interne Kommunikation im Konzern (für Fragen der zukünftigen Produktentwicklung) bedeutsam, aber ganz besonders für die Fachöffentlichkeit, signalisierte Philips damit doch sehr deutlich seinen Anspruch, als Avantgarde-Unternehmen via Design eine führende Rolle einzunehmen.

Szenarios in der Software-Entwicklung Im Ansatz ähnlich ist die Anwendung von Szenarios in der Software-Entwicklung, hier speziell beim Interaktions- und Interfacedesign. Da die Gestaltung, Entwicklung und Programmierung neuer Anwendungen zeitaufwendig und damit auch teuer ist und man zudem kaum ein Feedback über die mögliche Akzeptanz der Benutzer erhält, verwendet man auch hier Szenarios. Darunter werden beispielsweise kurze Bedienvorgänge verstanden, die mit sogenannten Prototypen einer neuen Hard- oder Software simuliert werden. Im Zuge der empirischen Überprüfung können dann relativ schnell und kostengünstig die Akzeptanz, die Verständlichkeit der Bedienroutinen und auch die ästhetischen Eigenschaften der Benutzungsoberflächen überprüft werden.

Im Bereich der Hardware-Simulation haben wir dafür zu Beginn der 1990er-Jahre den Begriff der „virtuellen Prototypen" eingeführt (Bürdek/Schupbach, 1992), der sich als ein nützliches Instrumentarium erwiesen hat. Mittels sogenannter Autorensysteme wurden dabei interaktive visuelle Darstellungen von Produkten generiert, die von den potenziellen Benutzern bedient werden konnten (siehe dazu auch: VDI 4500).

Mood Charts In Produktentwicklung und -gestaltung besteht zunehmend die Notwendigkeit, mit Visualisierungsmethoden zu arbeiten. Insbesondere bei Designentwicklungen, die unter globalen Aspekten durchgeführt werden, reichen verbale Beschreibungen von Zielen, Konzepten und Lösungen nicht mehr aus. Die semantischen Unterschiede von Begriffen können schon bei Designern, Technikern und Marketingleitern (etwa innerhalb eines Entwicklungsteams) sehr unterschiedlich sein. Im nationalen oder globalen Zusammenhang wird dies erkennbar komplexer und oft auch missverständlicher.

Unter dem Aspekt, dass die Kontexte die Formen bestimmen, wurde in den 1980er-Jahren damit begonnen, sogenannte Collageprinzipien aus der Kunst auf das Design zu übertragen. Georges Braque und Pablo Picasso begannen zu Anfang des 20. Jahrhunderts damit, „papiers collés" anzufertigen, Montagen aus Bildelementen und Texten, die aus Papier, Stoffen, Holz und anderen Materialien bestanden. In Futurismus, Dadaismus und Surrealismus wurden auch in der Literatur Textmontagen angefertigt, und genauso wurde in der Musik der 1960er-Jahre dieses gestalterische Prinzip angewendet.

Im Design werden solche Collagen („charts") angefertigt, um die Lebenswelten von Benutzern („mood", dt. Stimmung), die Marktfelder, in denen sich Unternehmen bewegen, oder die Produktfelder insgesamt (Kontexte) anschaulich zu machen und darzustellen (Küthe/Thun, 1995). Basierend auf detaillierten Untersuchungen zu den jeweiligen Lebenswelten werden sodann in sich möglichst konsistente visuelle Horizonte entwickelt, die den Rahmen für das Entwerfen darstellen sollen. Sie können aber auch in einer späteren Phase für die Überprüfung von Entwurfsvarianten dienen. Die Stimmigkeit mit den jeweiligen Produktumfeldern muss also nicht umständlich verbal beschrieben werden, sondern sie kann mittels Bildern überprüft werden. Damit werden aber auch schon die Grenzen dieser Methode deutlich: Jenseits der Kommunikation über Entwurfsziele und -ergebnisse lassen sich damit weder Innovationen befördern noch neue, produktkulturelle Leitbilder generieren. So verändern technologische Innovationen unsere Verhaltensweisen oftmals erheblich (Beispiel Mobiltelefone), und die Entwicklung neuer Leitbilder ist ein hochkomplexer soziopsychologischer Vorgang, der nicht allein auf der Ebene von Bildern dargestellt werden kann. Gleichwohl ist die Anwendung von „mood charts" in der Produktentwicklung unumstritten, weil beispielsweise für die Kommunikation zwischen verschiedenen an einer Produktentwicklung beteiligten Disziplinen durchaus nützlich.

Empirische Methoden Gegen Ende der 1980er-Jahre (als die Postmoderne ihren Zenit überschritten hatte) zeichnete sich ab, dass man sich in der Praxis des Designs nicht allein auf die kreativen oder ingeniösen Entwürfe verlassen kann. Die immer weiter steigenden Kosten der Produktentwicklung (so ist beispielsweise heute ein komplett neues Automodell unter einer Milliarde Euro Entwicklungskosten gar nicht mehr auf den Markt zu bringen) führten dazu, dass die Unternehmen lange vor der Markteinführung neuer Produkte Gewissheit haben wollen (und müssen), ob diese überhaupt auf Akzeptanz bei den potenziellen Käufern stoßen werden. Dafür wurden Verfahren entwickelt, die sowohl auf Produkte (Hardware) als auch Software (Interfaces) immer mehr angewendet werden.

Zielgruppenbestimmungen durch Milieus Großer methodischer Aufwand wird heute dort betrieben, wo es darum geht, die potenziellen Nutzergruppen neuer Produkte zu bestimmen. Nachdem die traditionellen soziodemografischen Merkmale wie Alter, Bildungsstand, Geschlecht, Einkommen oder Wohnort weitgehend irrelevant geworden sind, geht es heute darum, die unterschiedlichen Lebensgewohnheiten (die durchaus quer zu den klassischen Merkmalen verlaufen können) zu bestimmen und zu kategorisieren. Gerhard Schulze (1992) hat in seiner kultursoziologischen Untersuchung zu den „Erlebniswelten" solche Lebenswelten in sogenannten „Milieus" zusammengefasst (↗S. 230).

Auf der Grundlage breit angelegter sozialwissenschaftlicher Forschung orientiert sich seit Beginn der 1980er-Jahre Sinus Sociovision an der Lebenswelt unserer Gesellschaft. In regelmäßigen Abständen werden seitdem die „Sinus-Milieus" veröffentlicht, denen die grundlegenden Wertorientierungen, aber auch die Einstellungen zu Arbeit, Familie, Freizeit, Geld und Konsum zugrunde liegen. Diese ganzheitlichen Betrachtungen werden durch qualitative Aussagen untermauert, sodass für die Mitarbeiter in der Produktentwicklung, im Marketing und Design verlässliche Daten vorliegen, welche Größe die jeweiligen Milieus (die potenziellen Zielgruppen für neue Produkte) besitzen. Dabei sind insbesondere die qualitativen Veränderungen über die Zeitachse hinweg interessant. Die Milieuforschung hat eine starke Internationalisierung erlebt, die jeweiligen Aussagen über die Milieus sind schon lange für zahlreiche Länder Europas, aber auch für die USA (seit 1997) und Russland (seit 1999) verfügbar.

Die hohe Relevanz dieser Methoden insbesondere für das Design hat dazu geführt, dass Sinus dafür „videre" (virtual design research) entwickelt und für die Praxis eingeführt hat. Dabei handelt es sich um ein Methodenpaket zur Erforschung und Überprüfung von Lebenswelten. Real noch nicht existierende Produkte können mittels Visualisierungstechnologien („Virtual Prototyping") bei und mit den potenziellen Nutzern überprüft werden. Mit dem Hintergrund der „Milieus" kann somit lange vor der Fertigung bzw. Markteinführung von Produkten deren Validität überprüft werden.

Produktkliniken Ziel dieser Methode ist es, einer Reihe von Probanden (potenziellen Käufern) neue Produkte zu präsentieren und sie nach verschiedenen Gesichtspunkten zu befragen. Dafür können bereits Skizzen oder Präsentationszeichnungen (sogenannte Renderings), Vor- oder Endmodelle, reale oder virtuelle Prototypen eingesetzt werden. Für die Gestaltung der Fragenkomplexe müssen sozialwissenschaftliche Rahmenbedingungen eingehalten werden, um die Ergebnisse überprüfbar und vergleichbar zu machen. Dabei ist wichtig zu wissen, dass schon relativ kleine Stichproben (von fünf bis acht Probanden), wenn sie sorgfältig vorselektiert werden, zu verlässlichen Ergebnissen führen. Dies macht auch den finanziellen Aufwand solcher Produktkliniken überschaubar.

Die Improvisationsmaschine
Annika Frye, HfG Offenbach (2012)

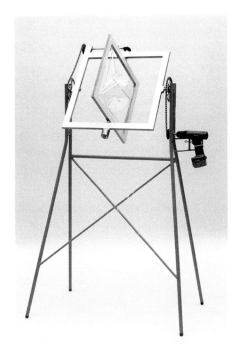

Dabei können unterschiedliche Fragenkomplexe entwickelt werden, die die zum jeweiligen Entwicklungsstand des Projektes erforderlichen Antworten liefern. Solche Fragen können sich auf die Marktchancen, die Abgrenzung zu Wettbewerbsmodellen oder die Stimmigkeit mit der eigenen Lebensumwelt beziehen. Aber auch unmittelbare Assoziationen, die zu einem Entwurf auftauchen, zu erwartende Imagetransfers oder Analogiebildungen zu anderen Produkten spielen dabei eine wichtige Rolle. Subjektive Anmutungen, Eindrücke von Material- und Oberflächenqualitäten, Gerüche und anderes mehr, die von den Probanden wiedergegeben werden, sind für die weitere Produktentwicklung von großer Bedeutung (siehe dazu: Heß, 1997). Insbesondere die Automobilindustrie bedient sich – nicht zuletzt wegen des hohen Entwicklungsaufwands und der Risiken von Markteinführungen – intensiv der Methode der Produktkliniken.

Ein für das Design relevantes Moment von Produktkliniken ist, dass die zu beurteilenden Entwürfe auch in ihren jeweiligen (zukünftigen) Kontexten beurteilt werden müssen. Diese sind im Entwurfsprozess quasi mit zu generieren, um zu adäquaten Aussagen der Probanden zu kommen.

Usability Um auch Software-Konzepte vor ihrer Markteinführung zu testen, wurden umfangreiche Testverfahren entwickelt, die unter dem Stichwort „usability" (was so viel bedeutet wie „Nützlichkeit für den Anwender") subsumiert werden. Auch hier können mit relativ kleinen Probandengruppen rasch und zuverlässig Erkenntnisse über die Anmutungen von Interfaces, die Interaktions- und Navigationsmöglichkeiten der Software, die Verständlichkeit der jeweiligen Problemlösung und das intuitive Bedienen („look and feel") gewonnen werden. In der EN ISO 9241-11 sind die wichtigsten Anforderungen an die Gebrauchstauglichkeit (Usability) inzwischen sogar international festgelegt worden.

Vor einiger Zeit gewannen dabei zwei Themen an Bedeutung, die sich den strengen naturwissenschaftlichen Beurteilungsmethoden entziehen. Einerseits wird nach der „usefulness" von Applikationen gefragt, das heißt danach, wie hoch beispielsweise der Lern- und Schulungsaufwand für eine Software oder wie hoch danach der effektive Gewinn durch deren Einsatz ist. Und mit dem Stichwort „joy of use" wird die emotionale Seite des Interfacedesigns angesprochen: Software muss auch Spaß machen können.

Völlig neue Entwurfsmethoden untersucht Annika Frye (www.designimprovisation.com) in ihrer Dissertation an der HfG Offenbach. Dabei geht es ihr darum, die jeweiligen Improvisationen im Designprozess darzustellen (und zwar beim seriellen wie beim nichtseriellen). Sie entwickelt dafür experimentelle Produktionsmaschinen, mit denen neue semantische Produktformen erzeugt werden können.

Mit dem Rekurs auf empirische Methoden hat das Design in seiner industriellen Anwendung durchaus an Relevanz und Verbindlichkeit gewonnen. Nicht mehr „aus dem Bauch" muss über neue Konzepte entschieden werden, sondern die sowohl natur- als auch geisteswissenschaftliche Fundierung hat dazu geführt, dass sich Design heute auf „Augenhöhe" mit anderen Disziplinen befindet.

Design und

und

Theorie

Parallel zur Entwicklung der Designmethodologie wurden bereits in den 1970er-Jahren diverse Überlegungen angestellt, wie eine Theorie des Designs zu entwickeln und für die Disziplin verbindlich zu formulieren sei. Hatte die Designmethodologie immer das erklärte Ziel, den Entwurfsprozess selbst zu erklären und für dessen Optimierung die notwendigen Werkzeuge zu liefern, so waren die Absichten designtheoretischer Überlegungen eher diffus. Eine wichtige Aufgabe wäre sicherlich gewesen, in übergeordneter Weise – also durch Hypothesen oder Erfahrungen – Erkenntnisse zu liefern, die den allgemeinen Handlungsrahmen der Disziplin umreißen, beispielsweise: Was kann, was soll und was will Design?

Dabei sind Zugänge zur Theorie auf zwei verschiedene Arten möglich: von außen und von innen – oder auch deduktiv und induktiv. „Deduktiv" bedeutet im Design, dass der Blick zum Beispiel auf all jene Wissenschaften gerichtet wird, die an Universitäten angeboten werden. Danach selektiert man steinbruchartig Disziplinen, von denen angenommen wird, dass sie für das Gestalten relevant sein könnten. Dieses Verfahren wurde an der HfG Ulm praktiziert (↗S. 37 f.). „Induktiv" bedeutet, dass man Gestaltungsprozesse analysiert und daraus ableitet, welche wissenschaftlichen Disziplinen dafür relevant sein könnten.

Die HfG Offenbach entschied sich in den 1970er-Jahren dezidiert für die zweite Variante, wohingegen die meisten Designstudiengänge (weltweit) auf die erste Variante setzen, deren Studienpläne lesen sich sodann wie eingedampfte Vorlesungspläne von Universitäten. Thilo Schwer, der die Entstehung der „Theorie der Produktsprache" an der HfG Offenbach akribisch beschreibt (Schwer, 2014), erinnert daran, dass dort der Designbegriff so eng wie möglich formuliert wurde: Problemtiefe statt Problemumfang stand in den 1970er-Jahren im Vordergrund.

Dazu ein Vergleich: Es ist unbestritten, dass die Medizin zur Rettung der Menschheit substanzielle Beiträge liefert. Fortschritt in dieser Disziplin bedeutet aber auch, immer präziseres Detailwissen zu generieren, um damit wirksamere Behandlungsmethoden zu entwickeln.

Im Design ist es über weite Strecken genau umgekehrt: Immer größere Projekte werden angegangen, um zur Rettung der Welt beizutragen. Leider bleibt dies in der Regel ein uneingelöstes Versprechen, denn der Fortschritt liegt (wissenschaftlich gesprochen) im Detail. Martin Gessmann (2014) erinnert in diesem Zusammenhang an einen Satz von Martin Heidegger: „Wer groß denkt, muss groß irren", eine durchaus auch auf das Design anwendbare Aussage.

Diese beiden Vorgehensweisen bestimmen die Theorieentwicklung im Design. Davon zeugt auch Michael Erlhoffs *Theorie des Designs* (Erlhoff, 2013), die quasi eine Tour d'Horizon durch die Geistesgeschichte darstellt: von Kant über Hegel, Freud, den Dadaisten Schwitters, Adorno, Bloch, Eco, Foucault und Luhmann zu Sloterdijk u. v. a. m. Für die Praxis des Designs (besser: der Produktgestaltung) bleibt solch eine Vorgehensweise jedoch folgenlos (siehe dazu: Bauer, 2014).

Ein weiteres Problem besteht darin, dass es in den Wissenschaften durchaus üblich und zielführend ist, kontinuierlich an den jeweiligen Fragestellungen zu arbeiten. Im Design hingegen scheint es so zu sein, dass das Rad immer wieder neu erfunden wird, deshalb bleibt vieles einfach unseriös und es gibt kaum wirkliche Fortschritte in der Disziplin. Nicht zuletzt aus diesem Grund erfährt das Design in der Wissenschaft keine Anerkennung (siehe dazu: www.mapofscience.com) und gilt teilweise als beliebig oder gar unseriös.

Jenseits aller inter-, meta-, multi-, transdisziplinären Proklamationen, die im Design so gerne formuliert werden, muss ein anderer, in den Wissenschaften durchaus geläufiger Ansatz erwähnt werden, der dort überaus erfolgreich ist: die Koevolution. Dieser aus der Evolutionsbiologie stammende Begriff meint das Zusammenwirken beziehungsweise die wechselseitige Anpassung zweier oder mehrerer stark interagierender Arten. Der Soziologe Manfred Faßler hat diesen Begriff auf gesellschaftliche Fragestellungen übertragen, sein Forschungsprogramm heißt „koevolutionäre Anthropologie". Übertragen auf die Lebensgestaltung (und damit auch auf das Design) bedeutet dies, dass verschiedene Wissenschaften wie zum Beispiel Technikwissenschaften und Computer Sciences zusammenwirken, um neue Lebens- und Umgangsformen zu generieren. In der Folge können dann auch neue Produkte entstehen, die beispielsweise den neuen Formen der Selbstorganisation gerecht werden. Für Faßler sind es nicht die Formen, sondern formative Praxen, die unsere Lebensgewohnheiten zunehmend bestimmen. Und da könnte auch ein neues Designdenken ansetzen. Der Offenbacher Software-Designer Wolfgang Henseler weist in diesem Zusammenhang darauf hin, dass sich Design nicht auf die Lösung formaler und ästhetischer Probleme beschränken dürfe, sondern auch die Bedingungen und Folgen der Gestaltung eines Produktes zu bedenken habe (Weinberger, 2014).

Die Ästhetik in den Mittelpunkt einer eigenen Theorie zu stellen, wäre für das Design mit seinen mannigfaltigen Wechselwirkungen sicherlich nicht hinreichend gewesen. Vielmehr hat man sich immer an technologischen, sozioökonomischen, ökologischen oder gar politischen Kategorien orientiert und damit versucht, die Disziplin zu begründen und zu legitimieren.

Rolf Garnich, Dissertation TU Stuttgart
Esslingen (1968)

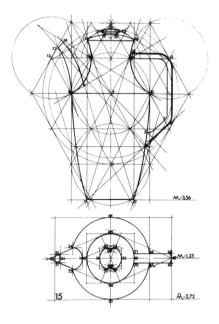

Zum informationsästhetischen Ansatz

An der HfG Ulm wurde versucht, informationstheoretische Überlegungen auf die Gestaltungspraxis zu übertragen. Insbesondere die Arbeiten von Max Bense und Abraham A. Moles (1965) übten eine große Faszination aus, da hier anscheinend Möglichkeiten aufgezeigt wurden, das Ästhetische messbar zu machen.

Rolf Garnich (1968) nannte seine damals veröffentlichte Dissertation im Untertitel „Allgemeine mathematische Methode zur objektiven Beschreibung ästhetischer Zustände im analytischen Prozess und zur generativen Gestaltung im synthetischen Prozess von Design-Objekten". Der darin dargestellte Versuch, das ästhetische Maß von Kaffeekannen zu bestimmen, erscheint heute eher exotisch.

Aber auch in der Architektur fand der informationstheoretische Ansatz große Resonanz. Ästhetische Probleme unter diesem Blickwinkel zu betrachten, war beispielsweise Gegenstand einer umfassenden Arbeit von Manfred Kiemle (1967). Dem aus der Stuttgarter Bense-Schule stammenden Siegfried Maser blieb es vorbehalten, mit seiner *Numerischen Ästhetik* (1970) die wohl abschließende Arbeit zu diesem Thema zu veröffentlichen.

Gleichwohl hielt sich dieses Gedankengut noch lange in den Köpfen. Es wäre doch zu schön gewesen, wenn man mit cartesianischer Strenge ästhetische Sachverhalte hätte beurteilen können! Und so frohlockte noch zehn Jahre nach dem Höhepunkt dieser Bewegung der ehemalige HfG-Dozent Herbert Ohl (1977), der mittlerweile zum Fachlichen Leiter des Rats für Formgebung erkoren worden war: „Design ist messbar geworden." Aber zu diesem Zeitpunkt waren bereits Funktionalismuskritik und Ökologiediskussion so stark fortgeschritten, dass der ohlsche Satz schon als Rückgriff in die Mottenkiste der Designpubertät gelten musste.

Der Einfluss der Kritischen Theorie

Im Zuge der Studentenbewegung sowie der gesellschaftskritischen Beiträge der Frankfurter Schule geriet auch das Design in den ausgehenden 1960er-Jahren ins Schussfeld der Kritik. Es war relativ leicht, die noch auf wackligen Füßen stehende Profession mit markigen Sprüchen zu attackieren: „Es gibt Berufe, die mehr Schaden anrichten als der des Designers. Aber es sind wenige. Eigentlich ist nur ein einziger noch fragwürdiger: der des Reklamefachmanns. Jemanden dazu zu bringen, mit nicht vorhandenem Geld überflüssige Dinge zu kaufen, nur um anderen damit zu imponieren, ist wohl die schäbigste Art, sich heutzutage sein Brot zu verdienen." (Papanek, 1972)

Die Werke von Theodor W. Adorno, Max Horkheimer und Herbert Marcuse wurden auch von Designern rezipiert, die dann Arbeiten zur gesellschaftlichen Funktion der eigenen Disziplin veröffentlichten. So können die bereits 1968 von Michael Klar und 1969 von Thomas Kuby erstellten Diplomarbeiten an der HfG Ulm als erste Beiträge bezeichnet werden, die im Kontext einer umfassenden „Kritik der Warenästhetik" (Haug, 1971) entstanden.

Große Beachtung fand die Gründung des IDZ Berlin (Internationales Design Zentrum), das zu seiner Eröffnung eine Dokumentation unter dem Titel *Design? Umwelt wird in Frage gestellt* (1970) veröffentlichte. Mit über vierzig Beiträgen verschiedener Autoren wurde der gesamtgesellschaftliche Horizont entfaltet, vor dem sich das Design bewegt und kritisiert werden muss. Haug charakterisierte das Design dabei folgendermaßen: „In kapitalistischer Umwelt kommt dem Design eine Funktion zu, die sich mit der Funktion des Roten Kreuzes im Krieg vergleichen lässt. Es pflegt einige wenige – niemals die schlimmsten – Wunden, die der Kapitalismus schlägt. Es betreibt Gesichtspflege und verlängert so, indem es an einigen Stellen verschönernd wirkt und die Moral hochhält, den Kapitalismus wie das Rote Kreuz den Krieg." (Haug, 1970)

Mit Positionen, wie sie in den Arbeiten von Haug (1970, 1971, 1972, 1986) vertreten wurden, erlag das Design endgültig einer Paralyse. Der vor allem an den Designschulen einsetzende Entwurfsnihilismus begründete den bis heute im Bewusstsein vieler tiefen Riss zwischen Theorie und Praxis im Design (siehe dazu auch: Bürdek, 2002). Von diesem Punkt aus war auch kein emanzipatorischer Ansatz mehr möglich. Als Alternative blieb nur noch die Illusion, auf der Basis gesellschaftlicher Analysen zusammen mit der Arbeiterklasse den Klassenkampf vorzubereiten.

Auf dem Weg zu einer disziplinären Designtheorie

Die Auflösung designtheoretischer Überlegungen in allgemeine gesellschaftliche Diskussionen beförderte jedoch auch neue Ansätze, die insbesondere am IUP (Institut für Umweltplanung Ulm) entwickelt wurden. Unter dem Titel *Dialektik der Gestaltung* veröffentlichte Jochen Gros (1971) einige Thesen, die eine Umorientierung von dem traditionellen Prinzip der Gestaltreinheit (Funktionalismus) zur Gestalthöhe (erweiterter Funktionalismus) zum Ziel hatten. Insbesondere die Einbeziehung psychologischer Aspekte in den Gestaltungsbegriff führte zu einer erweiterten Betrachtungsweise von Design.

Aber erst langsam nahm der Gedanke Gestalt an, dass in der Designtheorie das für die Disziplin erforderliche spezifische Fachwissen erarbeitet und weiterentwickelt werden sollte. Der Überbau, zum Beispiel die gesellschaftlichen Bedingungen, ist sicherlich interdisziplinär zu untersuchen, wohingegen die Designtheorie etwas Spezifisches beitragen muss, etwa eine Fach- und Präzisionssprache, mit der Erkenntnisse der Disziplin beschrieben werden können. Disziplinäre Fachkompetenz ist also die notwendige Voraussetzung für interdisziplinäres Arbeiten.

Eine bedeutsame Rolle spielte dabei Siegfried Maser, der mit seinen Arbeiten (1972, 1976) überhaupt erst einmal die erforderlichen wissenschaftstheoretischen Voraussetzungen schaffte (↗S. 111 f.). Zur Veranschaulichung seines wissenschaftstheoretischen Ansatzes prägte er die Begriffe „Kenner" und „Könner". „Kenner" eines Gebietes sei derjenige, der in der Lage sei, (möglichst) alles Wissen, das zu einer konkreten Problemlösung beitragen kann, zusammenzustellen. Er müsse also ein möglichst breites Wissen über möglichst viele Bereiche besitzen. Der „Könner" hingegen sei der Fachmann im klassischen Sinne. Er kenne seine Disziplin (beispielsweise die Physik, die Chemie, die Technologie, das Marketing oder das Design) möglichst vollständig. Er werde im Entwicklungsprozess zur eigentlichen Problemlösung herangezogen.

In der Praxis des Designs kommt dieser Unterscheidung eine wichtige Bedeutung zu. So ist der Designer als „Könner" für alle gestalterisch-kommunikativen Aspekte von Produkten zuständig, wohingegen er bei Fragen der Ergonomie, der Fertigung, der Kalkulation oder Ähnlichem nur als „Kenner" fungiert, denn dafür gibt es wiederum zahlreiche andere Spezialisten.

Diese Position wurde seit Mitte der 1970er-Jahre insbesondere an der HfG Offenbach kontinuierlich weiterentwickelt. In den 1980er-Jahren erschienen dazu einige Publikationen (Fischer/Mikosch, 1984; Gros, 1983, 1987), die zwar über lange Zeit im Design relativ isoliert blieben, gleichwohl aber im Kontext der Produktentwicklung (Design, Ökonomie, Ökologie, Technologie) von der Fachwelt, insbesondere der betriebswirtschaftlichen, rege rezipiert wurden.

Gleichwohl verstehen sich Designer und Designinstitutionen noch immer – zumindest auf einer deklamatorischen Ebene – gerne als „Weltverbesserer", was auf internationalen Kongressen, beispielsweise denen des ICSID (International Council of Society of Industrial Designers), immer wieder demonstriert wird. So wollte man in Kapstadt, Welthauptstadt des Designs 2014, mithilfe von Design drängende soziale, ökonomische, infrastrukturelle, gestalterische und bildungspolitische Probleme lösen (Bartels, 2014). Aber ein genauerer Blick auf die Praxis zeigt, dass zwischen Anspruch und Wirklichkeit oftmals große Lücken klaffen, Designer arbeiten in den allermeisten Fällen doch nur an den Objekten – und eben nicht an der ganzen Welt.

Als sich in den 1990er-Jahren in der Managementlehre der Begriff der „Kernkompetenz" (siehe dazu z. B.: Prahalad/Hamel, 1992, Boos/Jarmai, 1994) durchsetzte, wandelte sich auch zaghaft die Ausrichtung von Designtheorie. Das hohe Lied des interdisziplinären, transdisziplinären und multidisziplinären Designs wurde zwar gerne noch gesungen, mehr und mehr setzte sich aber die Erkenntnis durch, dass es sich dabei doch eher um rhetorische Deckmäntelchen handelte. So bedeutet beispielsweise das Wort „inter" im Deutschen „zwischen, zwischen zwei oder mehreren (...) bestehend, sich befindend oder sich vollziehend". Dieses „zwischen" verweist auf einen Zwischenraum, eine Leere, und diese sollte ja wahrlich nicht durch das Design bestimmt werden: „Vielmehr geht es um das Einbringen spezifischer Qualifikationen in solche Projekte – das Prozesshafte alleine zu betonen reicht dafür wahrlich nicht aus." (Bürdek, 1997b)

In der zweiten Hälfte der 1990er-Jahre setzte auf breiter Basis eine lebhafte Debatte darüber ein, ob das Design sich nicht inzwischen so weit als Disziplin stabilisiert habe, dass gar eigenständige Promotionen zu Designthemen möglich sein sollten, es wurde begonnen, über die „Ph. D.-ness" von Design zu diskutieren.

Heute soll es geschätzt weltweit zwischen 150 und 450 Promotions- oder Ph. D.-Programme geben, genauere Zahlen liegen leider nicht vor; allein in Deutschland sind es rund 20.

Auf internationalen Konferenzen wird der State of the Art zu diesem Themenkreis ermittelt, andererseits aber sollen auch globale Vernetzungen im Bereich Forschung („research") und Entwicklung („development") gefördert werden. In voluminösen Proceedings spiegelte sich ein durchaus repräsentatives Bild aktueller Designtheorie und -forschung wider. Bedeutende Konferenzen hierzu fanden im Übergang von den 1990er- zu den 2000er-Jahren statt:

„Doctoral Education in Design", The Ohio State University, Columbus, Ohio, USA, 1998

„Design plus Research", Politecnico di Milano, Italien, 2000

„Doctoral Education in Design: foundations for the future", La Clusaz, Frankreich, 2000

„International Symposium on Design Science". 5th Asian Design Conference, Seoul, Korea, 2001

„Integration of Knowledge, Kansei and Industrial Power". 6th Asian Design Conference und „3rd Doctoral Education in Design", Tsukuba, Japan, 2003

Inzwischen haben fast alle Design-Research-Konferenzen eine Sektion für Doctoral- oder Ph. D.-Präsentationen eingerichtet, um den zahlreichen Kandidaten die Möglichkeit zu geben, über ihre Forschungsarbeiten zu berichten. So waren es auf der Konferenz der DRS (Design Research Society) im Juni 2014 in Umeå (Schweden) rund 370 Teilnehmer, was den Boom dieser Thematik deutlich macht.

In Seoul hat der englische Designmethodologe Nigel Cross (2001) ein interessantes Resümee gezogen, das die Entwicklung von Design sehr treffend kennzeichnet. Es seien wohl vierzigjährige Zyklen, in denen sich in der Rückschau paradigmatische Veränderungen feststellen ließen:

In den 1920er-Jahren wurde damit begonnen, wissenschaftliche Erkenntnisse in die Designausbildung zu integrieren (Bauhaus).

Die 1960er-Jahre waren die Blütezeit der Designmethodologie (England, HfG Ulm, USA), sodass auch von einer designwissenschaftlichen Epoche gesprochen wird.

Seit etwa 2000 konzentriert man sich darauf, Design als eine eigenständige Disziplin zu profilieren.

Mit diesem Plädoyer begann eine internationale Debatte, die nicht zuletzt auf die Ebenbürtigkeit des Designs mit anderen (wissenschaftlichen) Disziplinen zielt. Es geht um eine gemeinsame Augenhöhe, um die Befreiung des Designs vom Makel der Scharlatanerie und um die Aufnahme dieses Fachs in die „scientific community". Dort wird es sich nur dauerhaft positionieren können, wenn es als eigenständige Disziplin auch eigenständiges Wissen entwickelt und an die anderen Disziplinen zu kommunizieren in der Lage ist. Der dafür erforderliche „body of knowledge" ist indes noch spärlich ausgeprägt: „Design as a discipline, rather than design as a science. This discipline seeks to develop domain-independent approaches to theory and research in design. The underlying axiom of this discipline is that there are forms of knowledge peculiar to the awareness and ability of a designer, independent of the different professional domains of design practice." (Cross, 2001)

Es wird also zukünftig vermehrt darauf ankommen, Designwissen sowohl vertikal (disziplinär) als auch horizontal (interdisziplinär) zu entwickeln und zu kommunizieren. Alain Findeli (University of Montreal, Quebec, Kanada) konstatierte auf der ersten Doctoral Design Conference 1998 in Columbus, Ohio, dass Designwissen bereits in andere Disziplinen transferiert würde, beispielsweise in die Ingenieurwissenschaften, das Marketing, die Medien, die Pädagogik, sodass es also durchaus naheliegt, solches „Designwissen" näher zu bestimmen.

Auf dem Zweiten Design Forschungssymposium des Swiss Design Network an der HGK Zürich trug dazu der Soziologe Franz Schultheis einige bedeutsame Überlegungen vor. Unter dem Titel *Disziplinierung des Designs* (Schultheis, 2005) verweist er darauf, dass es in jeder wissenschaftlichen Disziplin langwieriger und mühevoller Prozesse der Durchsetzung, Legitimation und Institutionalisierung, kurz: einer „Disziplinierung" bedarf. Um einen Vergleich heranzuziehen: Wirft man einen Blick auf die Geschichte der Medizin, so kann man diese über viele Jahrtausende hinweg bis zu den Naturvölkern zurückverfolgen. Aber erst im 19. Jahrhundert wurden in der Medizin naturwissenschaftliche Methoden zur Anwendung gebracht, die die bis dahin bekannte Heilkunde von der Quacksalberei, zum Beispiel dem Handauflegen, dem Aderlass oder der Humoralpathologie, befreite. Im 20. Jahrhundert wurde die Medizin zu einer anerkannten Wissenschaft, heute verfügt sie über zahlreiche fachspezifische Ausprägungen. Aber erst durch die Entwicklung der medizinischen Diagnostik (mittels technischer, biologischer oder chemischer Methoden) kam es zur Etablierung einer gesellschaftlich hoch angesehenen Disziplin. Heute ist sie eine Hightech-Wissenschaft par excellence (siehe dazu: Bürdek, 2011).

Daran wird auch deutlich, was Interdisziplinarität in der Medizin bedeutet. Die Bündelung von Kompetenzen nutzt dort vor allem den Patienten, da die behandelnden Ärzte das Wissen eines großen Zentrums zur Verfügung haben und Spezialisten direkt zurate ziehen können. Diagnostik und Therapieverläufe machen so nicht mehr an Klinikgrenzen halt. Ein anschauliches Beispiel dafür ist ein medizinisches Kopf-Zentrum, in dem die Disziplinen zusammengefasst sind, die sich mit der Behandlung von Augen, Hals, Nase, Ohren, Kiefer und Gesicht beschäftigen. Gerade bei Operationen im Grenzbereich der Disziplinen sorgt die interdisziplinäre Zusammenarbeit für optimale Ergebnisse (Klinikum Stuttgart, 2012).

Wie weit das Design von solch einem Ansatz entfernt ist, dürfte offensichtlich sein, denn das so gerne propagierte Zusammenwirken von Produktdesignern, Grafikdesignern und Künstlern kann kaum als interdisziplinär bezeichnet werden. Hans-Ulrich Reck (1996) beschreibt diesen Zustand folgendermaßen: „Design wird kaum je den Punkt erreichen, an dem allein die konsequente Anwendung wissenschaftlicher Erkenntnisse automatisch perfektes Design ergibt. Zu viele Faktoren bleiben auch in diesen Disziplinen unerforscht. Selbst wenn alle Design-Faktoren rational erschlossen wären, würde allein die ungeheure Menge der Information derzeit nur intuitiv zu bewältigen sein. Dennoch ist Industrial Design heute erst dort, wo die Medizin sich vor 500 Jahren befand. Wir müssen endlich das Zeitalter der Kurpfuscher und Bader hinter uns bringen und lernen, unsere Arbeit mit soliden, nachvollziehbaren Argumenten zu untermauern."

Aspekte einer disziplinären Designtheorie

Wenn von einer zu entwickelnden Designtheorie die Rede ist, dann wird man mit verschiedenen Auffassungen konfrontiert, wie diese wohl aufzubauen sei: interdisziplinär, multidisziplinär oder gar transdisziplinär. Recht selten ist die Rede davon, dass eine Designtheorie auch „disziplinär" sein könne. Vielleicht haben die Apologeten von Designtheorie so wenig Vertrauen in ihre eigenen Beiträge (wo sie „Könner" sein sollten), dass sie sich immer auf andere Disziplinen (wo sie nur „Kenner" sind) stützen müssen. Hinzu kommt, dass Interdisziplinarität (also die Zusammenarbeit verschiedener Disziplinen) heute sehr gefragt ist, was nicht zuletzt durch die immer komplexer werdenden Aufgabenstellungen bedingt ist, bei denen Design eine Rolle spielt.

Das Design hat sich dabei immer recht schwergetan, etwas Spezifisches zu entwickeln, auf dessen Basis dann mit anderen Disziplinen kooperiert werden könnte. Dies ist reichlich unverständlich, denn die viel gerühmte Interdisziplinarität kann ja erst dann entstehen, wenn einzelne Disziplinen zusammenwirken. So ist der Hinweis von Lutz Göbel (1992), dass in den Unternehmen nicht so sehr Spezialisten benötigt würden (also Leute, die viel von wenig verstehen) oder Generalisten (also Leute, die ein wenig von allem verstehen), sondern zunehmend „Integralisten", also Menschen, die einen guten Überblick über unterschiedliche Disziplinen mit Tiefgang auf mindestens einem Gebiet haben, durchaus auch für das Design interessant. Solche Integralisten müssen besonders befähigt sein, ganzheitlich zu denken und zu handeln.

Im Zuge der Entwicklung von Doctoral- beziehungsweise Ph.D.-Design-Programmen, aber auch durch die zunehmende Etablierung von Design in den oberen Unternehmenshierarchien (Stichwort: Designmanagement) wurde es notwendig, die eigene Kompetenz zu benennen und massiv zu verstärken. Die Carnegie Mellon University forcierte daher beispielsweise eine Initiative, ihr Promotionsprogramm dahingehend auszurichten, dass die Absolventen als „stewards of the disciplines" agieren können (Golde/Walker, 2001):

„‚Steward of a discipline'

We believe that the purpose of Ph. D. training should be the creation of ‚stewards of the discipline'. The degree should signal a high level of accomplishment in three facets of the discipline: Generation, Conservation and Transformation. The Ph. D. holder should be capable of generating new knowledge and defending knowledge claims against challenges and criticism; of conserving the most important ideas and findings that are a legacy of past and current work; and of transforming knowledge that has been generated and conserved into powerful pedagogies of engagement, understanding and application. Moreover, a steward should understand how the discipline fits into the intellectual landscape, have a respectful understanding of the questions and paradigms of other disciplines, and understand how their discipline can speak to important questions.

The formulation of stewardship is discipline-specific. What it means to be a steward of chemistry may in some measure be different than in English or mathematics. Similarly, the process for creating stewards may differ by discipline. We are committed to locating this initiative in the context of each discipline, recognizing that there will be discipline-specific lessons as well as cross-disciplinary insights to be gained.“

Dies alles scheint für das Design reichlich neu zu sein, obgleich seit Beginn der 1970er-Jahre beispielsweise an der HfG Offenbach daran gearbeitet wurde, mit dem Begriff der „sinnlichen Funktionen" einen disziplinären Diskurs für das Design zu beginnen (Gros, 1976). Die doppelte Codierung des Wortes „sinnlich", also „mit den Sinnen wahrnehmbar" und „sinnvoll" zugleich (ähnlich wie der kantsche Begriff von der Einheit der Vernunft), wurde indes nicht richtig verstanden oder gar bewusst missverstanden. Von der „Sinnlichkeit" wurde nur zu leicht ein direkter Bogen zur sinnlich-erotischen Gestaltung geschlagen, was nach der lange Zeit vorherrschenden sauertöpfischen Rigidität des deutschen Funktionalismus durchaus seine Reize hatte, aber allein schon an der mangelnden Übersetzungsfähigkeit dieser Begriffe in andere Sprachen scheiterte.

Deshalb wurde Anfang der 1980er-Jahre der Begriff der „sinnlichen Funktionen" durch den der „Produktsprache" abgelöst. Die zu dieser Zeit erfolgte Neubesinnung auf die Semiotik – etwa durch Charles Jencks' Buch *Die Sprache der postmodernen Architektur* (1978) – stellte dabei eine interessante Parallele dar.

Bereits einige Jahre zuvor hatte Gert Selle den Begriff der „Produktsprache" in den Designdiskurs eingeführt (Selle, 1973), interessanterweise unter Bezugnahme auf die Arbeit eines Ökonomen – Theodor Ellinger (1966) –, die aber im Design weitgehend unbekannt geblieben ist. Dort heißt es: „Von einer Produktsprache kann man insofern reden, als die Designobjekte nicht nur Funktionsträger, sondern immer auch Informationsträger sind." (Siehe dazu auch: Bürdek, 2012) So gesehen war die Verwendung dieses Begriffes durchaus folgerichtig und konsequent.

Wenn Design eines Tages als eigenständige wissenschaftliche Disziplin verankert sei, schrieb der Soziologe Franz Schultheis 2005, seien auch hier dauerhafte Konkurrenzkämpfe um das Monopol auf eine legitime Definition von „Design" in Lehre und Forschung zu erwarten. Trotz aller Einwände: Dieser Konkurrenzkampf scheint heute – also zehn Jahre später – entschieden zu sein. Auch im internationalen Designdiskurs herrscht weitgehend Konsens darüber, dass die Themen Produktsprache und Produktsemantik zur Kernkompetenz von Design gehören.

Dagmar Steffen, die bei der Ausarbeitung der Produktsprache beteiligt war (2000), konstatiert in ihrer Wuppertaler Dissertation (2011), dass selbst Theoretiker, die diesen Ansätzen kritisch gegenüberstünden, nicht mehr den Stellenwert bestreiten, der Artefakten als Zeichenträger und Kommunikationsmedien (Semiotik) gegenwärtig zukommt. Sie zitiert Wolfgang Jonas (1994): „Es sieht so aus, als sei ‚Produktsemantik' derzeit im Design ein konsensfähiges und immer noch recht lebendiges Theoriemodell. (...) Dabei ist nicht zu bestreiten, dass Produkte (gestaltet oder nicht gestaltet / ‚funktional' oder ‚produktsprachlich' gestaltet) in zunehmendem Maße und vielfach schon überwiegend kommunikative Funktionen besitzen (...). Insbesondere werden die Dinge zu Sprach- und Verständigungsmitteln in der sozialen Umwelt. Sie vermitteln Aussagen über die Benutzer, ihren Status, ihr Rollenverständnis."

Dies ist heute in der Forschung wie in der Praxis gleichermaßen akzeptiert. So bezeichnet beispielsweise Sandra Hirsch (2014) in ihrer Untersuchung über *Industrie Design als Mittel sozioökonomischer Wertschöpfung* (so der Untertitel) die Produktsprache als bedeutsames Element, das in der Produktentwicklung industrieller Güter zur Anwendung kommt. Designgetriebene Innovation „beschreibt die Entwicklung wegweisender, prospektiver Bedeutungen, deren Möglichkeiten durch eine entsprechende Produktsprache kommuniziert werden".

Hartmut Esslinger (2014) verwendet in seinem Rückblick auf die frühen Jahre bei Apple den Begriff der „Designsprache", die er als ein „visuelles System" bezeichnet (↗S. 150). Für ihn ist diese ein strategisches Kernelement für die Unternehmen: „Die Komplexität der Technologie eines Produktes definiert auch das Ausmaß seiner Designsprache." Es geht dabei um die Weiterführung der Produktsprache in eine unternehmensspezifische Strategie. Unter der Leitung von Dieter Rams hat die Firma Braun beispielsweise konsequent ihre Designstrategie für die Gestaltung der einzelnen Produkte (benutzerorientiert unter Verwendung minimaler gestalterischer Mittel) entwickelt und damit eine einzigartige Marktstellung gewonnen.

Aus den bisherigen Überlegungen sollte zum einen deutlich geworden sein, dass wissenschaftstheoretisch gesehen eine Designtheorie auf geisteswissenschaftlichen Grundlagen aufbaut. Zum anderen muss eine disziplinäre Ausprägung einer solchen Theorie im Vordergrund stehen, das heißt, auch das Design muss aus sich heraus etwas Spezifisches, einen eigenen „body of knowledge", also auch eine eigene Theorie, entwickeln.

Siegfried Maser (1972) hat zu der Frage, wie eine Wissenschaft überhaupt gekennzeichnet sei, drei wichtige Kategorien benannt:

Ziel

Gegenstand

Methode

Obwohl bisher vom Design nicht der Anspruch erhoben wurde, selbst Wissenschaft zu sein, eignen sich diese Kategorien doch recht gut dafür, eine disziplinäre Designtheorie zu skizzieren.

Das Ziel Das Ziel besteht in der Entwicklung einer Fachsprache, das heißt, Begriffe und Sätze sind so zu formulieren, dass sie für die Disziplin allgemeingültig sind.

Der Gegenstand Bei der Frage nach dem Gegenstand richtet sich der Blick auf das Spezielle der Disziplin. Im Design versteht man darunter die Fragen von Form und Kontext oder Form und Bedeutung, die mit dem Begriff der „kommunikativen Funktion" beschrieben werden können.

Die Methode Für das Design wird die Methode eher im geisteswissenschaftlichen Bereich zu suchen sein, da sich weder mit naturwissenschaftlichen noch mit formalwissenschaftlichen Methoden das Wesen von Kommunikation designspezifisch beschreiben lässt.

Die Sprache – oder das kommunikative Handeln – wurde von Jürgen Habermas (1985) einmal als „Schlüssel zur Theoriebildung" bezeichnet, mit dem wir die eigensinnigen Strukturen der Lebenswelt besser in den Griff bekommen könnten. Über die Sprache wird Wirklichkeit vermittelt und erklärt, ein Aspekt, der auch für das Design zutrifft. Dabei ist eine weitere Analogie bedeutsam: Sprache ist nichts Einheitliches, es gibt verschiedene Sprachen, in denen wieder Dialekte, Soziolekte etc. existieren. Sprache ist ein vielschichtiges Gebilde, mit dem sich komplizierte und komplexe Sachverhalte beschreiben lassen. Gleichwohl verfügt jede Sprache über Regeln, wie diese zu benutzt ist. Hinzu kommt, dass jede Sprache im Laufe ihrer Entwicklung immer differenzierter wird, immer mehr Möglichkeiten zur Beschreibung von Sachverhalten liefert und damit zu deren Unterscheidung beiträgt. Dies trifft gleichermaßen für die Sprache der Produkte zu. Kommunikation entwickelt sich durch einen kontinuierlichen Austauschprozess, der zudem auf immer neuen „Vereinbarungen" (Konventionen) basiert. Die Produkte sprechen also nicht von sich selbst, sondern sie werden via Sprache erst zum Sprechen gebracht.

In ihrer Dissertation an der HfG Offenbach überführt Sandra Groll den kommunikationstheoretischen Ansatz im Design in einen gesellschaftlichen. Sie schreibt dazu: „Es mag befremdlich erscheinen, das Design der Dinge in der Lebenswelt nicht über ihren Gebrauch, sondern über den Begriff der Kommunikation in den Blick zu nehmen. Auf diese Weise drängt sich schnell der Verdacht auf, Design in seiner gesellschaftlichen Funktion als reines Distinktionsmittel zu begreifen, mit denen einzelne Identitäten ihre soziale Lage sichtbar machen." (Groll, 2014) Dies bedeutet, dass Produkte in gesellschaftlichen Kommunikationszusammenhängen auch wieder zurückwirken, das heißt, sie geben Auskunft über diejenigen (Benutzer), die mit den jeweiligen Produkten umgehen. Die sogenannte Apple-Community ist dafür ein anschauliches Beispiel.

Wie sich der disziplinäre designtheoretische Ansatz als ein international übergreifender – und auch in der Praxis besonders erfolgreicher – erwiesen hat, soll anhand einiger Beispiele dargestellt werden.

Die Informationsfunktion des Produktes

In der Betriebswirtschaftslehre wurden mit der Feststellung von Wilhelm Vershofen (1939), dass Produkte Grund- und Zusatznutzen besitzen, schon sehr früh die Weichen in eine Richtung gestellt, die sich auch für das Design als tragfähig erweisen sollte. Darauf aufbauend entwickelte der Wirtschaftsingenieur Theodor Ellinger (1966) den Begriff der „Produktinformation", worunter die Fähigkeiten der Erzeugnisse verstanden wurden, Informationen über sich selbst aktiv in den Markt zu kommunizieren: „Das Produkt kann über eine vielschichtige, auch symbolhafte Sprache verfügen, die weitaus umfassender ist als die normale Wortsprache." Ellinger verwendet dafür auch erstmals den Begriff der „Produktsprache", den er folgendermaßen umschreibt: „Zur Produktsprache gehören sehr verschiedenartige Ausdrucksformen wie z. B. Dimension, Form, physikalische Oberflächenstruktur, Bewegung, Materialbeschaffenheit, Art und Weise der Funktionserfüllung, Farben und grafische Gestaltung der Oberfläche, Geräusche und Töne, Geschmack, Geruch, Temperatur, Verpackung, Widerstandsfähigkeit gegenüber Außeneinflüssen. Alle diese Informationen wirken – positiv oder negativ – in starkem Maße auf den potentiellen Käufer ein."

Dies war in der Tat schon eine recht weite Beschreibung, wenn man beispielsweise bedenkt, dass Aspekte wie Sounddesign (Langenmaier, 1993), die Olfaktorik bei Produkten oder gar das Haptikdesign (Strassmann, 2003) erst in jüngerer Zeit ernsthaft thematisiert wurden. Insbesondere die Automobilindustrie investiert erhebliche Summen in die Erforschung und Entwicklung dieser Bereiche, stellen sie doch wichtige Merkmale für die Markenentwicklung (Branding) der Unternehmen dar. Eine Daimler-Fahrzeugtür muss eben ganz anders schließen als eine von BMW, und auch die Motoren müssen sich akustisch deutlich unterscheiden. Dem „semantischen Mehrwert" wird gerade in der Automobilindustrie höchste Aufmerksamkeit geschenkt. So hat der Daimler-Konzern in Berlin ein Forschungszentrum eröffnet, das sich ausschließlich um das emotionale Empfinden der Fahrzeuginsassen kümmert: die Sinneswahrnehmung beim Klicken von Schaltern, die Texturen der im Innenraum verwendeten Materialien, die Wirkung von Telematiksystemen. Die Gefühlswelten der Benutzer werden empirisch untersucht (HTR, 2003), und die daraus gewonnenen Erkenntnisse fließen in die weitere Serienproduktion ein.

Überhaupt erscheinen die Überlegungen Ellingers, beispielsweise zu der Dreiecksbeziehung mit den Polen Hersteller, verkauftes Produkt und potenzieller Käufer oder zur Unterscheidung der Produktinformationen in Existenz-, Herkunfts- und Qualitätsinformationen, sehr aktuell, beschreiben sie doch vieles, was auch in den aktuellen Debatten um die Marken und das Branding behandelt wird. Insgesamt geht es dabei um die Unternehmensidentität, die eben auch über Design erzeugt und vermittelt wird.

Design als eine Sprache des Alltags

Gert Selle konstatierte 1973, dass Design zu einer Sprache des Alltags geworden sei. Dabei schloss er in seinen Überlegungen, wie erwähnt (↗S. 136), explizit an die Überlegungen Theodor Ellingers zur Produktsprache an. Selle verweist insbesondere auf die gesellschaftliche Funktion, die den Produkten verstärkt zukomme. Über die Produkte würden Signale über die Benutzer (z. B. deren Status), aber auch über die Produzenten dieser Objekte ausgesendet. Die produktsprachliche „Codifizierung" sieht er als eine zukünftig bedeutsame Aufgabe von Design an, und er plädiert für deren fachwissenschaftliche Erforschung: „Denn Sprache ist ein Mittel der Realitätsdeutung, und die Produktsprache verschafft dem Konsumenten Identifikationsmöglichkeiten mit dem Produkt und dessen sprachlich vorgeschlagener Wirklichkeitsebene, die oft irrational und traumhaft erscheint." Für Selle ist es aber auch ganz offensichtlich, dass ein solch „produktsprachlicher" Ansatz nicht affirmativ, sondern kritisch zu verfolgen sei; es geht darum, die hinter dem

„Entwurf bestimmter Produktsprachen" liegenden Erkenntnisinteressen aufzu-decken und auch diese zu kommunizieren. So gesehen subsumierte er das Design unter die Phänomene der Massenkommunikation, was für den damaligen Zeit-punkt eine durchaus weit vorausschauende Position darstellte.

Immerhin hat es rund vierzig Jahre gedauert, bis dieser Ansatz auf einen brei-teren wissenschaftlichen Konsens gestoßen ist. Claudia Mareis (2014) schreibt dazu: „Der Offenbacher Ansatz markiert einen Paradigmenwechsel innerhalb der Geschichte der Designtheorien der Nachkriegszeit und steht für eine Verschiebung des Interesses von der Funktionalität von Designartefakten zu ihrer Zeichenhaftigkeit und Bedeutungsdimension." Und jetzt haben vor allem die Kulturwissenschaften erkannt, dass das Design und die jeweils dazugehörigen Produktsprachen Gegen-stand relevanter Forschung sind (siehe dazu: Bürdek, 2014).

Der Sinn der Dinge

Zwei Ökonomen haben in den 1970er-Jahren in den USA empirische Studien über das Wohnen durchgeführt und dabei insbesondere die Relationen zwischen den Bewohnern und deren Gegenständen analysiert. Diese Untersuchung (Csikszent-mihalyi/Rochberg-Halton, 1989) ist im Design praktisch überhaupt nicht rezipiert worden. Dabei schlossen sie an die Untersuchungen der psychosozialen Bedeu-tungen der Dinge an, wie sie von den französischen Anthropologen (Lévi-Strauss) und Strukturalisten (Barthes), aber auch von der Semiotik oder von der Sozialöko-logie angestellt wurden. Im Gegensatz zur Sozialisation (zum Prozess der Einord-nung des Einzelnen in die Gesellschaft) prägten sie den Begriff der „Kultivation", worunter der Prozess der Auseinandersetzung der Menschen mit den Dingen (Pro-dukten) und deren Aneignung verstanden wird: „Durch die symbolische Herein-nahme der materiellen Wirklichkeit bereichert und erweitert sich das Selbst, ja es gewinnt überhaupt erst seine Identität. Die nachmalige Rückwirkung der äußeren Zeichen ist für die Entwicklung des Selbst wie für die Konstitution von Gesellschaft unentbehrlich." (Lang, 1989)

Csikszentmihalyi und Rochberg-Halton bezeichnen die Dinge als Informations-einheiten, die wahrgenommen und im Bewusstsein der Menschen abgebildet wer-den. Aus semiotischer Sicht handelt es sich dabei um „Zeichen", auf deren triadi-sche Relation ja bereits ausführlich eingegangen wurde (↗S. 86). Des Weiteren verweisen sie darauf, dass die uns umgebenden Objekte nicht nur einfach Werk-zeuge sind, sondern den Bezugsrahmen unserer Erfahrungen bilden, der durchaus dazu beiträgt, uns selbst zu strukturieren. Der kommunikationswissenschaftliche Begriff der „Anschlussfähigkeit" ist auch an dieser Stelle tragfähig: Erfahrungen

(Konventionen) prägen auch unseren Umgang mit Produkten. Die Ratlosigkeit, die uns beispielsweise an Automaten für Nahverkehrssysteme in fremden Städten befällt, hat mit der fehlenden Erfahrung zu tun, die uns sogar konfus machen kann. Dass dabei kulturelle Unterschiede relevant sind, muss nicht noch einmal betont werden. Cultural Studies versuchen genau diese Defizite aufzufangen, werden indes im Design immer noch recht zaghaft angewendet.

In Bezug auf das Wohnen ist offensichtlich, dass die Dinge, mit denen sich die Menschen umgeben, zumindest potenziell auch deren Innenleben repräsentieren. Die Wohnung wird zum Spiegelbild der Persönlichkeit. Spätestens in den 1980er-Jahren hat das Zuhause diese Rolle des Statussymbols eingenommen und damit das Automobil über weite Strecken abgelöst. Dem Interieur wird die Rolle zugeschrieben, durch die hierarchische Differenzierung dazu beizutragen, dass die sozialen Ordnungen stabilisiert werden. Am Beispiel des Möbeldesigns lässt sich dies recht anschaulich nachvollziehen: Ob Ikea, Bauhaus-Klassiker, italienisches Bel Design, Neues Deutsches Design oder die Avantgarde der Gegenwart, die Objekte werden derart semantisch aufgeladen, dass sie weitestgehend nur noch als Orientierungshilfen im gesellschaftlichen Kontext dienen.

Die Münchner Schule von Eugen Leitherer

Der bis zu seiner Emeritierung an der Münchener Universität lehrende Eugen Leitherer untersuchte das Industriedesign als einen wissenschaftlichen Gegenstand (1991), was er aus methodologischer Sicht von einer sensorisch-wahrnehmbaren Ebene aus unternahm. Zur Definition von „Design" heißt es bei ihm: „Das industrielle Design gestaltet somit besonders wahrnehmbare, einer Bewertung unterziehbare Qualitäten der Produkte", womit er durchaus eine spezifische oder auch disziplinäre Betrachtung anstellt, aber auch auf gravierende Probleme hinweist: „Die designerische Formgebung von Industrie-Produkten – also die konkrete Festlegung ihres Qualitätsbündels und insbesondere ihrer äußeren Erscheinung, ihrer ästhetisch-kulturellen Qualität – ist eine äußerst risikoreiche Angelegenheit."

Um das Disziplinäre von Design näher zu bestimmen, bezieht er sich in seinen Ausführungen auf die Entwicklungen der Sprachphilosophie (Ferdinand de Saussure, Karl Bühler und andere) und verwendet den Begriff der „Produktsprache" im klassischen semiotischen Sinne:

auf der syntaktischen Ebene als die Sprache der Signale oder ihrer Beziehungen untereinander,

auf der semantischen Ebene als die Bedeutung der Zeichen für deren Rezipienten und auf der pragmatischen Ebene als die Sprache der Zeichenbenutzer und ihrer Intentionen.

„Die Aufgabe des Designs ist es nun, diese Elemente so zu gruppieren, dass sie ‚aussagen‘, Botschaften verbreiten, genauer und besser gesagt: ‚reden‘." Leitherer versuchte damit, zumindest ansatzweise einige Grundzüge für ein „Sprachwerk der Produktsprache" zu skizzieren, das auf den Grundlagen der Gestalttheorie aufbaut.

Zu erwähnen sind auch die bei ihm durchgeführten Dissertationen von Hans Jürgen Escherle (1986) und Sibylle Kicherer (1987). Kicherer kommentierte einerseits den „produktsprachlichen" Ansatz ausführlich, stellte aber andererseits auch wichtige Überlegungen dazu an, wie das Produktdesign im Sinne von Corporate Design oder Designmanagement unternehmensstrategisch wirksam werden könnte. Die „Kommunikation" zwischen Produkt, Benutzer und Unternehmen wurde auch von ihr als der disziplinäre Kern des Designs beschrieben.

Die Kölner Schule von Udo Koppelmann

Schon seit den 1970er-Jahren hat Udo Koppelmann, der an der Universität zu Köln Betriebswirtschaft lehrte, die Wechselwirkungen von Design und Ökonomie untersucht. Er knüpft an die von Vershofen geschaffenen Begrifflichkeiten des Grund- und des Zusatznutzens von Produkten an und leitet davon die aktuellere Unterscheidung in „Sachleistungen" und „Anmutungsleistungen" von Produkten ab (Koppelmann, 1978).

In einem fundamentalen Gespräch wurden die Ansätze von Koppelmann unter terminologischen, semantischen und inhaltlichen Aspekten mit dem produktsprachlichen Ansatz verglichen (Bürdek/Gros, 1978). Dabei wurden die Parallelen einerseits zwischen Sachleistungen und Anmutungsleistungen sowie andererseits zwischen praktischen und semiotischen (produktsprachlichen) Funktionen recht offensichtlich. Koppelmann konzentriert sich in seinen Ausführungen auch auf die sogenannten „Gestaltungsmittel", die er in elementare Mittel wie Stoffe, Materialien, Formen, Farben und Zeichen sowie komplexe Mittel wie Funktions- und Konstruktionsprinzipien, historische Lösungsprinzipien und Produktteile unterschied. Auf diesen theoretischen Grundlagen entstanden über einen Zeitraum von rund zwanzig Jahren in der „Koppelmann-Schule" zahlreiche Dissertationen, die sich allesamt mit gestalterischen Fragestellungen beschäftigen und so gesehen zum disziplinären „body of knowledge" des Designs gezählt werden können. Zu erwähnen sind dabei insbesondere die Arbeiten von Volkhard Dörner (1976), Andreas Friedrich-Liebenberg (1976), Heinz Schmitz-Maibauer (1976), Holger Hase (1989) und Jana-

Maria Lehnhardt (1996) sowie Patrick Reinmöllers Arbeit *Produktsprache. Verständlichkeit des Umgangs mit Produkten durch Produktgestaltung* (1995). Diese war der bis dato wohl akribischste Beitrag zur disziplinären Theoriebildung im Design.

Produkte als Botschaften

Die österreichische Psychologin Helene Karmasin veröffentlichte eine umfangreiche Arbeit zum Thema *Produkte als Botschaften* (1993). Dabei verband sie Aspekte von Psychologie (kognitive und sprachliche), Soziologie, Kulturwissenschaften sowie Kommunikationswissenschaften (Semiotik) und entwickelte daraus einen sehr bemerkenswerten und höchst originären Beitrag. Zentrale Aussage ist ihr Statement über Produkte oder Dienstleistungen: Was diese „auf dem Markt interessant und unterscheidbar, ‚einzigartig' macht, ist eigentlich ihre Bedeutung, ihr ‚semantischer Mehrwert'." Für Karmasin wird diese „Bedeutung" über Zeichen und Zeichensysteme vermittelt, und sie leitete daraus die Prognose ab, dass der Erfolg neuer Produkte vermehrt im Bereich eines „Zeichenmanagements" liegen werde. Dessen wissenschaftstheoretische Begründung liege in der Semiotik.

Mit Produkten kann Kommunikation betrieben werden, und die Kombination verschiedener einzelner Produkte ergibt einen Kommunikationsmix, der als Bedeutungskonstrukt (Konnotation) angesehen werden kann, welches von unterschiedlichen gesellschaftlichen Gruppen verstanden (denotiert) werden kann. Dies umschreibt recht präzise die aktuellen Vorgehensweisen im Design, wobei auch hier das Prinzip der „Anschlussfähigkeit" eine wichtige Rolle spielt.

In einem weiteren Beitrag macht Karmasin (1998) deutlich, mittels welcher Methoden Kulturen adäquat beschrieben werden können. Dabei knüpft sie insbesondere an die von Mary Douglas (1973, 1992) entwickelte „Cultural Theory" an. Sie beschreibt vier Lebensstile, die für die Produktgestaltung relevant sein können: einen individualistischen Stil, einen hierarchischen, einen egalitären sowie einen isolierenden Lebensstil. Deren Ausprägungen können durchaus als Grundlagen für gestalterische Strategien angewendet werden.

Bei Karmasin wird deutlich, dass Produkte nicht nur unter Aspekten der Bedürfnisbefriedigung und individuellen Nutzenmaximierung gesehen werden dürfen, sondern insbesondere als Mittel der Kommunikation, was ja – mit anderen Worten – wiederum eine Analogie zur „kommunikativen Funktion des Designs" darstellt. Karmasin beschreibt eine Reihe von „Kulturen", wie die hierarchische, die individuelle, die egalitäre oder die fatalistische, um davon verschiedene Designkonzepte abzuleiten (zur detaillierten Beschreibung der Methodik siehe auch: Karmasin, 1997).

Drei skandinavische Beiträge

Carl Eric Linn, ein schwedischer Organisationsberater, der sowohl in der Produktentwicklung als auch im Marketing tätig war, hat ein äußerst aufschlussreiches Buch veröffentlicht (1992), das leider im Design nur spärlich rezipiert worden ist. Linn geht davon aus, dass Produkte sowohl materielle als auch immaterielle Eigenschaften besitzen. Der von ihm gewählte Begriff des „Metaprodukts" umfasst dabei sämtliche immateriellen Aspekte wie das Image, das Profil, die Positionierung und die Differenzierung der Produkte, dabei verwendet er eine sehr treffende Metapher: „Das Produkt in Ihrer Hand ist nie dasselbe wie das Produkt in Ihrer Vorstellung." Interessant ist dabei auch, dass das positive Erleben des Produktes beispielsweise die konventionelle Preis-Nachfrage-Relation außer Kraft setzen kann. Mit anderen Worten: Wenn der durch Design vermittelte „added value" derart hoch ist, dann wird ein Produkt um dessentwillen gekauft und nicht wegen seiner praktischen Funktionalität. Die zu Beginn dieses Jahrhunderts auf den Markt gekommenen neuen Luxusautomobile wie der Maybach (Daimler), Bentley und Phaeton (Volkswagen) oder Rolls-Royce (BMW) sind dafür anschauliche Beispiele, bei denen im Wesentlichen Prinzipien des Imagetransfers zur Wirkung gebracht werden sollen. Auch für Linn ist die „Sprache der Gegenstände" zentrales Moment, wie solche Mechanismen beschrieben und initiiert werden können: „Eine unabdingbare Forderung an die Funktionen des Produkts ist, dass sie kommunizierbar sind. Das Produkt muss so beschrieben werden können, dass der Zuhörer versteht, was man meint." Die Aufgabe des Designs bringt er auf den Nenner, es müsse informieren, kommunizieren und symbolisieren.

Der Schwede Rune Monö veröffentlichte eine Arbeit zum Thema *Design for Product Understanding* (1997), die im Untertitel explizit als ein semiotischer Zugang zur Produktästhetik bezeichnet wurde. Monö bezieht sich unter anderem auf die Arbeiten von Umberto Eco (1972), der ja die Semiotik zur universellen Kulturtechnik erklärt hat. Er greift dabei den linnschen Begriff des Metaproduktes auf, den er als Kontext hinter dem physischen beschreibt, beispielsweise durch Vorurteile, Status, Nostalgie oder Gruppenzugehörigkeiten. Sein Rekurs auf die Gestalttheorie (↗S. 156 ff.) verweist auf das gemeinsame theoretisch-praktische Fundament einer auf Wahrnehmung und Sprache basierenden Designtheorie. Monö vertritt einen sehr ganzheitlichen Ansatz, das heißt, er untersucht die Wirkung von Zeichen in akustischer, visueller, sensorischer, olfaktorischer und taktiler Hinsicht, womit die unterschiedlichsten Ebenen der Produktgestaltung erreicht werden können. Auch er verweist auf Karl Bühlers *Sprachtheorie* (1931) als wichtigen Baustein einer produktsprachlich geprägten Designtheorie und -praxis. Mit seinen

Ausführungen zur Produktsemantik knüpft er zudem recht unmittelbar an die Arbeiten von Butter und Krippendorff an (siehe dazu auch: McCoy, 1996).

Die an der UIAH in Helsinki lehrende Susann Vihma veröffentlichte mit ihrer Dissertation *Products as Representations* (1995) eine besonders fundierte Studie, die als einer der wohl essenziellsten Beiträge zur Designtheorie der 1990er-Jahre bezeichnet werden kann. Sie operiert von einer semiotischen Basis aus (Barthes, Eco, Peirce) und geht der Frage nach, welche zeichenhaften Wirkungen von den Produkten ausgehen. In erster Näherung beschreibt auch Vihma die syntaktische, pragmatische und semantische Dimension. Anhand zahlreicher „Präzedenzfälle" wie Bügeleisen, Rasierapparate oder Telefonzellen diskutiert sie sehr ausführlich deren zeichenhafte Wirkungen. Auch ihre Überlegungen münden in einem Modell, bei dem Design als Kommunikation verstanden wird.

Vihma hat über lange Zeit die „Designsemiotik" in Helsinki bearbeitet und weiterentwickelt. Neben der Produktsemantik und der Produktsprache kann dies sicherlich zu Recht als die dritte „Schule" disziplinärer Designtheorie bezeichnet werden (Steffen, 2011).

Zwei holländische Beiträge

Der gebürtige Holländer Andries van Onck studierte Anfang der 1960er-Jahre an der HfG Ulm und übersiedelte dann nach Italien, dort arbeitete er für Kartell, Olivetti, Zanussi und andere mehr. Seine Überlegungen *Design il senso delle forme dei prodotti* (1994) resultieren aus theoretischen Studien und der Reflexion von Produktbeispielen; es ist so gesehen ein exzellentes Beispiel für „practice based research" im Design. Van Onck widmet dem Thema „Una semiotica del design" (mit Bezug auf Eco, Barthes, Jacobsen, Lévi-Strauss, Maldonado) ein langes Kapitel und formuliert eine „nonverbale Produktsprache". Anhand mannigfaltiger „Präzedenzfälle" aus der Designgeschichte des 20. Jahrhunderts (inklusive einiger seiner eigenen Entwürfe) entfaltet er ein breites und sehr praxisbezogenes Spektrum zu diesem Thema. Seine Überlegungen münden in einer „Sinngebung durch Produkte", womit er die wohl aktuellste Facette designtheoretischer Überlegungen berührt. Der Mensch als „symbolgenerierendes" Wesen bedient sich heutzutage immer mehr seiner Produkte; Riten und Mythen werden durch die jeweiligen „Produktsprachen" bestimmt.

Wim Muller schließlich, der an der TU Delft lehrte, veröffentlichte mit *Order and Meaning in Design* (2001) quasi ein Standardwerk zu den hier diskutierten Aspekten. Geprägt von einem starken methodologischen Hintergrund, der über viele Jahre an der TU Delft entwickelt wurde, konzentriert er sich auf die gestalterischen

Aspekte des Entwerfens. Jenseits aller materiellen Funktionen, die die Produkte besitzen, geht es ihm eben auch um die sozialen und kulturellen Werte von Design. Die Feststellung des Kunsttheoretikers Ernst Gombrich (1979), dass die Form Ordnung und Bedeutung erzeugt, ist eine wichtige Ausgangsposition. Muller schließt aber auch an die Debatte der „Form follows function"-Bewegung an, die bis in die 1990er-Jahre die dominierende Debatte im Design war: die Beziehung zwischen der Produktform, der Funktion und dem Gebrauch. Die Debatte der HfG Offenbach um die „sinnlichen Funktionen" führt auch er mit den semiotischen Diskursen Umberto Ecos zusammen. So folgt heute die Form schon lange nicht mehr der Funktion, sondern der Konvention. Designwissen ist nicht mehr nur über Technologien erforderlich, sondern ganz besonders über verhaltenswissenschaftliche Grundlagen, die die Mensch-Produkt-Interaktion prägen. Muller plädiert deshalb vehement für eine empirische Forschung zur Nutzung von Produkten, um rechtzeitig in der Produktentwicklung konzeptionelle Fehler zu vermeiden.

Kein Resümee

Alle hier diskutierten Beispiele – die nicht den Anspruch der Vollständigkeit erheben – machen deutlich, dass sich in zahlreichen Ländern durchaus eine „disziplinäre Designtheorie" herausgebildet hat, die von ähnlichen theoretischen Ausgangspunkten her zu recht übereinstimmenden Ergebnissen kommt.

Insbesondere im Übergang vom 20. zum 21. Jahrhundert hat sich das Design durchaus als eine eigenständige Disziplin, mit einem respektablen und disziplinären „body of knowledge", formiert. Ja, man kann sagen, Design hat zur gleichen Augenhöhe mit anderen Wissenschaften aufgeschlossen.

Und der von Franz Schultheis (↗S. 136) erwähnte Konkurrenzkampf der Lager und Schulen ist wahrlich entschieden: Die Produktsprache und die Produktsemantik stellen den Kern disziplinärer Designtheorie dar. Auch Claudia Mareis (2014) sieht unter designtheoretischen Gesichtspunkten im Wesentlichen drei Bereiche, denen besondere Bedeutung zukommt: der Produktsprache, der Produktsemantik und der Designrhetorik (auch visuell-verbale Rhetorik genannt): „So unterschiedlich diese drei Ansätze im Detail auch sein mögen, gründen sie doch alle auf sprachbasierten Systemen wie der Semiotik, der Semantik oder der Rhetorik."

Zur kommunikativen Funktion von Design

Mit dem Begriff der „Produktsprache" wurde in den 1980er-Jahren davon ausgegangen, dass sich Design vornehmlich mit den sogenannten Mensch-Objekt-Relationen beschäftigt, das heißt, die Beziehungen zwischen Benutzer und Gegenstand (Produkten und Produktsystemen, Fahrzeuge, Interieurgestaltungen, Public Design, technischen Produkten etc.) stehen im Mittelpunkt des Erkenntnisinteresses. Von besonderer Bedeutung seien dabei die wahrnehmungsvermittelten Funktionen, also solche, die über die menschlichen Sinne vermittelt werden. Als Erklärungsmodell dafür hatte die Semiotik wichtige Hinweise geliefert.

Heute ist Design ein Phänomen, das unter technologischen, sozialen, ökonomischen, ökologischen und ganz besonders kulturellen Aspekten verstanden werden muss. Die ursprünglich formulierten Mensch-Objekt-Relationen spielen nur noch eine periphere Rolle. Das Design ist inzwischen ein „lebendiges soziotechnisches Gebilde" (Faßler, 2014); die Produkte selbst verschwinden zwar nicht, aber ihr praktischer Nutzen wird weniger bedeutsam, dafür verändern die Digitalisierung und die Vernetzungen unseren Umgang mit den Dingen dramatisch. Und auch die Prozesse um die Produkte, beispielsweise durch neue, lokale oder vernetzte Technologien, werden immer bedeutsamer. Die kommunikative Funktion von Design nimmt also insgesamt zu.

Einige Vorläufer

Zu den Wegbereitern dieses Ansatzes gehört die amerikanische Philosophin Susanne Langer. Sie gilt neben Charles W. Morris als die wichtigste Vertreterin der sogenannten semantischen Schule der amerikanischen Ästhetik. Sie schloss sich in ihrer Arbeit der Symboltheorie von Ernst Cassirer an und verstand Kunst als einen semiotischen, das heißt zeichenhaften Prozess. Die kulturellen Äußerungen des Menschen, seine Sprache, Rituale, Musik etc., wurden von Langer als „symbolische" Lebensäußerungen beschrieben.

In ihrem 1942 erschienenen Werk *Philosophy in a New Key* unterscheidet sie die grundlegenden Begriffe „Anzeichen" und „Symbol", die insbesondere für das Design bedeutsam geworden sind. Anzeichen sind dabei direkte oder unmittelbare Zeichen, Symbole indes sind indirekte oder mittelbare Zeichen. Anzeichen zeigen das (vergangene, gegenwärtige oder zukünftige) Vorhandensein eines Dinges, eines Ereignisses oder einer Sachlage an. In ihren Ausführungen differenziert Susanne Langer weiter zwischen natürlichen und künstlichen Anzeichen. Nasse Straßen sind ein Anzeichen dafür, dass es geregnet hat; der Geruch von Rauch zeigt die Gegenwart von Feuer an; eine Narbe ist ein Anzeichen für eine frühere Verletzung. Ein Pfiff auf dem Bahnhof bedeutet, dass der Zug gleich abfährt; ein Trauerflor, dass jemand gestorben ist. Zwischen einem Anzeichen und seinem Gegenstand besteht eine logische Beziehung, beide stehen in einer eindeutigen Relation. Das Anzeichen ist somit etwas, woraufhin man handelt, oder ein Mittel, das zu einer Handlung auffordert.

Ganz anders verhält es sich mit dem Symbol. Es ist für Langer ein Instrument des Denkens, es steht für etwas anderes als der Gegenstand selbst, es weist über ihn hinaus. Es hat, wie Ernst Cassirer gezeigt hat, „repräsentativen" Charakter. In diesen Symbolbegriff gehen Aspekte wie Erfahrung, Intuition, Werthaltung und kulturelle Normen ein. Dabei ist wichtig, dass Symbole nicht naturgegeben sind, sondern durch Konvention entstehen, also durch jeweils gesellschaftliche Vereinbarungen, Traditionen und Ähnliches. Insbesondere durch die Arbeiten von Alfred Lorenzer (1970, 1974) über die „symbolischen Interaktionen", die auf der Tiefenpsychologie von Sigmund Freud aufbauen, erfolgte im Design ein Erkenntniszuwachs, der instrumentell nutzbar gemacht wurde.

Der Linguist Jan Mukařovský geht in seiner Analyse der ästhetischen Funktion davon aus, dass sich das Ästhetische unter die sozialen Erscheinungen einordnen lässt (Mukařovský, 1970). Ausgehend vom sprachwissenschaftlichen (semiotischen) Ansatz postuliert er, dass der in der Ästhetik seit Jahrtausenden diskutierte Begriff des „Schönen" durch den der „Funktion" abgelöst werden müsse. An diesen Begriff stelle sich sodann die Frage nach ihrer Typologie, wozu er aus phänomenologischer Sicht ein allgemeines Modell entwickelt: „Dies ist nach unserer Annahme die Typologie der Funktionen: zwei Gruppen, nämlich die unmittelbaren und die zeichenhaften Funktionen, die sich weiter gliedern; die unmittelbaren in die praktischen Funktionen und in die theoretische Funktion, die zeichenhaften in die symbolische und die ästhetische Funktion. Wir sprechen von den ‚praktischen Funktionen' im Plural, von der theoretischen, symbolischen oder ästhetischen jedoch im Singular." (Mukařovský, 1970)

Ein Modell der Produktfunktionen

Die Wechselbeziehungen der einzelnen Funktionen wurden von Mukařovský als ein dynamischer Prozess – auf den Prinzipien des Strukturalismus basierend – abgeleitet, wohingegen sich das von Gros (1983) abgeleitete Modell (mit seiner Aufteilung der produktsprachlichen Funktionen in Formalästhetik, Anzeichen und Symbole) in der Folge als ein eher zu starres Korsett erwies. Diese Unterteilung lehnte sich an die klassische Dreiteilung der Semiotik in Syntax, Semantik und

Produkte und ihre Kontexte (2012)

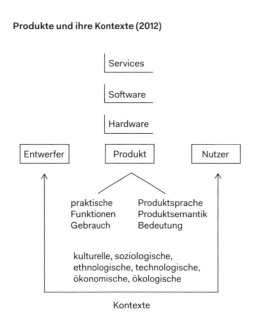

Services

Software

Hardware

Entwerfer — Produkt — Nutzer

praktische / Produktsprache
Funktionen / Produktsemantik
Gebrauch / Bedeutung

kulturelle, soziologische,
ethnologische, technologische,
ökonomische, ökologische

Kontexte

Pragmatik (nach Charles W. Morris) an. Die Syntax ist dabei die Beziehung zwischen den Zeichen (also die Grammatik), die Semantik bezeichnet die Beziehungen zwischen den Zeichen und ihrer Bedeutung, und die Pragmatik bezeichnet die Beziehung zwischen einem Zeichen und dem Benutzer. Darunter wird auch die Handlungsanweisung zur Benutzung von Objekten (Anzeichenfunktion) verstanden.

Die Kritik machte sich einerseits an der rigiden Trennung der produktsprachlichen Funktionen (der sogenannten „Offenbacher Dreifaltigkeit") fest, die in der Praxis so überhaupt nicht nachvollzogen werden kann. Andererseits ist der autopoetische Charakter dieses Modells problematisch, da er zu wenig auf die Form-und-Kontext-Problematik reagiert. Insbesondere durch die rasche Entwicklung neuer Medien und neuer Aufgabenbereiche wie Strategisches Design, Servicedesign oder Informationsdesign werden Themenstellungen eröffnet, für die Begriffe neu interpretiert und weiterentwickelt werden müssen.

Einen weiterführenden Vorschlag dazu habe ich 2012 veröffentlicht, der zumindest einmal eine aktuellere, offenere und kontextbezogenere Verortung der Begrifflichkeiten zur Produktsprache darstellt und die „Offenbacher Dreifaltigkeit" obsolet erscheinen lässt.

Von der Produktsprache zur Designsprache

Bei der Entwicklung einer Theorie der Produktsprache in den 1980er-Jahren galt der Fokus primär den sogenannten Mensch-Objekt-Relationen; die Wechselwirkungen zwischen einem Produkt und seinen Benutzern (z. B. gestalterische Ausprägungen, Handhabung, Bedeutungsdimensionen etc.) standen im Vordergrund des Interesses. In der Tradition funktionalen Gestaltens schien dies ein richtiger Ansatz zu sein. Aus heutiger Sicht geht es weniger um die einzelnen Produkte; vielmehr wird die Produktgestaltung (Design) zunehmend als strategisches Konzept zur Wertschöpfung angesehen, sodass diese Position modifiziert werden muss. In einem Beitrag für die *designaustria Mitteilungen* (Bürdek, 2013) habe ich dargestellt, dass es die Bedeutungen sind, die den Produkten zugewiesen werden (und zwar weniger von den herstellenden Unternehmen selbst als vielmehr durch die Communitys selbst, in denen sie benutzt werden). Produkte müssen heute – wenn sie erfolgreich sein wollen – weniger nützlich als vielmehr begehrenswert sein.

Damit schließe ich an die Überlegungen des Philosophen Gernot Böhme (2001) an. Er spricht von einer „Ästhetisierung des Realen" (also der Welt) und bezeichnet diese als einen bedeutenden Faktor in der Ökonomie fortgeschrittener kapitalistischer Volkswirtschaften. Der in den 1960er- und 1970er-Jahren so strapazierte Begriff der „Bedürfnisse" (die nicht zuletzt von Designern zu befriedigen seien) wird von Böhme durch den der „Begehrnisse" abgelöst: „Begehrnisse sind solche Bedürfnisse, die durch ihre Befriedigung nicht gestillt werden, sondern vielmehr gesteigert werden."

Vor allem die Elektronikindustrie macht anschaulich, was das bedeutet: So belief sich der Absatz von Smartphones im Jahr 2014 auf rund 1 Milliarde Stück. Der rasche Modellwechsel mit marginalen funktionalen Verbesserungen befeuert das weltweite Begehren nach den immer neuen Modellen. Und nicht nur Apple und Samsung sind dabei die großen Player, sondern zunehmend Hersteller wie HTC, Huawei und Lenovo (China) oder LG (Südkorea), deren Produkte sich produkt- und designsprachlich nur marginal unterscheiden. Das globale Zeichen „Smartphone" schürt die Begehrnisse – weltweit, denn es wird bereits rund die Hälfte dieser Produkte in China, Indien, Lateinamerika und Afrika abgesetzt.

Zur neuen Relevanz von Gestaltung

Bei vielen der oftmals imposanten Versuche, mit Design die Welt zu erklären und auch zu verändern, ist etwas auf der Strecke geblieben, was die Disziplin seit ihren Anfängen maßgeblich bestimmt hat: die Gestaltung.

Der Schweizer Max Bill war Student am Bauhaus in Dessau. Als Architekt, Grafiker, Künstler, Produktgestalter und Autor hat er seit Mitte des 20. Jahrhunderts die Diskurse um die Gestaltung nachhaltig geprägt. Er stellt den Begriff des „Gebrauchs" von Bauwerken oder Produkten in den Vordergrund seiner Überlegungen, aber in deren Ausdrucksformen – der Gestalt – sieht er eine quasi natürliche Ableitung als der „harmonische Ausdruck der Summe aller Funktionen" (Bill, 1956). Bill vertritt dabei einen ganzheitlichen Ansatz sowohl für die Architektur als auch für die Produktgestaltung. In beiden Disziplinen führt die postmoderne Verwendung des Wortes „Design" zu einer Verwässerung oder gar Auflösung des Begriffs „Gestaltung" (siehe dazu: Bürdek, 2012).

Die Wahrnehmungs- und Gestalttheorie der 1930er-Jahre hat bereits wichtige Grundlagen geschaffen, gleichwohl wird heute der Begriff „Gestaltung" in einem durchaus erweiterten Sinne verstanden und auch angewendet. Ein Design, das sich am Postulat von Form und Kontext orientiert, hat wesentlich mehr Energien in die Untersuchung der Kontexte als der Formen gesteckt. Ja, fast könnte man meinen, mit so etwas Trivialem wie mit der „Gestaltgebung" brauchen sich Designer gar nicht mehr zu befassen.

Ganz anders indes sieht es der Philosoph und Unternehmensberater Bernhard von Mutius (2002, 2004), der in einem Gespräch mit *form* einen neuen Gestaltungsbegriff und damit auch weitreichende Perspektiven für das Design des 21. Jahrhunderts skizziert hat. Er plädiert zunächst für die Gleichstellung materieller und immaterieller Objekte, so gesehen für ein Nebeneinander von Hardware, Software und Services – die allesamt im Fokus von Design liegen. Zentrales Moment sei dabei, dass durch Design das Unsichtbare (das Abstrakte) wieder anschaulich (sichtbar) gemacht werden kann.

Es geht Mutius – im Sinne von Niklas Luhmann – auch um eine neue „Anschlussfähigkeit" unserer kommunikativen Interaktionen. Er bezieht sich dabei einerseits auf meine These, Design sei auch die „Visualisierung von Innovationen" (Bürdek, 1999), andererseits sieht er die Notwendigkeit, „von den Rohstoffen zu den Informationen" zu gelangen, gemeint ist damit das Thema des Knowledge-Designs.

„Gestaltkompetenz" bedeutet also wesentlich mehr, als den Dingen ihre Form zu geben; Bernhard von Mutius versteht darunter ein ganzes Spektrum von neuen Themen wie Kommunikation, Kreativität, Lösungen zweiter Ordnung, Kooperation, Wertschöpfung, Transformation, Fortschritt, Globalisierung, Polarität oder Synergie. Für all dies gelte es neue Formensprachen zu entwickeln, die den jeweiligen Themen gerecht würden. „Gestaltkompetenz" könnte dabei zu einer Schlüsselkompetenz für die kreative Lösung vieler technologischer, ökonomischer und gesellschaftlicher Probleme der Gegenwart und Zukunft werden.

Das Erzeugen von Bildern oder Images gehört unbestritten zur Domäne des Designs, und so ist auch der neu geschaffene Bereich des „Imagineering" (↗S. 243) zu verstehen, bei dem es darum geht, mögliche Zukünfte, mögliche Interaktionen, aber auch mögliche neue Produkte lange vor ihrer Realisierung vorstellbar zu machen.

Mit dem luhmannschen Begriff der „Anschlussfähigkeit" ist für von Mutius auch eine Basis geschaffen, überhaupt Qualitäten von immateriellen Prozessen bewerten zu können. Die traditionellen Raster beispielsweise dreidimensionaler Produktgestaltung eignen sich dafür kaum mehr. In diesem Sinne müsse dann auch wieder über neue „Gestaltqualitäten" nachgedacht werden. Dies könne dann sogar einen durchaus ernst zu nehmenden Anschluss an die Diskurse aus dem beginnenden 20. Jahrhundert darstellen.

Über Sprache im Design

Ein nicht zu unterschätzender Aspekt von Design ist dessen – immer noch – mangelnde Diskursivität. Sowohl in der Fachwelt als auch in den Publikumsmedien wird über Design völlig unzureichend berichtet. So schreibt eine internationale Hotelkette: „Zeitgemäßes Design mit neuen Interieurs, kreativen Ideen und einzigartigen Stylings. Mit der ibis Familie wird fast jede Reise zu einem Design-Erlebnis: ibis und ibis budget setzen neue Akzente mit den neu gestalteten Avanzi Lobbys und ibis Styles überrascht mit einzigartigen Design-Storys. Sie werden staunen." (IBIS, 2014)

Das große Dilemma des Designs – seine mangelnde Sprachfähigkeit – ist mit ein Grund dafür, dass eine seriöse Akzeptanz der Disziplin völlig unzureichend ist. Insbesondere in interdisziplinären Entwicklungsprojekten zeigt das Design eklatante Defizite: Es konnte bisher keine Diskurshoheit entwickeln, weil es keine eigenständigen Begriffe hat, Erfahrungswerte seien das einzige Argument (Stephan, 2011). Im Kanon der Wissenschaften ist Design bisher erst recht nicht angekommen. Disziplinwerdung hat immer auch mit Sprachbildung zu tun (siehe Maser, 1972, 1976 oder Schultheis, 2005 u. v. m.). In der von Dick Klavans und Kevin Boyack (2009) veröffentlichten *Map of science* (eine Visualisierung der weltweiten Wissenschaftswelten) gibt es zwar unter dem Oberbegriff „Humanities" eine Abteilung Kunst- und Kulturwissenschaften, aber Design kommt dort überhaupt nicht vor. Auch dies ist ein Beispiel für die Diskrepanz zwischen Eigenwahrnehmung und Fremdwahrnehmung im Design.

Gui Bonsiepe (1992) hat dieses Phänomen einmal wie folgt beschrieben: „Worauf können wir dieses krasse Mißverhältnis zwischen Publizität des Designbegriffs und der Theorie- und Grundlagenlosigkeit des Designs zurückführen? Warum ist das Design bislang eine halbernste Angelegenheit? Die Antwort ist einfach: es fehlt ein rigoroser Design-Diskurs. Vergleichen wir das Design mit historisch abgesicherten Berufen und Tätigkeiten, stellen wir fest, daß Berufe auf Diskurswelten mit jeweils eigenen linguistischen Distinktionen beruhen. Ein angehender Medizinstudent wird zu Beginn seines Studiums mit etwa 2000 linguistischen Distinktionen vertraut gemacht, genannt Anatomie des menschlichen Körpers. Ähnliches erfährt ein Student des Maschinenbaus oder der Rechtswissenschaften. Das unterscheidet einen Spezialisten von einem Laien. Damit verglichen schneiden die Designberufe recht bescheiden ab, was man als Indiz für mangelnde Reife nehmen kann."

Die Auseinandersetzung mit Produktsprache seit den 1980er-Jahren hat maßgeblich dazu beigetragen, dass überhaupt einmal Begrifflichkeiten etabliert wurden, mit denen die gestalterischen Eigenschaften von Produkten beschrieben werden können. Gleichwohl ist auch deren Akzeptanz immer noch recht begrenzt. Anstelle von Diskursen dominiert – insbesondere in den Medien – eine weitverbreitete Geschwätzigkeit über Design. Ob „Kacheldesign" oder die „Geballte Technik in schlankem Design" (Der Spiegel, 2014), der Weg zu einer Fachsprache des Designs ist noch immer recht beschwerlich, obwohl dafür durchaus praktikable Grundlagen existieren.

Die formalästhetischen Funktionen

Das Begriffspaar „Form und Inhalt" wird seit vielen Jahrhunderten verwendet, um Diskurse über den künstlerischen (ästhetischen) Wert und die stoffliche (materielle) Beschaffenheit eines Werkes zu führen. Das 20. Jahrhundert war gekennzeichnet von einer starken Fixierung auf die Art und Weise, wie künstlerische Werke entstehen, und weniger auf deren Werte. Der damit einhergehende Sinnverlust offenbarte sich gleichermaßen in der Architektur, im Design und in der Kunst. Ästhetischer Formalismus (wissenschaftlich auch als Formalästhetik bezeichnet) grenzt sich deutlich von der Inhaltsästhetik ab. Er bezieht sich ausschließlich auf das Erleben der formalen Elemente sinnlicher Eindrücke. Rhythmus, Proportionen, Harmonie sind wichtige Elemente künstlerischer oder gestalterischer Werke.

Bei Produkten werden diejenigen Aspekte als formalästhetische Funktionen bezeichnet, die unabhängig von ihrer inhaltlichen Bedeutung betrachtet werden können. In der Terminologie der Semiotik gesprochen, handelt es sich dabei um die Unterscheidung von Syntax und Semantik. Auf der einen Seite gibt es in jeder Sprache Regeln und Bestimmungen, wie Zeichen (beispielsweise Wörter und Sätze) erzeugt und beschrieben werden können. Übertragen auf das Design heißt dies: eine Grammatik der Gestaltung. Die Syntax ist frei von jeglichen Bedeutungen. Erst durch den Verweis auf praktische Funktionen (Anzeichenfunktionen) oder gesellschaftliche Kontexte (Symbolfunktionen) werden den Zeichen im Design Bedeutungen zugewiesen; inwieweit diese (also die Bedeutungen) dann von den Rezipienten (den Benutzern der Produkte) im gemeinten Sinne interpretiert werden, kann nicht in eindeutiger Art und Weise vorhergesagt oder geplant werden. Von Formalismus hingegen wird dann gesprochen, wenn formale Mittel (Zeichen) wahllos und beliebig verwendet werden, ohne deren Bedeutung überhaupt nur ansatzweise zu reflektieren.

Die frühe Wahrnehmungsforschung

Die Grundlagen für die Formalästhetik wurden in der Wahrnehmungsforschung geschaffen, die inzwischen auf eine lange und gesicherte Tradition zurückblicken kann. Genau genommen gehen auch hier die Anfänge auf Aristoteles zurück, der die Fünfzahl der Sinne als Grundlage der Wahrnehmung bestimmte.

Im 18. Jahrhundert entwickelte der englische Philosoph George Berkeley (1685–1753) eine eigenständige Wahrnehmungstheorie, in der er das Sehen des Menschen und die einzelnen Bestandteile untersuchte, die es bedingen.

Entscheidende Fortschritte wurden aber erst im 19. Jahrhundert erzielt, als Hermann von Helmholtz die Grundlagen der visuellen Wahrnehmung erforschte. Für ihn bestand die Wahrnehmung aus einem zweistufigen Prozess: Ausgangspunkt sind Empfindungen, deren Qualität und Intensität angeboren und durch die spezifischen Charakteristiken der Sinnesorgane bedingt sind. Diese Empfindungen sind Zeichen, die ihre Bedeutung erst im Verlauf der Entwicklung durch Assoziationen (Erfahrungen) erhalten.

Eine weitere wichtige Grundlage für die Wahrnehmungstheorie waren Untersuchungen zu geometrisch-optischen Täuschungen, von denen die ersten um die Mitte des 19. Jahrhunderts veröffentlicht wurden.

Wegbereiter der Gestaltpsychologie

Wilhelm Wundt (1832–1920) gilt als der Begründer der modernen Psychologie, da er sie hinsichtlich Gegenstand und Methode verselbstständigt und nach dem Modell der Naturwissenschaft aufgebaut hat. Er definierte die Psychologie als Wissenschaft von der inneren und unmittelbaren Erfahrung, die auf Experiment und Beobachtung basieren sollte.

Gegen die Anwendung naturwissenschaftlicher Methoden in der Psychologie wandte sich insbesondere Theodor Lipps (1851–1914). Er bezeichnete diese als die Wissenschaft vom geistigen Leben. Sämtliches Wissen versuchte er auf dem Prinzip der inneren menschlichen Erfahrung zu begründen. Lipps' Werk selbst steht in enger Beziehung zu dem von Wilhelm Dilthey (↗S. 103), geht es doch auch ihm darum, Kunst und Literatur als Lebensäußerungen aufzufassen und diese in ihrem Wesen zu verstehen. Besonders wichtig war für Lipps die Untersuchung der formalen Eigenschaften von Kunstwerken oder Objekten. Die Formen lösen Gefühle aus, was durchaus im Gegensatz zum gestaltpsychologischen Ansatz verstanden werden kann. Das von Lipps postulierte Prinzip der „Einheit in der Mannigfaltigkeit" (Schneider, 1996) verweist auf die Gegensätze und Gemeinsamkeiten, die bei ästhetischen Objekten wirksam sind und deren Vielschichtigkeit ausmachen. So ist die Erzeugung von Spannung oder auch Dissonanzen, aber auch die Suche nach dem harmonischen Prinzip immer in den Kunstwerken angelegt – was für Formen und Farben gleichermaßen gilt. Mit dem lippsschen Begriff der „Einfühlung" wird ein allgemeiner kommunikativer Prozess thematisiert, von dem aus Lipps gar eine eigene Symboltheorie entwickelte: „denn nur durch die Einfühlung in sinnliche Erscheinungen oder Lebensäußerungen werde etwas symbolisch" (Schneider, 1996).

Ebenfalls im Gegensatz zu Wundt stand die österreichische Schule der Psychologie, die Ende des 19. Jahrhunderts begründet wurde und zu der neben Lipps insbesondere Alexius Meinong und Christian von Ehrenfels zählten.

Alexius Meinong (1853–1920) gehörte zu den Wegbereitern der Gestaltpsychologie, indem er aufzeigte, dass psychische Phänomene etwas Komplexeres als eine Addition von einzelnen Elementen darstellen. In seiner *Gegenstandstheorie* (1907) folgerte er für die Wahrnehmungslehre, dass den Grundarten psychischen Erlebens (Vorstellen, Denken, Fühlen, Wollen) je ein eigener Gegenstand vorgegeben ist.

Die besondere Bedeutung von Christian von Ehrenfels

Als der eigentliche Begründer der Gestaltpsychologie gilt ein Schüler Meinongs, Christian von Ehrenfels (1859–1932). Bereits 1890 veröffentlichte er eine kleine Schrift, die ihn berühmt machte: *Über Gestaltqualitäten*. Darin stellt er fest, dass in der Wahrnehmung ein Moment wirksam sei, das von den Empfindungen unabhängig ist: die sogenannte Gestaltqualität. Ein Dreieck ist ein Dreieck, gleichgültig, in welcher Farbe es dargestellt wird, ob es groß oder klein ist. Auf Ehrenfels geht auch der gestaltpsychologische Lehrsatz „Das Ganze ist mehr als die Summe seiner Teile" zurück, das heißt beispielsweise, eine Melodie besteht aus einer Vielzahl von Tönen, ihre Wirkung entsteht aber erst aus dem Zusammenklang der einzelnen Töne. Ehrenfels wandte sich also gegen die zergliedernde Elementpsychologie und übte einen starken Einfluss auf die Gestaltpsychologen David Katz, Wolfgang Köhler und Max Wertheimer aus.

1916 veröffentlichte Ehrenfels eine Abhandlung über *Höhe und Reinheit der Gestalt*, die erst viel später eine zentrale Bedeutung für das Design erlangte. Er beschrieb die Tatsache, dass es einen Grad der Gestaltung gibt, dass jede Gestalt eine bestimmte Höhe der Gestaltung aufweist. Höhere Gestalten unterscheiden sich von niedrigeren dadurch, dass bei ihnen ein größeres Maß von Einheit und Mannigfaltigkeit (Gestaltreinheit und Gestalthöhe) vorhanden ist. Der Begriff der Einheit lässt sich auch mit dem der Ordnung umschreiben, der Begriff der Mannigfaltigkeit mit dem der Komplexität. Somit lässt sich die Gestalthöhe als Produkt aus Ordnung (O) und Komplexität (C) bestimmen.

Aus derlei Ansätzen wurde in den 1960er-Jahren von Max Bense das Konzept einer „exakten Ästhetik" entwickelt, die unter dem Motto stand: „Gestaltung ist die Erzeugung von Ordnung." Diese Auffassung korrelierte mit dem Ansatz des Funktionalismus, gestalterische Konzepte so zu entwickeln, dass dabei einfache geometrische Elemente und Körper verwendet wurden (wie Quadrat, Dreieck, Kreis, Kubus, Pyramide, Kugel). Damit wurde Ehrenfels' Ansatz einseitig weiterverfolgt, das heißt, ausschließlich das Konzept der Gestaltreinheit stand im Mittelpunkt des Interesses, oder wie Dieter Rams immer wieder betonte: „Weniger Design ist mehr Design." Gestaltung entwickelt sich jedoch immer im Spannungsfeld zwischen Ordnung und Komplexität, also ist das „Gestaltungsmaß" (M) eine Funktion (f) von Ordnung (O) und Komplexität (C).

Die großen Gestaltpsychologen

Da insbesondere in der ersten Hälfte des 20. Jahrhunderts wichtige Grundlagenforschung auf diesem Gebiet geleistet wurde, sollen einige Vertreter und ihre Ansätze besonders erwähnt werden. Der Mediziner und Psychologe Karl Bühler (1879–1963) gilt als der Begründer der semantischen Sprachforschung (der sogenannten Sprachtheorie) und steht in der Tradition der Erforschung psychischer Prozesse aus ganzheitlicher Sicht.

In der „Berliner Schule" wurden in den 1930er-Jahren die wichtigsten Beiträge zur Wahrnehmungs- und Denkpsychologie entwickelt. Dazu gehörten neben Max Wertheimer (1880–1943) auch Wolfgang Köhler (1887–1967) und Kurt Koffka (1886–1941). Erlebens- und Verhaltensprozesse als Ganzheiten bestimmten ihren Forschungsgegenstand. Nach dem Zweiten Weltkrieg führten insbesondere Wolfgang Metzger (1899–1979) und Rudolf Arnheim (1904–2007) diese Ansätze weiter.

Wertheimer demonstrierte, wie die Wahrnehmung durch eine Reihe von Organisationsprinzipien (den sogenannten Gestaltgesetzen) einer spontanen Tendenz zur gestalthaften Strukturierung unterliegt. Er zeigte auf, wie damit Gegenstände räumlich oder zeitlich gruppiert und erlebt werden.

Köhler veröffentlichte Abhandlungen zum Problem der Konstanzannahme, zu den figuralen Nachwirkungen, zur Lern- und Gedächtnispsychologie sowie zur gehirnphysiologischen Gestalttheorie.

Koffka publizierte 1935 seine *Principles of Gestalt Psychology*, die den bis dahin umfassendsten Versuch darstellten, die Ergebnisse der gestaltpsychologischen Forschung in den verschiedensten Bereichen darzustellen. In seiner Lerntheorie wies er nach, dass das Gedächtnis in Richtung auf „gutes Gestalten" (Regelmäßigkeit, Prägnanz) hin arbeitet.

David Katz (1979) untersuchte insbesondere die Farbwahrnehmung und formulierte eine Reihe von Gestaltgesetzen. Seine Arbeiten schlossen eng an die Ansätze von Wertheimer, Köhler und Koffka an.

Wolfgang Metzger gilt als der führende Vertreter der Gestaltpsychologie der „Berliner Schule". Er promovierte bei Köhler und war Assistent bei Wertheimer. Seine Forschungsschwerpunkte waren die Psychologie der Wahrnehmung und des Denkens sowie die pädagogische Psychologie. Die Untersuchungen über *Gesetze des Sehens* erschienen bereits 1936 und gelten noch heute als das Standardwerk der Wahrnehmungs- und Gestaltpsychologie.

In den Ausführungen der Wahrnehmungs- und Gestaltpsychologen werden über hundert Gestaltgesetze beschrieben. An diesen wird gezeigt, wie sich in der Wahrnehmung sogenannte Ganzheiten bilden. Diese Gestaltgesetze bilden auch heute noch wichtige Grundlagen beim Entwerfen und Erzeugen ganzheitlicher Wahrnehmungseindrücke. Sie kommen im Design insbesondere bei den formalästhetischen Funktionen sowie den Anzeichenfunktionen zur Anwendung.

Gestaltgesetze lassen sich praktisch bei jedem zwei- oder dreidimensionalen Designobjekt mehr oder wenig deutlich nachweisen. Als rein syntaktische Instrumente (also ohne spezifische Bedeutung) geben sie jedoch keine Hinweise auf die Gesamtbeurteilung eines Designobjektes. Ohne die semantische Dimension verbleiben sie für sich alleine genommen auf der Ebene des Formalismus.

Wahrnehmen und Denken

Diese gestalttheoretischen Ansätze wurden im Verlauf ihrer Entwicklung vielfach kritisiert und auch überarbeitet. Einen neuen Ansatz formulierte insbesondere Rudolf Arnheim (1972), indem er nachzuweisen versuchte, dass Wahrnehmen und Denken nicht voneinander zu trennen sind. Er plädierte für eine Begriffsbildung, die auf Wahrnehmungsvorstellungen basiert.

Erst durch das Verarbeiten mittels Denkprozessen werden die Begriffe anschaulich. Grundlage des Denkens ist für Arnheim das menschliche Vermögen zur Abstraktion. Er unterscheidet weiterhin zwischen zwei Arten des anschaulichen Denkens: dem intellektuellen und dem intuitiven Denken. Letzteres liegt gerade dem produktiven – also dem kreativen – Denken in den Wissenschaften, den Künsten und auch dem Design zugrunde.

Zu den Aspekten von Ordnung und Komplexität

Aus Ehrenfels' Kategorien Ordnung und Komplexität wurde in Verbindung mit den Gestaltgesetzen in den 1970er-Jahren an der HfG Offenbach eine Reihe formalästhetischer Begriffspaare abgeleitet, die für die Entwurfsarbeit durchaus praktikabel sind. Dazu gehören beispielsweise: einfach – kompliziert, regelmäßig – unregelmäßig, geschlossen – offen, einheitlich – uneinheitlich, symmetrisch – asymmetrisch, deutlich – undeutlich, im Raster – aus dem Raster, im Gleichgewicht – aus dem Gleichgewicht, bekannt – neu, Erfahrungsordnung – Neuigkeitskomplexität.

Die übergeordneten Merkmale Ordnung und Komplexität implizieren dabei jedoch keine Wertung. Im konkreten Entwurfsprojekt ist jeweils neu zu entscheiden, ob die Aufgabenstellung eine Lösung in Richtung größerer Ordnung oder höherer Komplexität sinnvoll erscheinen lässt. Die hier diskutierte formale Komplexität hat natürlich mit der inhaltlichen (semantischen) Komplexität von Produkten nichts zu tun. So können sich formal einfache Produkte als überaus komplex in ihrer Funktionalität oder Bedienung darstellen.

Die lange Tradition des Funktionalismus gründete sich weitgehend auf der formalen Zielvorgabe Ordnung. Damit verbunden war wahrnehmungspsychologisch gesehen eine erhebliche Reizreduktion, die in vielen Bereichen, beispielsweise in der Architektur, der Stadtplanung, der visuellen Kommunikation oder des Designs, zu optischer Langeweile geführt hat.

Die Zielvorgabe Komplexität kann mit unterschiedlichen Gestaltungsmitteln erreicht werden, etwa mit Materialien, Oberflächen, Texturen, Strukturen, Farben oder auch Produktgrafik. Aber auch funktionale Komplexität, wie sie oftmals insbesondere bei elektronischen Produkten zur Anwendung kommt (Stichwort: „featuritis" , auch „Funktioneninfarkt" genannt, siehe Volker Fischer, 2001), ist ein Prinzip, das bei der Entwicklung und Gestaltung von Produkten angewendet wird. Diese Kriterien sind am jeweils konkreten Entwurf zu diskutieren.

Zum ökologischen Ansatz der visuellen Wahrnehmung

Einen wirklich grundlegend neuen Ansatz der Wahrnehmungslehre entwickelte der amerikanische Psychologe James J. Gibson (1973, 1982). Aus der Überwindung der atomistischen Wahrnehmungstheorie formulierte er als Gegensatz einen ganzheitlichen, ökologischen Ansatz der visuellen Wahrnehmung. Dabei wird die Wahrnehmung unter den natürlichen Bedingungen der Umwelt untersucht. Diese besteht für Gibson aus drei Hauptcharakteren: dem Medium (Atmosphäre), der

1 **Pegasus Piano**
Design: Luigi Colani
Fa. Schimmel Pianos
Braunschweig (1997)

2 **Studie: Der Gabelstapler
als Werkzeug für die Linde AG**
Design: Fabian Kragenings
HfG Offenbach (2012)

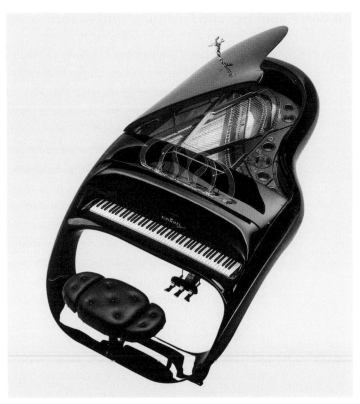

1

2

Substanz (Stoffe und Gase) sowie der Oberfläche, die als Grenze zwischen Medium und Substanz zu verstehen ist und für wahrnehmende Lebewesen als Erkennungsmerkmal dient. Dabei werden dann Farben, Flächenanordnungen (Formen) sowie die jeweilige Beleuchtung zu wichtigen Elementen für die Wahrnehmung. Gibson definiert die Umwelt auf einer ökologischen Ebene, die aus Umgebungen, Objekten, Ereignissen oder auch anderen Lebewesen besteht, die in ihren Wechselwirkungen wahrgenommen werden. Die Wahrnehmung selbst wird dabei als eine Aktivität verstanden, die das Ziel hat, das eigene Bewusstsein über die Umwelt und sich selbst darin zu entwickeln.

Prinzipien der formalen Gestaltung

Eine genauere Beschreibung formaler Gestaltungsprinzipien wurde von Dieter Mankau an der HfG Offenbach im Rahmen seiner Untersuchungen zur Formalästhetik vorgenommen:

Additive Gestaltung Von einer additiven Gestaltung spricht man, wenn in der Wahrnehmung eines Produktes oder einer Gestalt die für das Produkt charakteristischen technischen oder praktischen Funktionen so gestaltet sind, dass diese weitgehend ihre visuelle Eigenständigkeit beibehalten.

Integrative Gestaltung Hier werden solche gestalterischen Mittel eingesetzt, die zu einer ganzheitlichen Wahrnehmung des Produktes führen. Visuelle Störungen, die in erster Linie durch mehrere oder unterschiedliche technische und praktische Funktionen und durch die dafür verwendeten Materialien entstehen, können durch formale Mittel deutlich reduziert werden. Dazu gehören zum Beispiel durchgehende Linien, gute Fortsetzung, die Einheitlichkeit von Materialien und Farben.

Integrale Gestaltung Es dominiert die gewählte Grundform, die in der Regel eine mathematisch-geometrische und in der Formenvielfalt auf wenige elementare Grundformen beschränkt ist. Dazu gehören Kugel, Zylinder, Quadrat und Pyramide. Diese geometrischen Körper sind aufgrund kognitiver und kultureller Prägungen wahrnehmungspsychologisch äußerst stabile Formen, die auch bei starken formalen Beschädigungen, beispielsweise durch Einschnitte oder deutliche Ab- und Anschnitte an der Form, in unserer mentalen Vorstellung visuell stabil bleiben.

Skulpturale Gestaltung Diese folgt nicht nur den rein praktisch-funktionalen Anforderungen der Produkte, sondern ist eine individuelle oder auch eine künstlerische Interpretation der Funktionen, die mit einer starken symbolischen Ausdruckskraft einhergeht.

Naturhafte Gestaltung Diese verweist auf biologische Prinzipien (Bionik), sie erlaubt auch naturhafte Assoziationen. Es sind Stimmungen, die nicht nur auf einer visuellen Wahrnehmung aufbauen, sondern unser Wahrnehmungsspektrum insgesamt einbeziehen: Gerüche, Kälte- und Wärmeempfinden, taktiles Erleben, das Hören als räumliches Phänomen und anderes mehr sind elementare Erfahrungen, die sich in den jeweiligen Kulturen in ihrer Bedeutung nur minimal unterscheiden.

Diese Beispiele zeigen, dass die formalästhetischen Funktionen weit über den rein syntaktischen Bereich hinausreichen. Die jeweiligen Formen sind immer soziokulturell vermittelt, sie haben deshalb in den jeweiligen Kontexten unterschiedliche Bedeutungen. An der Gestaltung der Gegenstände kann man somit sehr wohl ablesen, aus welcher geistigen, technologischen oder sozialen Haltung heraus ein Produkt entworfen wurde.

Ein Beispiel Die Lampe Tolomeo (1987 entworfen von Michele de Lucchi und Giancarlo Fassina für die Firma Artemide) knüpft technisch-gestalterisch an bekannte Prinzipien, wie die klassische schwedische Schreibtischlampe Luxo von Jacob Jacobsen, an. Das hochglanzeloxierte Aluminiumgestell kontrastiert mit dem matten Reflektor, der fast „wegzufliegen" scheint. Drahtseile (Assoziation: gespannte Architektur), verdeckte Federn und Rändelschrauben erzeugen eine gesteigerte Funktionalität, die mit mannigfaltigen und komplexen gestalterischen Details daherkommt. Die schwarzen Punkte sind keine Drehpunkte, was unter Anzeichenaspekten falsch ist. Gleichwohl ist die Lampe in ihrer Handhabung äußerst einfach. Die Assoziation zur Leichtbautechnik aus dem Flugzeugbau macht Tolomeo zu einem modernen Hightechprodukt, das so viel Neutralität besitzt, dass es in unterschiedlichsten Anwendungsbereichen Verwendung findet; die Lampe wurde deshalb in relativ kurzer Zeit zu einem produktkulturellen Leitbild der 1990er- und 2000er-Jahre. Von Tolomeo sollen inzwischen weltweit über 350 000 Stück pro Jahr aus der Tolomeo-Produktfamilie verkauft worden sein.

Lampe Tolomeo, Design: Michele de Lucchi und Giancarlo Fassina
Fa. Artemide (1987)

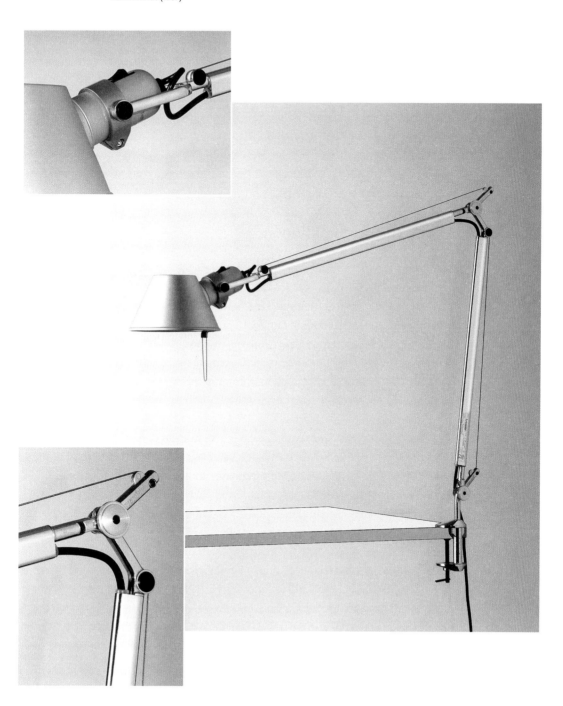

Die Anzeichenfunktionen

Wie bereits erläutert, beziehen sich Anzeichen immer auf die praktischen Funktionen der Produkte, das heißt, sie visualisieren deren technische Funktionen, sie erläutern insbesondere deren Handhabung oder Bedienung. Anzeichen verdeutlichen dem Benutzer, wie er mit Produkten umzugehen hat. Da die Gestaltung von Anzeichen in unmittelbarer Verbindung mit den praktischen Funktionen von Produkten steht, ist dies der Bereich der Gestaltung, der am wenigsten individuelle Interpretationen und persönliche Statements zulässt. Gleichwohl erfordert die Gestaltung von Anzeichen eine intensive Auseinandersetzung mit den Benutzern, deren Kontexten und Erfahrungen.

Visualisierung praktischer Funktionen

Die Gestaltung von Anzeichen gehört zum klassischen Repertoire des Designs, wie es etwa Hans Gugelot (↗S. 40) schon zu Beginn der 1960er-Jahre an der HfG Ulm dargestellt hat. Genau genommen begann die Bearbeitung dieses Themas jedoch schon bei Platon, der in jedem Ding eine „eigentümliche Tüchtigkeit" erkannte. Das heißt, das Wesen eines Gegenstandes muss unmittelbar erfasst werden, um dessen spezielle Bedeutung benennen zu können. Die Tradition der Guten Form ist ohne die Gestaltung von Anzeichen überhaupt nicht denkbar, wenngleich diese nicht immer bewusst eingesetzt oder wahrgenommen wurden.

Eine systematische Aufarbeitung der Anzeichenfunktionen auf der Basis geisteswissenschaftlicher Erkenntnismethoden begann in den 1970er-Jahren an der HfG Offenbach, insbesondere durch die grundlegenden Arbeiten von Richard Fischer (1978). Eine umfassende Weiterentwicklung und Darstellung erfolgte 1984 durch Richard Fischer und Gerda Mikosch sowie Dagmar Steffen et al. (2000).

Für die Bereiche Architektur und Design hat Sven Hesselgren (1980) eine Untersuchung veröffentlicht, in der er zu ähnlichen Erkenntnissen kommt. Insbesondere in der ehemaligen DDR widmete man sich diesem Thema recht intensiv. In einer historischen Aufarbeitung zum Thema *Zeichen und Anzeichen* hat Günther Feuerstein (1981) die Entwicklung einer „apparativen Semiotik" aufgezeigt, in der das Wesenhafte (also die Bedeutung) von Produkten das vorrangige Gestaltungsprinzip ausmacht: „Wir wehren uns gegen den Apparat nicht dadurch, dass wir ihn stürmen oder zerstören, sondern dadurch, dass wir ihn als ästhetisches Objekt deuten: ein Vorgang der ‚interpretativen Ästhetik'."

Die enge Anbindung des Designs in der DDR an die Tradition des Funktionalismus wird auch in einem Beitrag von Horst Oehlke (1982) deutlich, in dem er die Visualisierung der Funktionen eines Produktes als Aufgabe funktionaler Gestaltungsweise beschreibt. Die Dialektik von Produktfunktionen und Produkterscheinungen stellt sich für ihn als das zentrale Thema des Designs der 1980er-Jahre dar (↗S. 182 f.).

Bei den Arbeiten zur Theorie der Produktsprache wird rasch offensichtlich, dass der Übergang von den formalästhetischen Funktionen zu den Anzeichenfunktionen oftmals fließend ist. Dabei wird auch deutlich, wie durch die Anwendung von Gestaltgesetzen, die ja unabhängig von spezifischen Bedeutungen existieren, gezielt neue Bedeutungen erzeugt werden können.

Martin Gessmann (2014) führt aus der Geschichte der Philosophie ein weiteres Beispiel zur Anzeichendiskussion an: Husserl (↗S. 98) habe bei der Verwendung von Zeichen eine bedeutsame Unterscheidung vorgenommen. Auf der einen Seite gebe es den „sinnhaften Ausdruck", Derrida (1967) bezeichnet dies mit „expression", und auf der anderen Seite stehe das bloße „Anzeichen", das Derrida mit „indice" übersetzt. Gessmann interpretiert dies wie folgt: „Das Anzeichen oder Indiz bildet den bloß materiellen Anteil am Zeichen, also die konventionelle Art und Weise der Verkörperung des Gemeinten, während im Ausdruck, d. h. das Zeichen nun als sinnhafter Ausdruck verstanden, die Bedeutung des Gemeinten offenbar wird. Im Ausdruck spricht der philosophische Geist demnach selbstverständlich zu sich selbst, im Anzeichen, für sich alleine genommen, findet Geist nur materielle Geistlosigkeit." Ganz so „geistlos" ist die Debatte um die Anzeichenfunktion im Design natürlich nicht, wie die folgenden Beispiele zeigen; vielmehr gehört diese weiterhin zu den zentralen Diskursen um die Produkte, ob materielle oder immaterielle.

Diskussion von Präzedenzfällen

In einer Sammlung von Präzedenzfällen aus der Designpraxis wurden sodann einige Kategorien von Anzeichen benannt, die als allgemeine Orientierungspunkte zu verstehen waren (Fischer/Mikosch, 1984), die aber durchaus heute noch ihre Gültigkeit besitzen. Zu Recht wurde darauf hingewiesen, dass beim Entwurf neuer Produkte immer eine ganzheitliche Betrachtung aller produktsprachlichen (kommunikativen) Funktionen im Vordergrund stehen muss.

Solche Beispiele orientieren sich primär an einer Produktwelt, die vom Übergang der mechanischen zur elektrischen oder gar elektronischen Welt geprägt ist. Sie können aber letztlich nur Beispiele für die Beziehung von Sprache und deren formalästhetische Visualisierung (Darstellung, Ausprägung) sein, da das Verstehen immer in Abhängigkeit vom Kontext, vom kulturellen Hintergrund oder von den Erfahrungen der Benutzer steht.

Wenn auch vermindert, existieren solche Produktkategorien und entsprechende Anzeichen weiterhin, dazu gehören beispielsweise:

die Ausrichtung, etwa zum Benutzer hin;

die Standfunktion, wodurch beispielsweise schon visuell Sicherheit im Umgang mit einem Produkt vermittelt werden kann;

die Stabilität, dabei kann es sich um die Darstellung technisch-physikalischer Gesetzmäßigkeiten handeln;

die Veränderbarkeit und Einstellbarkeit; Anzeichen dienen dazu, die Möglichkeiten der Veränderbarkeit zu visualisieren;

die Bedienung; Bedienelemente sollten dem Benutzer vermitteln, wie ein Gerät im Detail zu benutzen ist – einzelne Elemente sollten so gestaltet sein, dass sich die Anwendbarkeit unmittelbar erschließt (beispielsweise drücken, drehen, schieben, mit viel oder wenig Kraft);

die Präzision; hierbei geht es um die Visualisierung, wie präzise man beispielsweise mit bestimmten Produkten umgehen kann oder wie sich diese einstellen lassen (die Präzision bei Geräten wie Messgeräten, Kameras oder medizinischen Geräten ist funktional begründet, wohingegen solche Zeichen bei einem Hi-Fi-Gerät eher symbolischen Charakter besitzen);

der Bezug zum menschlichen Körper; dabei geht es nicht nur um ein direktes Anpassen des Produktes an anthropometrische Bedingungen, sondern auch um assoziative Hinweise darauf.

An diesen Beispielen wird erneut deutlich, dass eine klare Abgrenzung einzelner kommunikativer Funktionen oftmals gar nicht möglich und auch nicht sinnvoll ist. Vielmehr geht es in jedem einzelnen Fall der Gestaltung darum, eine sinnvolle Abwägung vorzunehmen, welche Kategorien von Zeichenhaftigkeit besonders betont werden sollen.

So erfordern Ticketautomaten für den öffentlichen Personennahverkehr eine offensichtliche Gestaltung der Bedienung („on the fly"), wohingegen die Bedienung einer Hi-Fi-Anlage für die private Nutzung durchaus so gestaltet sein kann, dass nur der Experte damit umzugehen weiß.

Diese Beispiele zeigen, dass die Produktsprache kein Selbstzweck ist, sondern Argumentationsgrundlage in den Produktentwicklungsprozessen. Hier haben Ge-

stalter und Designmanager gegenüber den beteiligten Marketing- und Vertriebs-
leuten und Entwicklern ihre fachspezifische Kompetenz einzubringen. Produktsprache kann so gesehen zu einem strategischen Werkzeug werden, das den
Ausdruck eines Produktes und dessen Beziehung zum Benutzer – und damit seine
Akzeptanz – weitestgehend beeinflussen und präzisieren kann.

Veränderungen durch die Mikroelektronik

In den 1980er-Jahren begann der massive Einzug der Mikroelektronik in die Welt
der Artefakte, wodurch sich auch das Thema Anzeichenfunktionen gravierend veränderte. Die offensichtlichen, aus der mechanischen Welt stammenden Anzeichen
verschwanden immer mehr zugunsten digitaler, über Interfaces zu bedienender
Produkte. Diese paradigmatische Veränderung hat dem Design – nach den postmodernen Beliebigkeiten der 1980er-Jahre – einen deutlichen Entwicklungsschub
verliehen (Bürdek, 1990a, 2001b).

Besonders anschaulich wurde dieser Prozess am Beispiel von CAD (Computer
Aided Design). Die Vorstellungswelten von Entwicklern und Konstrukteuren wur-
den praktisch unmittelbar auf die damals neu aufkommenden Werkzeuge (CAD-
Software) übertragen.

Problematisch, wenn nicht gar gemeingefährlich wurde es, als diese Vorstellungswelten Einzug in die Geräteentwicklungen für breite Benutzergruppen nahmen, was in den meisten Fällen zu reichlich kryptischen Benutzungsoberflächen
führte. In der Folge galt diesen, aber auch den immer mehr benötigten Bedienungsanleitungen erhöhte Aufmerksamkeit (Bürdek/Schupbach, 1993).

Vor einem ganz anderen Hintergrund – nämlich der kognitiven Psychologie – kam der amerikanische Wissenschaftler Donald A. Norman (1989) zu recht
überzeugenden Erkenntnissen über die dingliche Umwelt, die unmittelbar unter
den Begriff der „Anzeichenfunktionen" subsumiert werden können. Mannigfaltige
Fehlleistungen und Irrtümer im Umgang mit Produkten sind nicht auf menschliches
Unvermögen, sondern meistens auf unzureichende Gestaltung zurückzuführen.

Norman verwies insbesondere auf die „schleichende Seuche der Leistungsmerkmale" – das ist die Tendenz, die Zahl der Funktionen, die ein Gerät erfüllen
kann, immer weiter zu erhöhen und bis ins Irrsinnige zu steigern. Dieses Phänomen, die bereits erwähnte „featuritis" oder der „Funktioneninfarkt" (Fischer,
2001), wird zunehmend bei Produkten deutlich, die mit Mikroprozessoren ausge-
stattet sind. Hier können mit geringem finanziellen Aufwand immer mehr Funktionen in einem Produkt realisiert werden, die für den Benutzer gar nicht mehr
nachvollziehbar, geschweige denn sinnvoll einzusetzen sind.

Bedienmodul mit TFT-Touch-Display und Drehknebel, Backofen-Serie 200 von Gaggenau
Design: Markendesign Gaggenau/HID Human Interface Design GmbH Hamburg (2013)

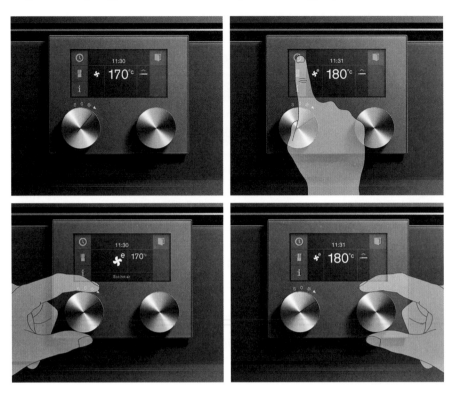

Gestaltung von Benutzungsoberflächen Das führte dazu, dass die Gestaltung von Benutzeroberflächen (wie am Beispiel von Mobiltelefonen oder Software sehr deutlich wird) immer mehr zu einem entscheidenden Kaufkriterium wurde. Bei den gegenwärtig weltweit so gefragten Smartphones (internetfähige Mobiltelefone mit mannigfaltigen Zusatzfunktionen) sind die Interfaces sowie die dahinterliegenden Betriebssysteme gar kaufentscheidend. Somit steht jenseits des eigentlichen Hardwaredesigns die Gestaltung der dahinterliegenden virtuellen Ebene (also die Gestaltung der Benutzerführung und mithin der Zugang zum Leistungsspektrum eines Gerätes) im Vordergrund.

Mittlerweile haben sich die Gestalter für Benutzungsoberflächen schon auf die Unterschiedlichkeiten von Erfahrungen und kulturellen Hintergründen der Anwender eingestellt. Während dies bei der Gestaltung von Hardware noch schwierig ist, gibt es schon heute die (sich weiter entwickelnde) Möglichkeit, die Oberflächen, die Zeichen und Symbole, die Sichtbarkeit und die Größen individuell anzupassen.

Die Symbolfunktionen

Der Begriff des „Symbols" hat im Laufe seiner Geschichte vielfältige Ausprägungen erfahren, allgemein gesprochen bedeutet er ein (Kenn-)Zeichen, das durch Vereinbarung (Konvention) interkulturelle Bedeutung erhält. Seine Funktion als Zeichen oder Sinnbild erhält ein Symbol dadurch, dass es stellvertretend für etwas nicht Wahrnehmbares steht. Solche Symbole gibt es in den Religionen, in der Kunst und der Literatur, aber auch in den Naturwissenschaften, in der Logik und Sprachphilosophie und in mannigfaltiger Art im alltäglichen Leben. Die Bedeutung von Symbolen erschließt sich oftmals assoziativ, und sie lassen sich nicht eindeutig bestimmen: Ihre Interpretation ist immer abhängig vom jeweiligen Kontext.

Die Unterscheidung von Susanne Langer (1965) zwischen Anzeichen und Symbolen (↗S. 148) führte zur Instrumentalisierung dieses Symbolbegriffs im Zuge der Entwicklung einer disziplinären Designtheorie.

Symbole und Kontexte

In der Tradition des Funktionalismus des 20. Jahrhunderts existierte die Symbolik anscheinend überhaupt nicht – ging es doch damals darum, die praktischen Funktionen eines Produktes so umzusetzen, dass ein hohes Maß an gestalterischer Ordnung erreicht wurde: „Form follows function." Mehr oder weniger intuitiv beschäftigte man sich mit den Anzeichenfunktionen: So sollte beispielsweise die Bedienung eines Produktes für den Benutzer optimal gelöst werden.

Aber woher wusste man eigentlich so genau um die praktischen Funktionen der Produkte? Gestalter hatten sich immer darum bemüht, die jeweiligen Funktionen zu analysieren und zu interpretieren. Nur die Antworten waren oftmals mehr ideologisch denn funktional. So war der frühe Funktionalismus in den 1920er-Jahren durchaus ein „uneingestandener Symbolismus" (Venturi/Scott-Brown/Izenour, 1979), da er als Zeichen des technologischen Fortschritts eingesetzt wurde.

Der Funktionalismus selbst wurde als Überwindung des Stils angesehen: Die scheinbar wertfreie Gestaltung galt als massenkulturell bedeutsam, ja sogar als sozialrevolutionärer Meilenstein in der Geschichte von Architektur und Design. In der Rückschau zeigt sich jedoch, dass zwischen 1920 und 1930 der Funktionalismus der Bauhauszeit das Symbol einer intellektuellen und progressiven Minderheit war. Nach dem Zweiten Weltkrieg wurde der Funktionalismus zur Grundlage der Massenproduktion und galt als das Symbol der industriellen Entwicklung Westeuropas. Dieser Konsens wurde erst durch die Postmoderne in den 1980er-Jahren aufgehoben.

Symbolsprache
Erich Fromm

"Ich halte die Symbolsprache
für die einzige Fremdsprache,
die jeder von uns lernen sollte."
Erich Fromm

Schwierigkeiten im Umgang mit den Symbolfunktionen in der praktischen Entwurfsarbeit zeigen sich darin, dass es kein „Wörterbuch der Bedeutungen" für Produkte gibt: Symbolische Bedeutungen können nur aus den jeweiligen soziokulturellen Kontexten heraus gedeutet werden. Sind die Anzeichenfunktionen primär am Produkt selbst orientiert (und verweisen auf dessen Gebrauch), so wirken die Symbolfunktionen quasi als Hintergrundberichte, das heißt, sie repräsentieren die jeweils unterschiedlichen Kontexte der Produkte.

Die Möbelentwürfe aus der Bauhauszeit hatten gezeigt, dass sich die ursprünglichen Intentionen der Entwerfer, preisgünstige Massenmöbel für breite Bevölkerungskreise zu entwerfen, in ihr Gegenteil verkehren können. Heute versuchen beispielsweise Designer wie Philippe Starck, ihre Möbelentwürfe teilweise über Versandhäuser oder gar in eigener Regie zu vertreiben, um sie unmittelbar massenkulturell wirksam werden zu lassen.

Allgemein verbindliche Aussagen zu den symbolischen Funktionen von Produkten lassen sich nicht treffen. Insofern wird deutlich, dass eine geisteswissenschaftlich begründete Designtheorie eben auch verschiedene Interpretationen von ein und demselben Gegenstand zulassen muss.

Semiotische Untersuchungsmethoden

Die Begrifflichkeit der Semiotik als Untersuchungsmethode aller kulturellen Vorgänge (Eco, 1972) ist auch für die Symbolik ein geeignetes Instrumentarium. Da es im Entwurfsprozess für das Design auch darum geht, „Anschlüsse" zwischen den Symbolwelten der jeweiligen Benutzer (oder Benutzergruppen) und den Symbolproduzenten (Unternehmen) herzustellen, wird ein tiefes Verständnis der jeweiligen Zeichenwelten vorausgesetzt. Diese Form der Kommunikation kann man auch als einen Prozess von Codierung und Decodierung von Informationen bezeichnen. Für das Design sind insbesondere jene Codes von Bedeutung, die durch Vereinbarungen, kulturelle Überlieferungen und Konventionen sowie schichtenspezifische Sozialisation gefördert werden. So gesehen können Produkte durchaus von den Benutzern in ihrem Bedeutungsgehalt „decodiert" werden, sofern sie Teil eines sozial verbindlichen Zeichensystems, also einer Produktsprache, sind (Selle, 1978).

Die Beschäftigung mit Symbolfunktionen erfordert eine intensive Beschäftigung mit den vielfältigen kommunikativen Funktionen von Design. Für nationale und globale Märkte sind im Entwurfsprozess oftmals unterschiedliche Varianten erforderlich, deren Decodierung den Bedingungen des jeweiligen soziokulturellen Kontextes unterliegt.

Die Kritik an der Hermeneutik kann somit auch sinngemäß auf die Symbolik übertragen werden: Es bedarf vermehrt empirischer Untersuchungen, um die Interpretationen der Produkte vor spekulativen Auswirkungen zu schützen.

Die erwähnten Untersuchungen von Csikszentmihalyi/Rochberg-Halton (1989) waren dazu ein grundlegender Beitrag, basierten sie doch auf der Analyse amerikanischer Haushalte über drei Generationen (mit 315 Probanden). Dabei wurde deutlich, dass selbst die instrumentelle Verwendung von Produkten in den Haushalten der Bewohner in der symbolischen Domäne ihrer Kultur angesiedelt ist: „Die Entwicklung von Symbolen – das sind Zeichen, bei denen die Beziehung zu einem Objekt mehr auf einer Konvention als auf qualitativen oder physischen Ähnlichkeiten beruht – im Rahmen einer Kulturtradition ermöglichte es dem Menschen, seine Handlungsweisen mit denjenigen seiner Vorfahren zu vergleichen, um somit neue Erfahrungen voraussehen zu können." (Csikszentmihalyi/Rochberg-Halton, 1989) Die Autoren verweisen weiterhin darauf, dass insbesondere Ethnologen die symbolischen Dimensionen der Gegenstände erforscht haben, womit sich an dieser Stelle auch der Bezug zu den anthropologisch-semiotischen Ansätzen des französischen Strukturalismus wieder herstellen lässt: „In der Tat haben die Ethnologen eine Fülle unglaublich detaillierter Beschreibungen des symbolischen Objektgebrauchs aus einer Vielzahl verschiedener Kulturen zusammengetragen." (Ebd.)

Neben der Rolle als Statussymbole kommt den Objekten aber auch eine Funktion bei der sozialen Integration zu. Dies sieht man besonders deutlich bei Kindern und Jugendlichen, bei denen sich über den Gebrauch identischer Produkte oder Marken Gruppenzugehörigkeiten herstellen lassen. Insbesondere Sportartikelhersteller wie Adidas, Nike oder Puma nutzen dieses Phänomen intensiv für ihre Produktentwicklung und das Design. Das Gleiche gilt auch für Elektronikhersteller wie Apple, Google, Nokia, LG oder Samsung. Die Negation ist damit zugleich impliziert: Die Nichtverwendung dieser Brands (aus welchen Gründen auch immer) führt zur sozialen Desintegration: Zweistreifenschuhe deklassieren ihren Träger auf perfekte Art und Weise. Ausschlaggebend dabei ist nicht der fehlende dritte Streifen, sondern schlichtweg die Negation der Kultmarke Adidas in toto. Internationale Sportveranstaltungen (wie Olympiaden oder Weltmeisterschaften) sind deshalb auch die Arenen der globalen Sportmarken, denn dort bieten diese entsprechende Identifikationsmöglichkeiten für die globalisierten Teilnehmer und Zuschauer sämtlicher Altersklassen.

Eine der fundiertesten Arbeiten zu den symbolischen Funktionen von Produkten wurde von Tilmann Habermas (1999) veröffentlicht, der sich methodisch auf die soziologische Tradition Émile Durkheims (1912), aber auch auf die linguistische Ferdinand de Saussures stützt. Darin wird auch an die beispielhafte Analyse von Roland Barthes (1985) erinnert, der Bekleidungsstücke (Mode) als technologische (Machart, textile Struktur), ikonische (zeichenhafte) und verbale (beschreibende) Systeme beschrieben hat. Die von Barthes dargestellten „Codes" haben einen denotativen und einen konnotativen Charakter. Des Weiteren verweist Tilmann Habermas auf Ecos Kategorien von Gebrauchsgegenständen und symbolischen Gegenständen. Für ihn sind „symbolische Objekte" demnach solche Dinge, „die explizit und primär dazu dienen, etwas zu bedeuten", Gebrauchsgegenstände indes solche, die „primär eine praktische Aufgabe erfüllen, also sowohl Manipulanda wie auch instrumentell einzusetzende Utilitanda".

Damit deckt sich dieser Ansatz recht weitgehend mit den bisher vorgetragenen Ausführungen und Herleitungen einer kommunikativ begründeten Theoriebildung im Design. Auch Habermas verweist auf die Auseinandersetzungen mit immateriellen Produkten, wie sie von Donald A. Norman (1989) vorgetragen wurden.

Mit *Reinheit und Gefährdung* von Mary Douglas (1988) wird ein weiterer Baustein „disziplinärer" Designforschung erwähnt, der in den Arbeiten von Helene Karmasin aufgegriffen und weitergeführt wird. Habermas verweist auf den Prozess, dass sich soziale Gruppen über den Konsum von Gütern ihre Teilnahme an der Kultur ermöglichen, somit können diese Güter (Produkte) eben auch als „Kommunikationsmittel" bezeichnet werden: „Je stabiler die Gesellschaft, desto eindeutiger fungierten Objekte und Güter als Indikatoren für die soziale Position."

Solch traditionelle Systeme bestehen in den industrialisierten Ländern heute kaum mehr, bei archaischen Gesellschaftsformen werden sie indes immer noch gepflegt. Die Relationen, die die Produkte zu den jeweiligen sozialen Positionen ihrer Benutzer haben, sind nur mehr implizit vorhanden. Deshalb kommt die Benutzung der Symbole vielmehr dem baudrillardschen „Flottieren der Zeichen" gleich, was aber auch zum Verlust von sozialen Identitäten der Benutzer führen kann.

Einige Beispiele

Ist die eigene Identität unsicher geworden, ziehen sich viele Menschen in ihre häusliche Umgebung (Stichwort: Cocooning) zurück und laden die dort angehäuften Objekte symbolisch auf. Die eigene Wohnung, das eigene Haus oder auch nur das eigene Zimmer von Kindern und Jugendlichen werden zu Orten, die der „Symbolisierung der sozialen Identität" dienen, und ganz besonders der Körper muss dafür herhalten: Kleidung, Schuhe, Schmuck, Brillen, Frisuren, Tattoos, dies alles sind die unmittelbaren Aktionsfelder persönlicher Symbolbildung. Mittelbare Symbole sind sodann jene, die im Bezug zum eigenen Körper stehen, die Nahrung oder die jeweiligen Getränke, die persönlichen Accessoires (Schreibgeräte, Handtaschen, Rucksäcke). Aber auch Vehikel wie Skateboards, Inliner oder Roller gehören dazu. Das Weiteren natürlich auch all die elektronischen „devices" (Fischer, 2001), die zum Spielen oder Kommunizieren benötigt werden. Der weltweite Kult um die Smartphones und Tablets speist sich gerade aus den Symbolisierungsritualen von heranwachsenden Jugendlichen.

Überhaupt scheint die Individualisierung nur durch intensive kollektive Erfahrungen zu funktionieren. Wenn in einer Gruppe, beispielsweise von Jugendlichen, alle die gleichen Turnschuhe (oder zumindest welche von derselben Marke), Rucksäcke, Mobiltelefone besitzen, ist jeder mit dem nächsten gleich – die perfekte Form der sozialen Individualität. Eine äußerst fundierte und kenntnisreiche Untersuchung zur Jugendkultur (SpoKK, 1997) zeigte das vielfältige Spektrum solcher Identifikationsgemeinschaften auf: die Technoszene, Raver, Punks, Skinheads, Heavy Metal, Hip-Hop, Inlineskater, Streetballer, Acid House, Boy- und Girlgroups und ihre Fans natürlich, Snowboarder, Beachvolleyballer und viele, viele andere mehr. Allen gemeinsam ist die Verwendung gleicher Zeichensysteme, Rituale oder Bekleidung.

Heute bezeichnet man solche Subkulturen als Communitys, bei denen sich über die Nutzung oder den Besitz gleicher Produkte soziale Netzwerke bilden. Die Firma Apple ist dafür das derzeit prägnanteste Beispiel. Steve Wozniak, der Mitbegründer von Apple, wunderte sich noch darüber, dass „das Unternehmen eine Frage des Stils" geworden sei, dies sei für ihn bemerkenswert, denn er war ja der technische Partner von Steve Jobs (Höhner, 2009). Aber die Entwicklung ist rasant über den Apple-Fanklub hinausgegangen, wie ein Beispiel aus China zeigt: „Keinen Zweifel kann es darüber geben, dass das Unternehmen so sehr den Geschmack der jungen chinesischen Mittelschicht geprägt hat, dass diese bereit ist, dessen Produkte als ihr bevorzugtes Erkennungszeichen zu benutzen (...). Tatsächlich stellte eine Untersuchung der Stanford University an Pekinger Eliteuniversitäten eine höhere iPad-Dichte als in Palo Alto fest." (Siemons, 2012)

An diesem Beispiel wird deutlich, was für weitreichende kommunikative Funktionen Design heute besitzt. Die Benutzer kommunizieren mit und über die erworbenen Produkte ihren sozialen Status zurück in die Gesellschaft. Diese wiederum erkennt über die verwendeten Produkte den Status der Benutzer.

Camper Infoshop Madrid, Design Marti Guixe, Barcelona (2003)

Tilmann Habermas verweist unter Bezug auf Bourdieu (1979) darauf, dass sich Zugehörigkeiten zu soziokulturellen Subkulturen (mit deren entsprechenden Werten und Lebensorientierungen) nicht in einzelnen Symbolen, sondern nur in ganzen Symbolsystemen darstellen und beschreiben lassen. Diese „Lifestylediskussion" wurde in den 1990er-Jahren zu einem Leitmotiv des Designs, sowohl in seiner Theorie als auch in der Praxis.

Dass dies alles nicht beliebig ist, belegt eine Habilitationsschrift an der philosophischen Fakultät der Universität zu Köln. Friedrich W. Heubachs psychologische Alltagsanalyse (1987) setzt bei der Frage an, welche verschiedenen Konnotationen beispielsweise Gebrauchsgegenstände besitzen. In sämtlichen Kulturen kommen den Objekten auch – oder oftmals sogar hauptsächlich – symbolische Bedeutungen zu. Ohne direkt auf das Design anzuspielen – diese Brücke hat dann Uta Brandes (1988) in ihrer profunden Rezension geschlagen und damit viel zur Beachtung dieser Arbeit beigetragen –, knüpft Heubach unmittelbar an semiotische Erkenntnismodelle an, wenn er von der „doppelten Gegenständlichkeit der Dinge" spricht, was der von Eco verwendeten Begrifflichkeit von der ersten und zweiten Funktion gleichkommt.

Aber auch die soziologische Forschung beschäftigt sich explizit mit diesen Fragestellungen. Paul Nolte (2001) konstatiert, dass der private Konsum (insbesondere der Kauf von Markenprodukten) eine hohe Bedeutung für die „Selbststilisierung" des Individuums hat, das heißt, die soziale Bestimmung des Einzelnen erfolgt nicht mehr durch vorbestimmte Muster: „Die Zugehörigkeit zu einer bestimmten Klasse gehörte zur Identität des Individuums; sie bot eine Gemeinschaft, die soziale Sicherheit verlieh." Diese im 19. Jahrhundert herausgebildeten Mechanismen haben heute endgültig ausgedient. Die soziale Definition des Einzelnen erfolgt über den Erwerb und Besitz von Produkten: „Sag mir, was du kaufst, und ich sage dir, wer du bist" – so lautet wohl das neue Credo. Mithin sind es nicht mehr die verschiedenen Arbeitswelten, aus denen heraus der Einzelne seine soziale Rolle definiert, sondern es ist vor allem der Konsum. Beim Lebensmittel-Discounter oder im Feinkost-Fachgeschäft einzukaufen, sagt mehr aus als traditionelle soziografische Merkmale, wie sie in der Marktforschung angewendet wurden: Alter, Geschlecht, Ausbildung, berufliche Tätigkeit, Einkommen usw.

Dem Konsum und dem jeweiligen Lebensstil kommt dabei die Rolle zu, soziale Unterschiede nicht einzuebnen, sondern vielmehr besonders deutlich zu machen. Durch den Konsum entstehen somit auch neue „Klassengesellschaften", die sich auch durch ihr soziales Verhalten, ihre Sportarten, ihre Urlaubsgewohnheiten und ihre Szenerestaurants formieren und gleichzeitig differenzieren. Zur Bildung solcher Communitys kann das Design in nicht unerheblicher Art und Weise beitragen.

So sind es insbesondere die symbolischen Aussagen von Produkten, deren Wirkungen die Markenbeurteilung befördern (Jungen, 2011). Patrik Jungen verweist darauf, dass der Wertewandel bei den Konsumenten erhebliche Auswirkungen auf die Produktgestaltung (Design) hat. Insbesondere das Streben nach Selbstverwirklichung nimmt kontinuierlich zu. So werden Produkte heutzutage weniger wegen ihrer sachlichen oder funktionalen Eigenschaften erworben als vielmehr wegen ihres immateriellen Nutzens, dabei rückt die Erlebnisorientierung in den Vordergrund (siehe: Schulze, 2005). Dieses Phänomen ist zunehmend in asiatischen Ländern feststellbar (insbesondere in China, wo sich der soziale Status über entsprechend semantisch aufgeladene Produkte demonstrieren lässt).

Auch Jungen schließt an den produktsprachlichen Ansatz (↗S. 136 ff.) an, indem er empirisch untersucht (eine Dimension, die im Design selbst übrigens weitgehend fehlt), welche Konnotationen Produkte haben können. Die Arbeit von Patrik Jungen ist ein veritables Stück (disziplinärer) Designforschung, da er anhand von Modellreihen, die von einem Designer gefertigt wurden (Produktvariationen), die dabei entstehenden unterschiedlichen Produktkonnotationen untersucht.

Eine der erfolgreichsten neueren Kategorien von Automobilen sind die SUV-Fahrzeuge (Sport Utility Vehicles), die seit den 1990er-Jahren erhebliche Marktanteile gewonnen haben. So wurden allein in den USA davon 2012 über sieben Millionen Stück verkauft. Die praktischen Funktionen dieser Produkte (Allradantrieb, Reduktionsgetriebe, Differentialsperre) können eigentlich nur von ganz wenigen Benutzern (Landwirte, Förster, Bergbewohner) real genutzt werden. Die symbolische Wirkung der SUVs steht indes eindeutig im Vordergrund: Sie tragen dazu bei, dass sich deren Besitzer von den Benutzern industrieller Serienfahrzeuge klar differenzieren, sie stärken die Individualität der Fahrer. Die erhöhte Sitzposition verschafft Überblick, nicht nur über den Verkehr, sondern überhaupt. Dies vermittelt zudem auch Sicherheit, was insbesondere von den Fahrerinnen geschätzt wird (Reinking, 2002).

Von den Klassikern dieses Marktsegments (Land Rover Defender, Range Rover, Mercedes G, Jeep Wrangler, Lada Niva) ausgehend, entstand eine Vielzahl neuer Fahrzeuge, die allesamt mit Blick auf symbolische Bedürfnisse der Käufer hin entwickelt und gestaltet werden: Inzwischen tummeln sich nahezu sämtliche Automobilhersteller in diesem Marktsegment. Deutsche Unternehmen bieten diesen Fahrzeugtyp von der Luxusklasse bis hin zu einer eher spaßorientierten Basisversion wie den Opel Mokka an. Allesamt sind die SUV-Fahrzeuge zum Flanieren in den Metropolen konzipiert, um kleine Fluchten aus den Arbeitswelten in den Bürotürmen oder aus dem Alltagsleben in den Vorstadtsiedlungen zu ermöglichen.

Den gestalterischen Wandel in dieser Produktklasse verdeutlicht recht anschaulich die Gegenüberstellung des russischen Lada Niva und des Opel Mokka. War Ersterer ein funktionales Fahrzeug per se, so ist Letzterer ein semantisch aufgeladenes Automobil, das für jugendliche, urbane Nutzer konzipiert wurde.

Einen ähnlichen Boom erleben – dank der symbolischen Aufladung – schon seit den 1980er-Jahren die Hersteller von Outdoorprodukten. Mit der zunehmenden globalen Reisetätigkeit in extreme Regionen der Welt (Anden, Himalaja, Antarktis) wuchs der Bedarf an funktional hochwertigem Equipment. Die Erfahrungen professioneller Bergsteiger (in den Alpen beispielsweise) wurden sukzessive erweitert und für eine breitere Klientel aufbereitet. So entstand in Deutschland eine Vielzahl von Fachgeschäften, die ausgewählte Produkte für die Reiselustigen bereitstellen, deren Name schon Symbol ist: Outdoor, Sine (von „Sinekure" = ohne Sorge, ohne Mühe), Supertramp und andere mehr.

Bekleidung und Schuhe, Rucksäcke und Zelte, Schlafsäcke und Bergsportausrüstungen, Winter- und Wassersportartikel, Messer und Werkzeuge, Outdoorküchen, Landkarten und Bücher, alles, was für Expeditionen, Safaris, Survival und Trekking benötigt wird, ist dort zu finden. Eine eigene, durchaus funktionale Produktwelt, die aber vor allem durch ihre symbolische Geschlossenheit und Stimmigkeit auffällt: Hier werden nur Hightech-Materialien verarbeitet, hier wird für Qualität gebürgt, hier statten sich die Profis aus. Die Verkäufer haben meist eigene Outdoorerfahrungen, sie wissen, wovon sie sprechen, und können dementsprechend beraten, was auch wahrlich nötig ist, denn um beispielsweise eine Taschenlampe für rund 400 Euro zu verkaufen, bedarf es fundierten Anwenderwissens. Aber auch der Transfer muss hergestellt werden: Selbst wer sich nur sporadisch in der freien Natur bewegt und keine echten Gefahren eingeht, weiß die Qualitäten von Hightech-Ausrüstungen zu schätzen, der Image- und Symboltransfer funktioniert perfekt (Ronke, 2002).

Solche Symbolwelten sind es also, die die aktuellen Designdiskurse bestimmen und damit erneut die enge Wechselwirkung von Produkten und deren Kontexten beschreiben (siehe dazu auch: Kohl, 2003).

Von der Produktsprache zur Produktsemantik

Mit Kants Kategorie der Vernunft wurde ein Erkenntnishorizont skizziert, von dem aus sich eine schlüssige, disziplinäre Theorie des Designs begründen lässt. Ganz im Gegensatz zu den Anfängen der Theoriebildung an der HfG Ulm – auf deren Zufälligkeiten bereits hingewiesen wurde – existiert seit den 1970er-Jahren ein dezidiertes Instrumentarium, das sich deskriptiv und generativ im Design einsetzen lässt. Deskriptiv in dem Sinne, dass mit geisteswissenschaftlichen Methoden Design sinnvoll und sinnfällig beschrieben, analysiert und kritisiert werden kann. Generativ in dem Sinne, dass sich dieses Instrumentarium im Entwurfsprozess selbst auf breiter Ebene bewährt hat.

Die Vorläufer

Zu Beginn der 1980er-Jahre konstatierte Uri Friedländer (1981, 1982), dass die Epoche des „zeitlosen" Designs vorüber sei, es herrsche Müdigkeit angesichts der Guten Form. Entgegen der damals einsetzenden postmodernen Tendenz von Gruppen wie Alchimia oder Memphis (die sich ausschließlich mit dem Interieurbereich beschäftigten) versuchte Friedländer – und parallel mit ihm Winfried Scheuer – neue Entwurfstendenzen auf technische Geräte anzuwenden. Für sie sollten Produkte nicht nur Träger praktischer Funktionen sein, vielmehr würden symbolische Funktionen immer mehr an Bedeutung gewinnen.

Friedländer versuchte dies mit der Verwendung von „Metaphern" zu erreichen. Dabei unterscheidet er drei Formen:

die historische Metapher, die uns an frühere Gegenstände erinnert,

die technische Metapher, die Elemente aus der Wissenschaft und Technologie beinhaltet, und

die naturelle Metapher, bei der Formen, Bewegungen oder Vorkommnisse aus der Natur auftreten.

Aus diesen Überlegungen resultierten erste Ergebnisse, die als sinnlich-expressionistische oder metaphorisch zu bezeichnende Gestaltungsentwürfe galten.

Einen ähnlichen Ansatz wählten Helga und Hans-Jürgen Lannoch (1983, 1984, 1987). Bereits in den 1970er-Jahren versuchten sie (Lannoch, 1977), ironische Antworten auf den von Wolfgang Fritz Haug entschlüsselten Doppelcharakter der Waren zu geben, indem sie erotische Produktskulpturen entwarfen, die sie als metarealistische Plastiken bezeichneten. Wurden die mechanischen Produkte von innen nach außen gestaltet (die Form folgte der Funktion), so besitzen die heutigen elektronischen Produkte nur noch ein dem Benutzer zugewandtes Außen. Jetzt wird dieses mit seinen physischen und psychischen Eigenschaften formbestimmend. Am Beispiel des „semantischen Raumes" zeigten die Lannochs auf, dass die Beziehungen zwischen Menschen räumlich beschreibbar sind, sofern sie über Gegenstände vermittelt werden. Die daraus abgeleitete Methode bezeichneten sie als „semantischen Transfer". Als gestalterische Übungen werden dabei Wörter in Formen umgesetzt und aus der jeweiligen Zeit heraus interpretiert. In diesem Theorieansatz finden sich demnach semiotische und hermeneutische Elemente wieder.

Einflüsse der Linguistik

Besondere Bedeutung erlangte die auf der Linguistik basierende Designtheorie in den USA. Reinhart Butter initiierte dort 1984 zusammen mit der Industrial Designers Society of America ein Sonderheft der Zeitschrift *innovation* zum Thema „The Semantics of Form". Mit Beiträgen von Klaus Krippendorff und Butter selbst, Jochen Gros, Michael McCoy, Uri Friedländer, Hans-Jürgen Lannoch und anderen verschaffte diese Zeitschrift einer neuen Designauffassung in den USA den Durchbruch. Butter gelang es, für dieses Konzept den US-Designer Robert I. Blaich zu begeistern, der von 1980 bis 1992 Designdirektor bei Philips in Eindhoven war. Von

1 **Drucker Elaine**
Design: Technology
Design, 1988

2 **Buch-Computer**
Design: D.M. Gresham
mit Hel Rinkleib,
Cranbrook Academy 1985

3 **Stereo-Receiver**
Design: Robert Nakata,
Cranbrook Academy 1985

2

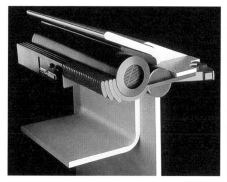

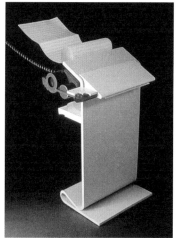

1

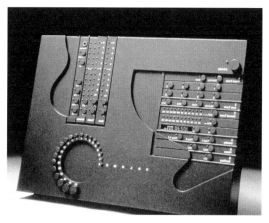

3

hier aus wurde dann die Produktsemantik („product semantics") durch Seminare, Veröffentlichungen und neue Produktlinien europaweit publik gemacht. Philips hatte mit der „Designstrategie der expressiven Ausdrucksformen" (Kicherer, 1987) großen Erfolg: So waren beispielsweise vom „Roller-Radio" kurze Zeit nach der Markteinführung über 500 000 Exemplare verkauft.

Bei der amerikanischen „Produktsemantik" wird die enge Beziehung zum semiotischen Ansatz der HfG Ulm deutlich, auf den sich insbesondere Krippendorff (1984, 1985) bezieht. Die Bedeutung eines Gegenstandes stellt für ihn die Menge aller Kontexte dar, in denen dieser vorkommen kann. All das, was man über ihn weiß und aussagen kann – Geschichte, Herstellungsverfahren, Benutzerkreis, Funktionslogik, ökonomischer Stellenwert –, wird über Sprache vermittelt.

Krippendorff beschreibt drei Modelle der Produktsemantik: 1. ein „linguistisches", das die Bedeutung von Begriffen, also Sprache innerhalb der Sprache, untersucht – er bezieht sich hierbei auf Wittgensteins Diskursanalyse, 2. ein „kommunikatives", in dem der Designer zwar als Sender fungiert, dies aber in Form von Assoziationen beim Empfänger bewirkt (Was kauft der Verbraucher? Wie geht er mit einem Produkt um? Welchen Eindruck will er mit dem Produkt anderen gegenüber vermitteln?), und 3. ein „kulturelles Modell", in dem gesellschaftliche Symbolsysteme analysiert werden, das heißt die innere Struktur, die Formelemente, die ihnen innewohnende Dynamik und deren repräsentative Funktionen. Über die weiteren Entwicklungen in der Produktsemantik wurde in der Zeitschrift *Design Issues* (Vol. V, No. 2, Spring 1989) sowie in Publikationen anlässlich zweier Konferenzen an der UIAH in Helsinki im Sommer 1989 berichtet (siehe: Michel, 1992).

Die McCoys und Cranbrook

Eine der ersten Institutionen, die das Konzept der Produktsemantik in den USA für die Lehre aufgriffen haben, war die traditionsreiche Cranbrook Academy in der Nähe von Detroit. Dort lehrten in den 1930er- und 1940er-Jahren bereits Eliel Saarinen und Charles Eames; Absolventen waren unter anderem Harry Bertoia oder Florence Knoll. Das dort von 1971 bis 1995 lehrende Designerehepaar Michael und Katherine McCoy verwies deshalb auch bewusst auf die historischen Verbindungen: So entwickelte Harry Bertoia seine Stühle aus den Bildern von Zellstrukturen, und Eero Saarinen benutzte Flugassoziationen für seinen Entwurf des Dulles-Airport-Gebäudes. Das Prinzip der „Metaphern" spielte deshalb auch weiterhin eine große Rolle: Die visuelle Analogie verbessere die jeweiligen praktischen Funktionen der gestalteten Produkte (McCoy 1984).

Phonebook, Design: Lisa Krohn
Designwettbewerb Forma Finlandia (1989)

In kurzer Zeit gelang es den McCoys, mit den Studenten eine Reihe produkt-semantischer Exempel zu entwickeln. In ihrem Beitrag über das Design im Infor-mationszeitalter (1988) knüpften auch sie an die semiotischen Ansätze der franzö-sischen Strukturalisten (insbesondere von Ferdinand de Saussure) an, indem sie den Designer als Interpreten der Produktbedeutung für den Benutzer darstellen, als Vermittler zwischen dem Menschen und den ihn umgebenden Informationen. Die McCoys erinnerten in ihrer Arbeit auch an den Gedanken Le Corbusiers, dass einige Objekte als Hintergrund fungieren, andere dagegen stark expressiv in den Vordergrund treten könnten. In den 1920er-Jahren waren dies seine Stühle; wäh-rend Schränke und Tische stark zurücktraten.

Den eigentlichen Durchbruch erfuhr die Produktsemantik, als die Cranbrook-Studentin Lisa Krohn den Designwettbewerb „Forma Finlandia" gewann. Dabei wurde deutlich, welches Gestaltungspotenzial mit diesem Konzept gerade bei den elektronischen Produkten zu erschließen sein würde. Lisa Krohn knüpfte mit ihrem Entwurf an traditionelle Gewohnheiten im Umgang mit Büchern – das Blät-tern – an. Jede Seite des elektronischen Notebooks enthält eine Bedienungsan-leitung, und durch das Zusammenspiel von Hardware und Software wird die Be-nutzung für den Computerlaien leicht gemacht.

In einer umfangreichen Publikation über amerikanisches Design (Aldersey-Williams, 1988) wurde deshalb auch der Produktsemantik besondere Aufmerksamkeit geschenkt. Durch diese Veröffentlichung entstand gar der Eindruck, sie sei zum Thema des US-Designs der 1980er-Jahre geworden. Obwohl dieses bisher eher durch pragmatische Ansätze gekennzeichnet war, wurde hier einerseits explizit auf die Erkenntnisse der französischen Semiotiker Roland Barthes und Jean Baudrillard verwiesen. Andererseits wurde mit der Produktsemantik eine Kontinuität zu den großen Designern der Streamline Decade (Styling) aufgezeigt, die sich ganz gezielt mit der Formgebung der Produkte, also den ästhetischen Fragen des Designs, beschäftigt hatten. Heute fließen soziale, kulturelle und sogar mythische Aspekte in die Gestaltung ein, dem habe das Design Rechnung zu tragen.

Als die McCoys nach über 24-jähriger Lehrtätigkeit die Cranbrook Academy verließen, bedeutete das auch das Ende der Produktsemantik an dieser Designschule. In einer Art Rückblick beschrieb Michael McCoy (1996) diese Phase mit dem Begriff „interpretive design", was im Kern dem Begriff „Produktsprache" noch näher kommt. Dabei vergleicht er die „linguistische Wende", die im Strukturalismus und Poststrukturalismus wirksam wurde, mit Beispielen der Architektur aus den 1970er- und 1980er-Jahren; genau daran habe man in Cranbrook bewusst angeschlossen. Die Semiotik sei für ihn zu eng auf die Zeichenproduktion und -rezeption begrenzt, weswegen er eben den Begriff „interpretive design" bevorzuge, der das weitere Feld der kulturellen Produktion umfasse. Gutes Design sei für ihn ein solches, das angemessen für den Gebrauch und den Kontext sei.

Produktsemantik in der DDR

Aber nicht nur in den USA, sondern auch in der ehemaligen DDR wurde die Produktsemantik rezipiert und weiterentwickelt und zu einer interessanten Parallele zum produktsprachlichen Ansatz ausgebaut (↗S. 52). Von 1977 bis 1996 leitete Horst Oehlke die Abteilung Theorie und Methodik an der Hochschule für industrielle Formgestaltung in Halle, Burg Giebichenstein. In regelmäßigen Kolloquien wurden auch dort die Grundlagen für eine Neubestimmung von Designtheorie geschaffen (siehe dazu z. B. Oehlke, 1977, 1978). Anlässlich eines Seminars zum Funktionalismus, das im Februar 1982 vom Amt für industrielle Formgestaltung in Berlin veranstaltet wurde, skizzierte Oehlke das Thema der „Visualisierung" als zentrale Aufgabe funktionaler Gestaltungsweise. Er verstand darunter, dass die jeweiligen Gebrauchswerte eines Produktes für den Benutzer so zu veranschaulichen sind, dass dieser dessen Wesen leicht erfassen könne. Oehlke knüpfte damit direkt an die von Gropius formulierte Wesensforschung an. Den wohl konkretesten

Beitrag dazu hatte Oehlke mit seiner 1982 vorgelegten und 1986 veröffentlichten Dissertation zum Thema *Produkterscheinung/Produktbild/Produktleitbild – ein Beitrag zur Bestimmung des Gegenstandes von industriellem Design* geleistet. In weiteren Publikationen, insbesondere in der Zeitschrift *form + zweck*, wurden sodann Teilergebnisse und weiterführende Untersuchungen veröffentlicht.

Semantics in Design – Die Sprachlichkeit in der Gestaltung

Unter diesem Titel fand 1998 in München eine Tagung statt, die von BMW Design sowie der Siemens Design & Messe GmbH gefördert wurde. Erst im Jahre 2010 konnten die damaligen Beiträge rekonstruiert und auf der Internetseite der HfG Offenbach online gestellt werden (Semantic in Design). Das Besondere dieser Veranstaltung lag darin, dass diese Thematik erstmals in Deutschland in einem Kreis handverlesener Teilnehmer diskutiert wurde. Dazu gehörten u. a. die folgenden Experten:

Reinhart Butter Butter war zusammen mit Klaus Krippendorff Mitbegründer der US-amerikanischen Product Semantics. Er verwies darauf, dass das „Verstehen" von Produkten immer „Sinn machen" bedeutet, also plausibel, wiedererkennbar, begreifbar oder einsehbar machen. Butter sprach sich dafür aus, die Bedürfnisse und Wünsche der Nutzer in den Vordergrund der Produktentwicklung zu stellen.

Hartmut Ginnow-Merkert Ginnow-Merkert plädierte für eine Ausweitung der Produktsprache hin zu einer „multisensorischen Interaktion mit Produkten". Der Mensch nimmt mit seinen Sinnesorganen die von einem Produkt ausgesendeten Informationen wahr. Dazu gehören akustische, haptische, olfaktorische und gustatorische Äquivalente.

Wolfgang Jonas Jonas trug systemtheoretische Überlegungen zu einem Modell von Designtheorie vor. Für ihn stellen nicht die Dinge (Produkte) die Wirklichkeit dar, vielmehr manifestiert sich in den Dingen die soziale Dynamik. Und auch der Zeitgeist (Stil, Mode) wird nicht über die Produktgestalt erzeugt, sondern über bestimmte soziale Parameter und deren Wandel.

Klaus Krippendorff Krippendorff stellte den Begriff der „Stakeholder" (Interessenvertreter) in den Mittelpunkt seiner Betrachtungen. Begriffe wie „Benutzer", „Nutzer" oder „user" würden suggerieren, dass Produkte vor allem oder gar ausschließlich auf die Bedürfnisbefriedigung zielen. Dagegen stellte er die These:

„Der Benutzer" sei ein Mythos. Genau genommen seien in den Entwurfsprozessen zahlreiche Benutzerinteressen zu berücksichtigen; die Vorstellungen und Wünsche dieser „Interessenvertreter" gilt es zu berücksichtigen.

Patrick Reinmöller Aus der Betriebswirtschaftslehre kommend, plädierte Reinmöller dafür, Design aus dem Atelier zu befreien und im Management anzusiedeln. Im „Strategic Product Planning" würde die semantische Dimension von Produkten zunehmend als wichtiger Wirtschaftsfaktor erkannt, darauf seien Designer jedoch kaum vorbereitet. Gleichwohl erfülle der semantische Ansatz die Bedingungen für einen möglichen Erfolg (von Produkten). Die Product Semantics definieren zukünftige Aufgabenfelder und bieten ehrgeizige Entwürfe zu einer wissenschaftlichen Disziplin.

Siegfried J. Schmidt Als Sprachwissenschaftler unterschied Schmidt bei Kommunikationsprozessen die real wahrnehmbaren Phänomene (also geordnete Oberflächen oder Zeichenketten, das heißt semiotische Materialien) von nicht wahrnehmbaren. Nicht wahrnehmbar sei all das, was umgangssprachlich wie linguistisch als „Sinn", „Bedeutung", „Inhalt" etc. bezeichnet wird. Produktsprache behandelt die den Produkten zugewiesenen Bedeutungen, der Mensch geht also mit sinnhaft konstituierten Erfahrungswirklichkeiten um. Am Beispiel von Texten (oder übertragen auch: von Produkten) kann man sagen, dass nicht einmal festgelegte Bedeutungen „Sinn" besitzen, sondern dass darüber letztlich die Leser oder Benutzer von Produkten entscheiden.

Erik Spiekermann Der Typograf zeigte auf, warum Schrift als „user interface" zum Produkt eine wichtige Rolle in der Diskussion über Produktsprache spielen sollte. Er möchte Schrift als Metasprache in diese Diskussion einbringen.

Der Konsens in Sachen Sprache war zu diesem Zeitpunkt überraschend eindeutig, es muss jedoch festgehalten werden, dass die Verbreitung und Akzeptanz dieses Diskurses noch einige Zeit auf sich warten ließ. Dagmar Steffen (1998) schrieb in einem Resümee über diese Tagung: „Indes – auch darüber bestand allgemeiner Konsens – die Rahmenbedingungen für Fortschritte in der Designtheorie sind in Deutschland zur Zeit nicht die besten, denn Theoriebildung braucht auch eine Lobby sowie Management." Gleichwohl konstatiert Claudia Mareis heute (2014): „Die Produktsemantik (...) leitete die Wende von einer *Semiotik* zu einer *Semantik* des Designs ein, von einer Analyse der Zeichenrelationen zu einer Analyse der Bedeutungsgenerierung." Dies war durchaus ein bedeutsamer designtheoretischer Fortschritt.

Movigear (mechatronische Getriebemotoren), Fa. SEW – EURODRIVE Bruchsal
Design: Hans-Jürgen Lannoch (2000er Jahre)

Design and Semantics

Basierend auf einer Initiative von Loe Feijs (Universität Eindhoven), Steven Kyffin (Philips) und Bob Young (Northumbria University) entstand 2005 die DeSForM (Design and Semantics of Form and Movement), die sich in einer Reihe von Veranstaltungen mit diesen Themen beschäftigt hat. Zu diesen Veranstaltungen liegen aufschlussreiche Proceedings vor, in denen die jeweiligen Beiträge dokumentiert sind. Bisher fanden folgende Konferenzen statt: Newcastle 2005, Eindhoven 2006, Newcastle 2007, Offenbach am Main 2008, Taipeh 2009, Luzern 2010, Sydney 2012 Wuxi 2013 und Mailand 2015.

Insgesamt stellen die in den Dokumentationen publizierten Vorträge außergewöhnlich bedeutsame Beiträge zum disziplinären Wissen (body of knowledge) über Design und seine theoretischen Grundlagen (Designwissenschaft) sowie zur darauf aufbauenden Forschung dar.

Erwähnt werden muss an dieser Stelle ein Beitrag von Nathan Crilly, James Moultrie und P. John Clarkson (2004) von der Universität in Cambridge, der zwar nicht im Rahmen der DeSForM entstanden ist, aber aus dem gleichen intellektuellen Umfeld stammt. Die Autoren beschreiben dabei die wahrnehmungsvermittelten Eigenschaften, die die Benutzer bei den Produkten unterscheiden. Im Einzelnen sind dies:

ästhetische Phänomene,

semantische Phänomene und

symbolische Interpretationen,

„which may be defined as the perception of what a product says about its owner or user: the personal and social significance attached to the design". Die Autoren präsentieren einerseits den produktsprachlichen Ansatz im Design, erweitern diesen aber um die soziopsychologischen Phänomene, die von Produkten ausgehen oder diesen zugeschrieben werden können. Damit werden durchaus ähnliche Begriffe verwendet, wie sie in der „Theorie der Produktsprache" (↗S. 150 ff.) geprägt wurden.

Inzwischen ist unbestritten, dass sich insbesondere die Produktsemantik etabliert hat. Deyan Sudjic (2008), der Direktor des Londoner Designmuseums, beschreibt das recht anschaulich: „And design has become the language with which to shape those objects and to tailor the messages that they carry. The role of the most sophisticated designers today is as much to be storytellers, to make design that speaks in such a way as to convey these messages, as it is to resolve formal and functional problems. They manipulate this language more or less skilfully."

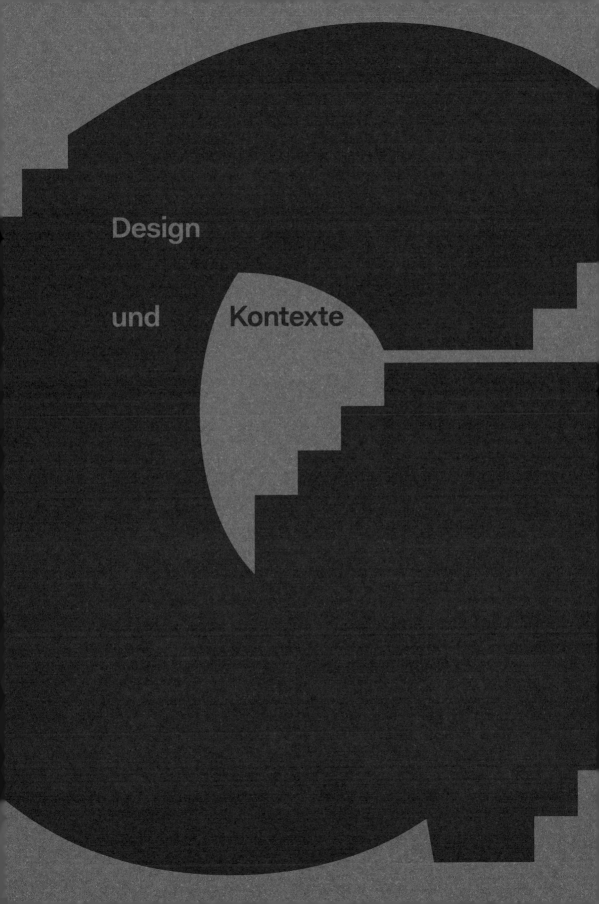

Design

und   Kontexte

Vom Corporate Design zum Servicedesign

Design wird heute weltweit von Unternehmen und Organisationen als ein immer wichtiger werdender Faktor erkannt. Wenn man darunter nicht nur den Entwurf eines einzelnen Produktes versteht, sondern auch Produktsysteme, Hardware und Software und Servicedesign, dann wird damit ein Themenkreis angesprochen, der für die Disziplin zunehmend an Bedeutung gewinnt: Corporate Identity und Corporate Design.

Wie alles anfing

Die Ursprünge von Corporate Design werden gerne in den USA in der zweiten Hälfte des 18. Jahrhunderts lokalisiert, als sich die Shaker – eine religiöse Glaubensgemeinschaft englischen und französischen Ursprungs – in Nordamerika niederließen. Mit protestantischer Strenge und unter Verwendung sparsamster Mittel begannen sie dort, auf handwerklicher Basis Gebrauchsgegenstände für den eigenen Bedarf zu entwickeln (siehe dazu z. B. Andrews/Andrews, 1964). Die Einfachheit und Funktionalität von Möbeln und Geräten beruhten auf Lebensprinzipien, die von einem „geistigen" Prinzip her begründet waren. Der Zusammenhang zwischen Form und Lebensform war hier noch ungebrochen, wohingegen das sich massenhaft verbreitende funktionalistische Gedankengut, wie es im Bauhaus begründet worden war, in den 1960er- und 1970er-Jahren zu einem Lebensstil verkam. Aber auch die Gegenstände der Shaker werden inzwischen als Lifestyleprodukte vermarktet (Donaldson, 2001), eine Tendenz, die sie mit vielen anderen historischen Bewegungen durchaus gemein haben.

Dieser frühe „Funktionalismus", der sich sodann erst im 19. Jahrhundert herausgebildet hat, kann als ein Beispiel für Identität bezeichnet werden, in dem die gebrauchstechnische, ästhetische und soziale Qualität der Produkte als religiöse Kultur vermittelt wurde. Kennzeichen der Shaker-Produkte war der in ihnen zum Ausdruck kommende Gleichheitsgrundsatz: Produktästhetische Differenzierungen, die Rangunterschiede versinnbildlichen konnten, fehlten ebenso wie jegliche modischen Gestaltungstrends.

Der deutsche Architekt Peter Behrens (↗S. 24) war von 1907 bis 1914 für die Neugestaltung der Produkte, der Fabrikgebäude, der Ausstellungsräume, der Werbemittel (Kataloge, Preislisten etc.) und Markenzeichen der AEG (Allgemeine Electricitäts Gesellschaft) verantwortlich. Er entwarf aber auch Ausstellungsbauten, Verkaufsstellen für die Produkte und Wohnungen für die Arbeiter. Auf ihn wird der Begriff der „Industriekultur" zurückgeführt, unter dem nicht nur die Dokumentation von Gegenständen, sondern insbesondere das Wissen um die jeweiligen Lebenszusammenhänge (Glaser, 1982) verstanden wird. Peter Behrens, in der Diktion seiner Zeit „künstlerischer Berater" eines Industrieunternehmens, würde heute als Corporate Designer oder gar als Designmanager bezeichnet werden.

Als unternehmerische Strategie wurden Corporate Design und Corporate Identity aber erst durch die italienische Firma Olivetti bekannt. Der dort verwendete Begriff der Unternehmenskultur umfasste insbesondere die sozialen Leistungen, die das Unternehmen für seine Mitarbeiter erbrachte.

In Deutschland war es die bereits mehrfach erwähnte Firma Braun, die sich nach dem Zweiten Weltkrieg als erste um ein einheitliches Erscheinungsbild bemühte, das die Bereiche Produktgestaltung, visuelle Kommunikation und Architektur umfasste. Diese ganzheitliche Gestaltung eines Erscheinungsbildes, das heißt, die hohe Identität im zweidimensionalen und dreidimensionalen Erzeugnisbereich des Unternehmens, wird gerne unter dem Begriff der „Guten Form" subsumiert.

Eine bedeutsame Rolle spielte in Deutschland auch der Grafikdesigner Otl Aicher, der das visuelle Erscheinungsbild der Olympischen Spiele in München 1972 entwarf, aber auch die Corporate-Design-Programme für die Deutsche Lufthansa, den Küchenhersteller Bulthaup, die Dresdner Bank, Erco, FSB, das ZDF oder die Westdeutsche Landesbank entwickelte.

In dieser Tradition der Moderne sehen sich darüber hinaus Unternehmen wie IBM, der Schreibwarenhersteller Lamy, die Siemens AG, das Heizungsunternehmen Viessmann oder der Büromöbelhersteller Wilkhahn, die ihr Erscheinungsbild an diesen Prinzipien orientieren.

Zu den Begriffen

Die Bedeutung von strategischen Gestaltungsmaßnahmen für die Unternehmen muss deshalb etwas genauer beleuchtet werden. Die dafür gängigsten Begriffe sind: Corporate Behavior, Corporate Communication, Corporate Culture, Corporate Design, Corporate Identity, Corporate Strategy, Corporate Wording. Dabei bedeutet „corporate" vereint, gemeinsam, gesamt. Das Zusammenfassen verschiedener Elemente, Erscheinungen oder Strategien steht also im Mittelpunkt dieses unternehmenspolitisch bedeutsamen Instrumentariums.

Von der Identität zur Identity

Eine wichtige Rolle spielt in diesem Zusammenhang der Begriff der Identität. Martin Heidegger hat sich in zwei Beiträgen (1957) mit Problemen der Identität und der Differenz beschäftigt. Beide Begriffe stehen heute wieder im Mittelpunkt der Diskussionen um Fragen der Corporate Identity oder des Corporate Designs.

Bei Heidegger heißt es: „Der Satz der Identität lautet nach einer geläufigen Formel: A = A. Der Satz gilt als das oberste Denkgesetz. Das Identische heißt in der deutschen Sprache auch das Selbe. Und damit etwas das Selbe sein kann, genügt jeweils eins. Es bedarf demnach nicht ihrer zwei wie bei der Gleichheit. Diesem Begriff liegt also eine Vermittlung, eine Verbindung, eine Synthese zugrunde: die Einung in eine Einheit." (Heidegger, 1957)

„Identität" bedeutet also die vollkommene Einheit oder Übereinstimmung (in Bezug auf Dinge oder Personen) oder die Wesensgleichheit. In Bezug auf die Fragen von „identity" geht es also um die Vereinigung oder Synthese von zwei unterschiedlichen Elementen. Bezogen auf Aktivitäten von Unternehmen, Organisationen oder Kommunen bedeutet dies, dass das innere Leistungsprofil eines Unternehmens, also sein spezifisches Unternehmens-Know-how, seine Kompetenz und seine Haltung, mit dem äußeren Leistungsprofil, zum Beispiel der Produktgestalt, der Kommunikation oder dem Markenbild, zur Übereinstimmung gebracht werden muss. Das Maß der Übereinstimmung stellt dann die jeweilige Unternehmensidentität dar. „Corporate Identity" heißt somit nichts anderes als die Einheit von Inhalten, Aussagen und Verhalten eines Unternehmens oder einer Organisation (siehe dazu: Bürdek, 1987). Ziel jeder Corporate-Identity-Arbeit muss es deshalb sein, die innere und äußere Identität eines Unternehmens (Rieger, 1989) darzustellen, vereinfacht gesagt: „Werde, der du bist."

Ein wichtiges Instrumentarium hierfür ist die Analyse der Persönlichkeitsmerkmale eines Unternehmens oder einer Institution. Peter G. C. Lux (1998) hat in seinen definitorischen Grundlagen für die Praxis explizit darauf hingewiesen, dass die Erarbeitung von Identität von innen heraus erfolgen muss, aber niemals von außen übergestülpt werden darf. Lux schlägt vor, dafür die jeweiligen „Persönlichkeitsmerkmale" (des Unternehmens, der Institution) herauszuarbeiten:

Dabei sind die Bedürfnisse zentrale Aspekte.

Die Kompetenz beinhaltet die besonderen Fertigkeiten und Fähigkeiten,
die diese vorzuweisen haben.

Die Einstellung bildet den philosophischen und politischen Hintergrund.

Die Konstitution beinhaltet den physischen, strukturellen, organisatorischen und juristischen Aktionsrahmen.

Das Temperament umfasst all die Charakterisierungen, wie etwas vollbracht wird, dies sind Stärken, Intensitäten, Geschwindigkeit und Emotionalität.

Die Herkunft schafft den Bezug zwischen der gegenwärtigen Persönlichkeit und der vergangenen Praxis, dabei ist das Prinzip der Kontinuität von besonderer Bedeutung.

Die Interessen beinhalten die konkreten mittel- bis langfristigen Absichten, mithin die Ziele, die man in Zukunft erreichen will.

Diese Merkmale sind also zu erarbeiten, gemeinsam zu diskutieren und zu beschließen. In einem nächsten Schritt muss daraus ein Handlungskodex abgeleitet werden, der für alle Beteiligten verbindlich ist und somit auch die Grundlage für gestalterisches Handeln darstellt.

Die Rolle des Produktdesigns

Das Produktdesign selbst stellt zunehmend den zentralen Aspekt aller „Corporate-Maßnahmen" dar, da über dessen Wahrnehmung die (insbesondere potenziellen) Benutzer unmittelbar mit dem Produkt konfrontiert werden. Wolfgang Sarasin wies bereits sehr früh (1980) darauf hin, dass die Entwicklung einer starken Corporate Identity in vielen Fällen aus der Entwicklung profilierter Produktidentitäten hervorgeht. Da die Identitätsbildung eines Unternehmens primär von außen wahrgenommen wird, müsse gerade den produktgestalterischen Aspekten besondere Aufmerksamkeit geschenkt werden.

Dies ist auch ein wichtiger Hintergrund für die Designoffensive, die in den 1990er-Jahren begonnen und seitdem kontinuierlich an Bedeutung gewonnen hat. Zahlreiche europäische Unternehmen haben ihre Designaktivitäten merklich erhöht – ja diese gar zu strategischen Instrumenten befördert, was insbesondere in der Automobilindustrie anschaulich nachzuvollziehen ist. In einigen asiatischen Ländern wie Japan, Korea und Taiwan und jetzt mit besonderem Nachdruck in China wurde Design als das Instrumentarium erkannt und entsprechend eingesetzt, das für den globalen Erfolg der Unternehmen oberste Priorität besitzt.

Corporate Strategy

Am Beispiel zahlreicher Firmen und Institutionen lassen sich Strategien darstellen, die allein oder im Verbund zur Imagebildung eingesetzt werden können. Unter gestalterischen Aspekten sind dabei folgende Bereiche von besonderem Interesse:

die Kommunikation

das Verhalten

das Produktdesign

das Interfacedesign

die Innenarchitektur und die Architektur

Corporate Communication

Dies ist der bisher verbreitetste Bereich, in dem Corporate-Design-Maßnahmen realisiert wurden. Entsprechend der oben erwähnten Beschreibung fallen hierunter sämtliche grafischen Maßnahmen, die für ein Unternehmen geplant und realisiert werden. Diese „Design-Bibeln" heißen dann „Design-Manuale" und enthalten Logos, Schriften, Farben, Drucksachenbeispiele, Fahrzeugbeschriftungen und vieles andere mehr.

Als Klassiker und Wegbereiter auf diesem Gebiet gilt das italienische Unternehmen Olivetti. Zu Beginn der 1970er-Jahre entwickelte die Abteilung „Servizio di Corporate Identity" unter der Leitung von Hans von Klier die legendären „Roten Bücher". Darin wurden die gestalterischen Rahmenbedingungen festgeschrieben, innerhalb derer die nationalen Tochterfirmen Olivettis eigene Initiativen und Extempores entwickeln können (Bachinger/Steguweit, 1986). Zahlreiche Unternehmen haben inzwischen solche grafischen Handbücher entwickelt, was sicherlich einen wichtigen Schritt auf dem Weg zu einem Corporate Design darstellt (siehe dazu auch: Schmidt, 1994). Aus internationaler Sicht ist das Design-Manual der Xerox Corporation als besonders beispielhaft zu erwähnen. Dort wurden schon in den 1980er-Jahren verbindliche Aussagen zu den Produktformen, zu den Kommunikationsmitteln, zu den Interfaces und anderem mehr festgelegt.

1 **Olivetti Corporate Design**
Versandverpackung

2 **Corporate Design Manuale**
Olivetti (1971–1978)

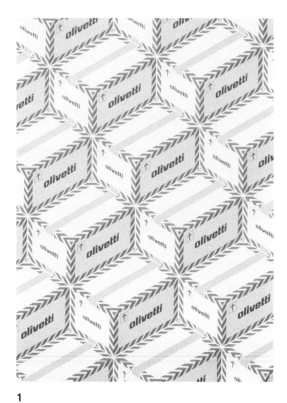

1

2

Corporate Behaviour

Das Verhalten – und zwar intern wie extern – ist ein wichtiger Bestandteil von Unternehmen oder Institutionen. Dazu gehört das Verhalten der Mitarbeiter untereinander, aber auch das gegenüber Außenstehenden. Ein weiterer Aspekt ist, wie man sich gegenüber den Medien und der Öffentlichkeit verhält. Wie kommuniziert man Innovationen, Veränderungen, Pannen und so weiter? Die Öffentlichkeitsarbeit selbst (wie Werbung, Public Relations) ist zu einem zentralen Element des Verhaltens geworden, an dem die Glaubwürdigkeit von Unternehmen und Institutionen gemessen wird. Das „Image", das ganz entscheidend durch das eigene Verhalten geprägt wird, spiegelt die Einschätzung und Bewertung des Unternehmens seitens der Öffentlichkeit wider. Dass es dieses auch zu „gestalten" gilt, wurde zwar ansatzweise erkannt, aber bisher in der Produktgestaltung noch nicht hinreichend thematisiert, gleichwohl zählt es zu den immateriellen Teilen von Design.

Corporate Design

Darunter versteht man sämtliche Maßnahmen, die zum gestalterischen Bild beitragen, und zwar auf der materiellen Ebene, das heißt zwei- und dreidimensionale Erscheinungsformen (vom Logo bis zum Firmengebäude). Dieses klassische Feld von Corporate-Aktivitäten ist stark davon geprägt worden, dass für Unternehmen oder Institutionen gestalterische Konstanten und Variablen festgelegt werden, um den gewünschten ganzheitlichen visuellen Eindruck zu gewährleisten. Dazu gehören auch verbindliche Instrumentarien wie die oben erwähnten Corporate-Design-Manuale.

Vom Designmanagement zum Strategischen Design

Designmanagement

Mit der Entwicklung der Designmethodologie in den 1960er-Jahren ließen sich insbesondere in den angelsächsischen Ländern erste Tendenzen beobachten, die zu einer Aufwertung gestalterischen Handelns im Kontext unternehmerischer Aktivitäten beitragen sollten: Nun war vom Designmanagement die Rede.

Dabei kann erneut auf Peter Behrens verwiesen werden, dessen Arbeiten für die AEG zu Beginn des 20. Jahrhunderts als ein erster Beitrag zum Designmanagement gelten. Und auch die Corporate-Design-Aktivitäten von Olivetti seit den 1930er-Jahren können als frühe Beiträge dazu verstanden werden. Aber erst der Brite Michael Farr (1966) fügte einige grundsätzliche Überlegungen aus der Systemtheorie und dem Projektmanagement zusammen, um daraus Rahmenbedingungen abzuleiten, wie man mit Design auf der Ebene der Unternehmensleitungen umgehen sollte (Bürdek, 1989).

Von diesen Einflüssen stark geprägt, wurden die ersten Ansätze auch in Deutschland formuliert, die sich aus den angelsächsischen Quellen, den methodologischen Arbeiten an der HfG Ulm, aber insbesondere aus der Betriebswirtschaftslehre speisten. Dabei ging es im Wesentlichen um zwei Themenkreise:

die Entwicklung von unternehmerischen Zielsystemen

die Probleme methodischer Informationsverarbeitung

Im Mittelpunkt dieser frühen Überlegungen stand die Frage, wie die Unternehmen all jene Informationen sinnvoll verarbeiten und methodische Produktentwicklungen betreiben können (also jenseits der Trial-and-Error-Methode), die für eine erfolgreiche Unternehmensentwicklung erforderlich sind (Geyer/Bürdek, 1970). Dazu wurden umfangreiche Checklisten entwickelt, mit deren Hilfe die Unternehmen in die Lage versetzt werden sollten, ihre Prozesse und insbesondere Entscheidungen systematisch und nachvollziehbar zu treffen. Die AW design (siehe dazu: Geyer u. a., 1970, 1972) operierte dabei als eine erste Unternehmensberatung, in der solche Instrumentarien entwickelt und bei einer Vielzahl von Unternehmen in der Praxis implementiert wurden.

Mitte der 1970er-Jahre wurde in Boston das DMI (Design Management Institute) gegründet, das sich insbesondere mit der Aufarbeitung und Verbreitung von Fallstudien über Produkte beschäftigt. Die von den amerikanischen Business Schools her bekannte Methode der „case-studies" vermittelt recht anschaulich Erfolge und Misserfolge einzelner Produktentwicklungen. International bekannt wurde das Triad-Projekt, das in Kooperation mit der Harvard Business School durchgeführt wurde. Dabei wurden fünfzehn Fallstudien entwickelt, die in einer Publikation und einer Wanderausstellung auf die Bedeutung von Designmanagement hinweisen sollten. Dazu gehörten so unterschiedliche Unternehmen wie die schwedische Firma Bahco (Werkzeugmaschinen), der niederländische Konzern Philips (Ultra-Sound-Scanner), die deutschen Firmen Braun (Kaffeemaschinen) und Erco (System Gantry) und andere mehr. Das DMI veranstaltet regelmäßig Seminare und Kongresse und gibt auch vierteljährlich ein *Design Management Journal* heraus. Im Laufe der Jahre hat sich das DMI zu einer festen und einflussreichen Institution entwickelt. Dies ist sicherlich der starken ökonomischen Fundierung von Design in den USA geschuldet, gleichwohl verfolgt man dort heute einen breiteren Ansatz: „Design management encompasses the ongoing processes, business decisions, and strategies that enable innovation and create effectively-designed products, services, communications, environments, and brands that enhance our quality of life and provide organizational success." (DMI, 2014) Auf der DMI-Homepage wird auch auf die erfolgreiche Etablierung dieses Themas an diversen Hochschulen verwiesen, wie beispielsweise an der Brunel University (UK), De Montfort University (UK), Illinois Institute of Technology Institute of Design (US), INHOLLAND University (NL), KAIST (KR), Lancaster University (UK), MIP – Politecnico di Milano (I), Parsons School of Design (US), Pratt Institute (US), Suffolk University (US), University of Salford (UK), UMIST – University of Manchester Institute for Science and Technology (UK) und die University of Kansas (US).

Seit den 1980er-Jahren erfuhr das Thema Designmanagement auch in Deutschland einen deutlichen Schub, als einige Betriebswirtschaftler erkannten, dass vom Design nicht nur ästhetische Wirkungen ausgehen, sondern insbesondere auch dessen ökonomische Auswirkungen relevant sind. In einer Reihe von Dissertationen, beispielsweise von Sibylle Kicherer (1987), Heinrich Spieß (1993), Carlo Rummel (1995) oder Hans Jörg Meier-Kortwig (1997), wurde dieser Themenkreis intensiv behandelt, was insgesamt auch dazu beitrug, dass sich das Design endgültig vom kunsthandwerklichen Erbe ablöste und sich aufmachte, gleiche Augenhöhe mit anderen Wissenschaften zu erlangen. Dabei wurden die Bemühungen der 1970er-Jahre, ökologische Faktoren in den Vordergrund des Designs zu rücken, von den ökonomischen Überlegungen weitgehend verdrängt.

Aber gerade die Haltung (man könnte auch von Ethik sprechen) ist es, die Unternehmen veranlasst, Designmanagement zu betreiben. Ihre Unsicherheit und Unwissenheit, wie man Design erfolgreich anwendet, erwiesen sich als eine relevante Lücke, die in den 1990er-Jahren von jungen, aufstrebenden Unternehmensberatungen besetzt wurde, die sowohl gestalterische als auch ökonomische Kompetenzen bündelten (siehe dazu beispielsweise: Buck/Vogt, 1996). Zu deren Arbeitsbereichen gehörte der gesamte Prozess der Produktentwicklung: von der Marktanalyse über die Konzept- und Projektphase sowie die Kommunikationsphase bis hin zum Markteintritt. Ganzheitliches Vorgehen war angesagt, die Unternehmen lernten dabei auch, dass sich Design inhaltlich bestimmen lässt und sie sich selbst damit auf den Märkten neu positionieren können. Dies wurde insbesondere in der europäischen Automobilindustrie anschaulich, die mit einer Vielzahl neuer und differenzierter Fahrzeugtypen äußerst erfolgreich wurde. Dabei zeichnete sich auch ab, dass jenseits der einzelnen Produkte die Images und die Marken, also das Branding, eine immer wichtigere Rolle spielen.

Alex Buck (2003) hat in einer Sammlung von Fallstudien deutscher Unternehmen (Heidelberger Druckmaschinen AG, Rowenta, Vaillant, Volkswagen, Wilkhahn, Wöhner) deutlich gemacht, dass „Design visualisiert – alles!" Buck konstatiert, dass „der Übergang von einer postfunktionalistischen Welt in eine semantisch dominierte Welt nun endlich auch aus industrieller Sichtweise heraus vollzogen ist". Dabei bezieht er sich in seinen theoretischen Überlegungen insbesondere auf das Modell der Produktsprache (↗S. 136), das er als das einzige in sich konsistente Modell zur Designtheorie bezeichnet.

In den Fallstudien geht es um die Positionierung von Marken und Unternehmen (Branding), um strategische Überlegungen, diese neu zu bestimmen, sowie um die dafür erforderlichen Corporate-Design- und Corporate-Identity-Maßnahmen, und zwar von Messeauftritten bis hin zu den erwähnten Corporate-Design-Manualen (↗S. 193 ff.).

Eine stärker theoretisch-wissenschaftliche Untersuchung zum Thema Designmanagement hat Brigitte Borja de Mozota (2003) vorgelegt, die dem DMI verbunden ist und an der Parsons Paris School of Art and Design lehrt. Auch für sie ist Design die treibende Kraft für Unternehmen, um erkennbare Differenzen herzustellen, sämtliche Entwicklungsmaßnahmen zu koordinieren und letztlich so zu transformieren, dass sie im Markt sichtbar werden. Auch Mozota arbeitet mit Fallstudien, in denen sie an Beispielen unternehmerischen Handelns das Thema Designmanagement erläutert.

Branding

Der Begriff „Branding" stammt aus den USA und bezog sich ursprünglich auf das Markieren von Vieh: Mit dem Brandeisen wurde den Rindern der Besitzername ins Fell gebrannt, damit sie für immer identifizierbar waren, wenn sie ihren Besitzern abhandenkamen. Diese Idee lässt sich auch heute noch erkennen: Einzelne Produkte können nur dann unterscheidbar (und für den potenziellen Käufer wahrnehmbar) werden, wenn sie aus der sie umgebenden Warenvielfalt herausragen, das heißt, Aufmerksamkeit erzielen – durch die Etikettierung „Made by Sony", „Made by Daimler" oder ganz einfach nur durch die Labelnamen „Adidas", „Apple", „Google", „Huawei", „IBM", „Levis", „LG", „Microsoft", „Nike", „Nokia", „Puma", „Samsung", „Siemens", „Swatch", „Vitra" etc. Der Name des Unternehmens muss weltweit die gleiche Konnotation besitzen; die ökonomische Globalisierung (↗S. 69 ff.) spiegelt sich hier im Design der Produkte.

In immer mehr Bereichen ähneln sich die technischen Leistungsmerkmale der Produkte weitestgehend, ja sie bestehen oftmals aus den gleichen Komponenten (beispielsweise aus den massenhaft gefertigten Chips asiatischer Hersteller). Als wichtiges Differenzierungsmerkmal kommt deshalb einerseits dem Design eine entscheidende Bedeutung zu, andererseits wird das Branding immer bedeutsamer, weil letztlich kaufentscheidend. Heute führen globale Unternehmen wie Google, Apple, IBM und Microsoft die weltweiten Marken-Hitlisten an. Allesamt also Unternehmen aus den digitalen Industrien, was für das 21. Jahrhundert bezeichnend ist.

Strategisches Design

Seit den 1990er-Jahren rückt das Design vermehrt in den Mittelpunkt der Produktentwicklung und die Gestalter übernehmen immer mehr kommunikative Aufgaben für die Unternehmen: Corporate Design, Corporate Culture, Corporate Communication und anderes mehr. Dabei wird von den Designern eine besondere Schnittstellenkompetenz zwischen den entwerferischen und den ökonomischen Themen gefordert, ebenso Kontextkompetenz beispielsweise im Hinblick auf die Firmenkulturen und Zielgruppen. Die besondere Rolle des Designs besteht in diesem Zusammenhang darin, die jeweiligen Konzepte und Produktstrategien zu veranschaulichen, also in einsichtigen „Bildern" darzustellen und insbesondere nonverbal zu kommunizieren, dies ist auch das Thema des Imagineerings (↗S. 243).

Im Mittelpunkt des Strategischen Designs steht die enge Wechselwirkung mit der Ökonomie: Strategisches Design ist ökonomisch erfolgreiches Design (Herrmann/Moeller, 2011). Es geht aus der Sicht von Unternehmen darum, Produktent-

Strategic Design, De Tao Master Class for Strategic Design Shanghai
Hartmut Esslinger, (2010)

© 2010 Hartmut Esslinger

wicklungsprozesse zu betreiben, bei denen Aspekte wie Qualität, Funktionalität, Wirtschaftlichkeit, Nachhaltigkeit und Kundenorientierung integriert bearbeitet werden.

Hartmut Esslingers Modell zum Strategischen Design spannt einen wesentlich weiteren Rahmen, in dem das Design im Zuge der Globalisierung neu verortet wird: Neben der Technologie und der Ökonomie gilt es auch die sogenannten weichen Wissenschaften wie Anthropologie und Ethnologie (↗S. 251f.) sowie die Semantik (↗S. 177ff.) in den Entwicklungsprozess einzubeziehen. Diese drei Bereiche stellen einen bedeutsamen Fortschritt für das Design im 21. Jahrhundert dar. Sie sind maßgeblich für das zukünftige Design (Produktgestaltung), denn es müssen Kernkompetenzen etabliert werden, die wichtige Bestandteile des Wertschöpfungsprozesses darstellen, im Gegensatz zum DIY-Design (↗S. 255), das dazu keine Beiträge liefert.

Wie es um die Verankerung von Kreativität und Innovation in Unternehmen steht und welche Schritte zukünftig unternommen werden müssen, untersucht Johanna Schönberger in ihrer Dissertation (2011). Sie geht dabei über weite Strecken empirisch vor: in Form von über fünfzig weltweit geführten Interviews mit Wissenschaftlern, Forschern und Praktikern. In diesen Interviews wird deutlich, dass „Strategisches Design" ein unverzichtbarer Faktor für die global agierenden Unternehmen ist.

Design Thinking

Die Anfänge des Design Thinkings werden auf den englischen Designer John Woollatt zurückgeführt, der in den 1960er-Jahren Kurse bei John Chris Jones und Nigel Cross besucht hatte. Später lehrte er im Design Department der Northumbria University in Newcastle. In der Folge entstand in den 1990er-Jahren im Umfeld der kalifornischen Informatikszene (Terry Winograd) sowie des Designbüros IDEO (David Kelley, Bill Moggridge und Mike Nuttall) das Konzept des Design Thinkings. Dabei sollten interdisziplinär arbeitende Gruppen in Unternehmen und Institutionen neue Konzepte entwickeln, die die ausgefahrenen Bahnen deutlich überschreiten.

Diese eigentlich designtypische Methode wurde insbesondere vom früheren SAP-Chef Hasso Plattner befördert, indem er in Stanford sein Hasso Plattner Institute of Design gründete und in Potsdam eine School of Design Thinking am dortigen Hasso-Plattner-Institut für Softwaresystemtechnik. Zielgruppe dieser Institute sind jedoch nicht Designer, sondern die Verantwortlichen für Produkt- und Projektentwicklung in den Unternehmen und Institutionen.

Das methodische Gerüst basiert zweifelsfrei auf der angloamerikanischen Designmethodologiebewegung der 1960er-Jahre, dort wurden die einzelnen Schritte zur Problemlösung beschrieben: verstehen, beobachten, Sichtweise definieren, erfinden, visualisieren bzw. Prototypen entwickeln und testen. Diese wurden dann von der Design-Thinking-Bewegung übernommen.

Der Hype um das Design Thinking – das übrigens nicht selbst Design ist, sondern nur ein Baustein auf dem Weg dorthin – wird von den Propagandisten ökonomisch massiv instrumentalisiert. Doch was sich als neu präsentiert, entlarvt Donald A. Norman (2010) als Banalität: In allen Disziplinen gebe es kreative Akteure, die Grenzen überschreiten, vorausschauen etc. Dies sei wahrlich kein designspezifisches Phänomen.

Annalena Kluge (2013) knüpft an Andreas Reckwitz (2012) an, der vom Design als ästhetischem Management spricht. Sie wirft nun die Frage auf, ob man nicht Design Thinking als Managementtechnik und als Baustein zu einer ästhetischen Ökonomie verstehen könne. An dieser Stelle schlägt sie auch die Brücke zu der bereits erwähnten Dissertation von Johanna Schönberger (2011) und schlägt vor, dem Design Thinking eine Mittlerrolle zwischen Ökonomie und Design zuzuweisen. Design Thinking im Spannungsfeld von Kreativität und Innovation würde somit besondere Kompetenzen „für das Aufspüren, die Wahrnehmung und die Vermittlung sowie für die Gestaltung von ästhetisch, sinnlich und emotional wirksamen Atmosphären" befördern.

Architektur und Design

Geschichte, Theorie und Praxis des Designs sind mit den Entwicklungen der Architektur aufs Engste verknüpft. Von Vitruvs Architekturlehre, die sich auf die firmitas (Festigkeit), utilitas (Zweckmäßigkeit) und venustas (Schönheit) konzentrierte (↗S. 18), bis in die Gegenwart wird Architekturtheorie betrieben, die nicht nur auf funktionalen, sondern auch auf ästhetisch-gestalterischen Kategorien basiert. Wolfgang Welsch (1996) hat dies knapp und treffend formuliert: „Architektur ist real wie symbolisch wirksam."

Die Architekturtheorie thematisiert insbesondere die Bedeutungen von Bauwerken; diese Selbstverständlichkeit ist im Design bisher kaum vorzufinden. So kommen Produktpräsentationen (an Designhochschulen) oftmals als Erfindermessen daher, die pseudofunktionalen Erläuterungen zu den Entwürfen verharren im Denken der 1970er-Jahre. Dem Design ist es bisher kaum gelungen, sich als gesellschaftliche und kulturelle Disziplin zu etablieren – ganz im Gegensatz zur Architektur.

Als älteste und deshalb oft als „die Mutter der Künste" bezeichnet, erlangte die Architektur zu Beginn des 20. Jahrhunderts eine sehr bedeutsame Rolle für das Design. Ob Peter Behrens, Walter Gropius, Mart Stam, Le Corbusier oder Mies van der Rohe, viele frühe Designer waren Architekten. Walter Gropius bezeichnete im Bauhaus-Manifest von 1919 den Bau als das Endziel aller bildnerischen Tätigkeiten, sämtliche Kurse, Werkstätten etc. waren darauf ausgerichtet. Auf die Auswirkungen jener Architektur und der Städteplanung, die dann zur Kritik am Funktionalismus führten, wurde bereits hingewiesen (↗S. 59). Die immense Bautätigkeit nach dem Zweiten Weltkrieg – insbesondere in Europa – verhinderte die notwendige Reflexion über das Handeln der Architekten. Die sporadischen Äußerungen Einzelner konnten kaum den Rang einer Architekturtheorie beanspruchen. Erst nach Abklingen des Baubooms in den 1970er-Jahren setzte bei den Architekten das Bedürfnis nach theoretischer Fundierung wieder ein (Kruft, 1985).

Wichtige Impulse gingen von amerikanischen Architekten aus. So veröffentlichte Philip Johnson bereits 1932 zusammen mit Henry-Russell Hitchcock anlässlich einer Ausstellung im New Yorker Museum of Modern Art das Buch *The International Style*; damit erlangte dieser Begriff weltweite Verbreitung. Johnson selbst löste sich in den 1950er-Jahren aus dem Bannkreis Mies van der Rohes und entwickelte sich zu einem der Begründer der architektonischen Postmoderne.

Das italienische Design wurde in seinen Anfängen ebenfalls weitgehend von Architekten bestimmt; zu nennen sind etwa Mario Bellini, Rodolfo Bonetto, Achille und Pier Castiglioni, Paolo Deganello, Alessandro Mendini, Ettore Sottsass oder Marco Zanuso. Sie haben quasi das italienische Bel Design erfunden und über Jahrzehnte hinweg auch geprägt.

Der Einfluss des französischen Strukturalismus wurde in den USA insbesondere in der Linguistik deutlich. Tom Wolfe (1986) führte diesen zwar eher auf einen spätmarxistischen „Mulm" zurück, gleichwohl war die Wirkung auf den damals jungen Architekten Robert Venturi positiv und folgenreich. 1966 erschien in den USA sein Buch *Complexity and Contradiction in Architecture*. Es basiert auf einer pluralistischen Grundhaltung (deshalb auch „Komplexität und Widerspruch") und kann als die erste fundierte Gegenposition zur Dominanz des Internationalen Stils bezeichnet werden. Venturi verweist darauf, dass sich in den 1960er-Jahren im architektonischen Denken alles um die Funktion und die Form drehte und kaum ein Architekt das Symbolische in der Architektur berücksichtigte. Er verwendete Begriffe wie „Mehrdeutigkeit", „Doppelfunktion" oder „Pluralität" und bezog den aus der Gestaltpsychologie abgeleiteten Blick auf den Verweisungszusammenhang mit ein. Dieser kann in der Architektur so angewendet werden, dass ein Zeichen auf etwas anderes als sich selbst verweist oder über sich hinausweist. Damit wurde erstmals die Zeichenhaftigkeit von Architektur betont, die dann in der 1979 veröffentlichten Studie *Lernen von Las Vegas* von Robert Venturi, Denise Scott Brown und Steven Izenour breiten Raum einnahm. Dort befasste man sich vor allem mit der Semiotik (↗S. 83 ff.) als Erklärungsmodell für architektonische Phänomene. In einem Rückblick konstatieren Robert Venturi und Denise Scott Brown (2002): „Es erscheint uns nicht mehr zeitgemäß, die Architektur ins Ungegenständliche zu treiben, sie immer weiter zu reduzieren. Das war eine wichtige Entwicklung, doch heute muss es darum gehen, die Architektur wieder für Bedeutung aufzuschließen und ihr neue Symbolkraft zu verleihen." Zur sprachlichen Dimension von Architektur verweisen sie auf die früheren Kirchen, die ja nicht ausdruckslos herumstanden, sondern der Bevölkerung viel zu erzählen hatten, sei es durch ihre Mächtigkeit, die Rituale, die in ihnen zelebriert wurden, oder die Predigten und Interpretationen, die dort verkündet wurden.

Die Ende der 1960er-Jahre in den USA einsetzende Debatte über postmoderne Literatur wurde in Europa auf zwei Wegen rezipiert: zum einen durch die Arbeiten von Jean-François Lyotard (1982, 1985), zum anderen durch die praktische Umsetzung in der Architektur: „Die Architektur ist zwar nicht der früheste Sektor, in dem sich Postmodernes artikuliert hat, aber der prominenteste. An der Architektur und am Streit um sie hat jedermann erfahren, daß heute ein Programm der Postmoderne besteht – und nicht nur als Idee, sondern als Realität." (Welsch, 1987)

Der weltweite Durchbruch der postmodernen Architektur erfolgte 1978 mit der Veröffentlichung von Charles Jencks über *Die Sprache der postmodernen Archi-*

tektur. Dort proklamierte er den Tod der Moderne: Sie sei bereits am 15. Juli 1972 um 15.32 Uhr in St. Louis, Missouri, gestorben. Die Sprengung der heruntergekommenen Wohnsiedlung Pruitt-Igoe markierte für ihn das Ende des Internationalen Stils in der Architektur. Da bereits im Titel jenes Buches der Begriff „Sprache" verwendet wurde, war der Verweisungszusammenhang offensichtlich: Die Abkehr von der Monotonie beziehungsweise der Einsilbigkeit des Internationalen Stils wurde endgültig vollzogen. Die Postmoderne entwickelte sich aus der Semiotik, und diese lässt als geisteswissenschaftliche Disziplin durchaus verschiedene Interpretationen zu.

1987 beschrieb Charles Jencks elf Merkmale eines „Kanons des postmodernen Klassizismus", worin Begriffe wie „kultureller Pluralismus", „Eklektizismus", „Doppelcodierung", „Multivalenz" und „neu interpretierte Tradition" aufgeführt und an gebauten Beispielen erläutert wurden. Auch daran wird deutlich, welch breiten Raum die semiotische Diskussion in der Architektur inzwischen einnahm. Wolfgang Welsch setzte die Postmoderne gar mit dem Rekurs auf die Semiotik gleich, und Hanno-Walter Kruft sah in der Zeichenhaftigkeit der Architektur das gemeinsame Element moderner Architekturtheorie. Dies zeigt, dass die parallele Entwicklung im Design hin zur kommunikativen Funktion der Gegenstände nicht zufällig erfolgte. Architektur und Design entwickelten sich von der gemeinsamen Bearbeitung des Begriffs der Funktion zur Auseinandersetzung mit der Bedeutung von Bauten oder Objekten hin zu einer übergreifenden „Sprache der Objekte".

Der Architektur- und Kulturtheoretiker Stephan Trüby (2014) bezeichnet den gegenwärtigen Boom der Bankenarchitektur als eine „architecture parlante", bei der es darum geht, die eigentlichen Funktionen von Banken semiotisch derart zu überhöhen, dass sie als weithin sichtbare Zeichen in den Metropolen gelten. Zum Neubau der Europäischen Zentralbank in Frankfurt am Main, entworfen von Coop Himmelb(l)au Wien, erklärte der Architekt Wolfgang Prix, die EU brauche dreidimensionale Ikonen – so etwas nennt man eine „zugewiesene Bedeutung". Und das Bankgebäude selbst wurde gar mit dem Ulmer Münster am Eingang zur Stadt verglichen.

Bedingt durch die postmoderne Bewegung erlebte die Architektur Ende des 20. Jahrhunderts erneut einen Boom, der sich in einer großen Vielfalt von Konzepten, Stilen und Manifestationen ausdrückte. Viele Architekten führen über ihre Bauten auch theoretische Diskurse, in denen sie diese in dem jeweiligen historischen, zeitgenössischen, philosophischen oder kulturellen Kontext reflektieren. Diese Dimension fehlt bei den Designern jedoch weitestgehend. Deren weitverbreitete „Sprachlosigkeit" zeugt letztlich auch von dem fehlenden Reifegrad der Disziplin, der aber durchaus verständlich ist, denn die Architektur gibt es eben schon seit über 2000 Jahren, wohingegen die Designgeschichte gerade einmal 150 Jahre umfasst.

Besonders aufschlussreich sind die mannigfaltigen Museumsbauten, die in vielen Ländern errichtet wurden, bieten sie doch einerseits weite Experimentierfelder für eine neue „Sprachlichkeit", andererseits sind sie aber auch bedeutsame Identifizierungsobjekte für Städte oder Regionen und leisten damit einen wichtigen Beitrag zum Imagetransfer. In der jüngsten Vergangenheit profilierten sich insbesondere asiatische Staaten wie China einschließlich Hongkong, Korea oder Singapur durch spektakuläre Bauwerke, die ihre Fortschrittlichkeit visualisieren sollen. So waren beispielsweise die Olympischen Sommerspiele in Peking 2008 Anlass, mit spektakulären Bauten wie dem Nationalstadion („Vogelnest"), entworfen von den Schweizer Architekten Herzog & de Meuron, bedeutsame Signale für die internationale Reputation zu setzen. An vielen Orten ist die nacholympische Nutzung indes reichlich problematisch; die Zeichenhaftigkeit rangiert hier klar vor der Nachhaltigkeit.

Volker Fischer (1988b) bezeichnete den Übergang von der Architektur zum Design einmal mit dem Begriff „Berufsfeld-Piraterie", wobei sich diese jedoch recht einseitig darstellte: Viele Architekten besetzten ganz selbstverständlich die Arbeitsfelder von Designern, indem sie Möbel, Beleuchtungen, Türklinken, Accessoires und anderes mehr quasi nebenbei entwerfen. Heute unterhalten global agierende Architekturbüros eigene Designabteilungen, um die erforderlichen Ausstattungen inhouse bewerkstelligen zu können. Die dabei zu bewältigenden Projekte gehen inzwischen weit über das klassische Beispiel der Türklinken hinaus, wie sie beispielsweise von Otto Wagner, Walter Gropius, Ludwig Mies van der Rohe, Ludwig Wittgenstein, Egon Eiermann, Peter Eisenman, Christoph Ingenhoven, Josef Paul Kleihues oder Santiago Calatrava entworfen wurden (siehe dazu: FSB, 2011).

Bauende Designer sind indes rar, was nicht zuletzt auf die rigiden Vorschriften für die Berufszulassung bei Architekten zurückzuführen ist, wohingegen sich jedermann als Designer bezeichnen kann. Dennoch gibt es auch Beispiele für Designer, die im Architekturbereich aktiv geworden sind.

Philippe Starck entwickelte 1994 ein Holzhaus, das er in der Nähe von Paris selbst bewohnte und dessen Bausatz über das Versandhaus Trois Suisses angeboten und verkauft wurde. Matteo Thun entwickelte 1999 für einen deutschen Hersteller ein ebenfalls aus Holz gefertigtes Niedrigenergiehaus namens „O Sole Mio". Der in London lebende israelische Designer (und Architekt) Ron Arad entwarf das Bauhaus-Museum in Tel Aviv (2009) und zusammen mit Bruno Asa das Designmuseum in Holon/Israel (2010). Der deutsche Designer Werner Aisslinger bewegt sich erfolgreich mit diversen Projekten im Spannungsfeld zwischen Architektur,

Türklinken, FSB – Franz Schneider Brakel

von links nach rechts:
Modell 1023: Max Bill/Ernst Moeckl/
Johannes Potente, (1957)
Modell 1106: Christoph Mäckler (2000)
Modell 1004: David Chipperfield (2010)

Modell 1034: Johannes Potente (1953)
Modell 1064: Nicholas Grimshaw (1996)
Modell 1102: Walter Gropius/Alessandro Mendini (1987)

Modell 1147: Ludwig Wittgenstein/FSB-Werksentwurf
Modell 1111: Philippe Starck (1991)
Modell 1224: Alfredo Häberli (2012)

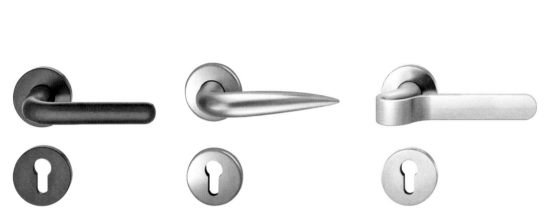

Innenarchitektur und Produktgestaltung. Er entwarf u. a. das „Loftcube", ein Hotel (2003/2007), das für urbane Nomaden konzipiert wurde, die temporär ungenutzte Dächer bewohnen können (siehe dazu: Aisslinger, 2010). Der italienische Designer Massimo Iosa-Ghini arbeitete in den 1980er-Jahren für die Memphis-Kollektion: in den Bereichen Möbel, Beleuchtung und Lifestyle. Er ist aber auch als Architekt tätig (Iosa-Ghini, 2013). Die französische Designerin Matali Crasset (2007) kam vom Entwurf von Objekten zu Räumen und dann zu Gebäuden, von ihr stammen beispielsweise ein Hotel in Nizza, ein überdimensionierter Taubenschlag in der Nähe von Cambrai/Frankreich, aber auch Messestände für Unternehmen.

Architekten als Designer

Am Beispiel einiger ausgewählter Architekten kann auf die enge Wechselwirkung zwischen Bauwerken und Produkten hingewiesen werden. Der bereits erwähnte Peter Behrens (↗S. 24 und 190) war bereits Anfang des 20. Jahrhunderts der prägnanteste Vertreter einer grenzüberschreitenden Gestaltung (Windsor, 1985). Und im Kontext einer Ausstellung zeigte Barbara Mundt (1998) vielfältige Beispiele produktgestalterischer Arbeiten von Architekten. Diese wirkten sowohl als Innenarchitekten (Möbel) wie auch als Techniker oder Schüler der Natur (bionisches Entwerfen). Heute umfassen deren entwerferische Tätigkeiten ein wesentlich weiteres Spektrum.

Tadao Andō Dem Japaner Andō gelingt es in exemplarischer Weise, die traditionellen Raumvorstellungen mit zeitgenössischen Materialien neu zu interpretieren. In seinen Projekten spiegelt sich die Stringenz und Logik europäischer Philosophen wie Heidegger oder Wittgenstein. Für die Firma Vitra beispielsweise hat er in Weil am Rhein ein Seminar- und Konferenzhaus gebaut, das in hohem Maße Konzentration und Kontemplation repräsentiert, mit naturbelassenen Betonwänden erstellt wurde und nur spärlich möbliert ist. Erst die Benutzer der Räume erwecken diese zum eigentlichen Leben.

Alfredo Arribas Der Spanier Arribas (siehe auch: Bertsch, 1993) galt als bedeutender Repräsentant des neuen spanischen Designs. Insbesondere mit seinen Entwürfen für Restaurants, Bars oder Läden in Barcelona, Frankfurt am Main, Fukuoka, Madrid, Sapporo oder Tokio setzte er zeitgenössische Lebensweisen (in den Metropolen) mit einer expressiven Architektursprache um. Seine Bauten wurden rasch zu Szene- oder Kultstätten einer jungen, schicken und wohlhabenden Klientel.

Asymptote Die Arbeiten der amerikanischen Architekten- und Designergruppe Asymptote schlagen einen Bogen von klassischer Architektur und Stadtplanung über multimediale Installationen bis hin zu virtuellen Umgebungen. Mit dem Bürosystem A3 für die Firma Knoll hat Asymptote eine Möbel- beziehungsweise Raumumgebung entworfen, die eine kongeniale Verbindung zwischen Mikro- und Makroarchitektur darstellt. Das Projekt A3 ist ein gutes Beispiel dafür, wie Architektur, Produktdesign und Medien zunehmend ineinander übergehen.

Mario Botta Der im schweizerischen Tessin lebende Botta gilt als wichtiger Repräsentant einer Entwurfsweise, die insbesondere die regionalen und topografischen Bedingungen der Bauaufgabe in den Vordergrund stellt. Mit seinen Möbeln, Wohnaccessoires oder Klinkenentwürfen für die Firma FSB praktiziert er eine reduzierte Formensprache, die von geometrischer Einfachheit geprägt ist. Die Objekte sind gleichermaßen Ikonen wie seine Bauwerke und stellen eine durchaus zeitgemäße Neuinterpretation der Moderne dar, die eine umfassende Gestaltung von Lebensräumen zum Thema hat.

Santiago Calatrava Der Spanier Calatrava zählt zu den Repräsentanten einer strukturalen, auf biologischen Vorbildern beruhenden Entwurfsmethode, deren Gebäude wie Ikonen spektakulär an den jeweiligen Orten hervorstechen. Seine Arbeitsfelder sind Brücken, öffentliche Gebäude und auch einige Möbel. Wichtige Bauten sind die Bahnhöfe in Lissabon (für die Expo 1998) und Lyon (TGV), das Flughafengebäude von Bilbao, verschiedene Gebäude in der Ciutat de les Arts i les Ciències in Valencia, der Olympia-Sportkomplex in Athen oder der Bahnhof Mediopadana in Reggio nell'Emilia (Italien). Als Gestalter arbeitet er in den Bereichen Zeichnung, Skulpturen und Keramik.

Coop Himmelb(l)au Die österreichische Gruppe wurde 1968 von Wolf D. Prix, Helmut Swiczinsky und Rainer Michael Holzer in Wien gegründet. Beeinflusst von den experimentellen Arbeiten Hans Holleins und der Gruppe Haus-Rucker-Co, entwickelten sie pneumatische Strukturen, beschäftigten sich mit alternativen Stadtstrukturen und forcierten eine dekonstruktivistische Entwurfshaltung. Mit ihren „brennenden" Projekten (Reiss Bar, Flammenflügel, Hot Flat etc.) wandten sie sich gegen die Postmoderne, die sie für eine neue Ära des Biedermeiers hielten. Mit ihrem emblematischen Entwurf der Küche „Mahlzeit" (1990) rückten sie die Zubereitung der Mahlzeiten in den Mittelpunkt des Wohnens, ja, sie inszenierten diesen Ort quasi als den professionellen Arbeitsplatz zu Hause, was auch durch die verwendeten Materialien (Edelstahl) zum Ausdruck kam; damit wurde auch der

Küchenboom der 1990er-Jahre schon sehr früh von Coop Himmelb(l)au thematisiert. Mit dem UFA-Multiplex-Kinopalast in Dresden (1998) wurde wohl eines der eigenwilligsten dekonstruktivistischen Gebäude der Gegenwart realisiert.

Egon Eiermann Der deutsche Architekt Egon Eiermann war auch ein bedeutender Designer, für den das Prinzip des ganzheitlichen Entwerfens im Vordergrund stand. Wichtige Bauten sind die Kaiser-Wilhelm-Gedächtniskirche in Berlin, die Olivetti-Verwaltungsgebäude in Frankfurt am Main, die deutsche Botschaft in Washington oder ein IBM-Verwaltungsgebäude in Stuttgart. Seine vielfältigen Möbelentwürfe (siehe dazu: Eiermann, 1999) versuchten die Beziehung zwischen innen und außen herzustellen und eine Einheitlichkeit der Räume zu erzielen. Neben zahlreichen Formholz- und Korbstühlen entwarf er – zunächst für ein eigenes Architekturbüro konzipiert – Untergestelle für Zeichentische, die sich durch eine hohe Flexibilität und Variabilität (bestückbar mit verschiedenen Arbeitsplatten) auszeichnen und zu einem emblematischen Produkt des 20. Jahrhunderts wurden. Ein wichtiges gestalterisches Element seiner Entwürfe war deren „Lesbarkeit": An den sichtbaren Konstruktionsdetails sollte man die Funktionsweise der Möbel unmittelbar erkennen.

Norman Foster Der Brite Lord Foster arbeitete zunächst mit Richard Rogers zusammen, wobei sie gemeinsam eine Hightech-Architektur entwickelten, die sich neuester Technologien bediente; ein Beispiel dafür ist das Sainsbury Centre for Visual Arts an der Universität von East Anglia bei Norwich. Das Büro Foster Associates erzielte seinen internationalen Durchbruch mit der Hongkong-and-Shanghai-Bank in Hongkong. Neben zahlreichen öffentlichen Gebäuden entwarf Foster Flughäfen (Stansted bei London, Hongkong, T3 Flughafen Peking), Bahnhöfe, U-Bahn-Linien in Bilbao (für die der deutsche Grafikdesigner Otl Aicher das visuelle Erscheinungsbild gestaltet hat), Brücken, Tankstellen, Hochhäuser, Hotels, das Two World Trade Center New York, Masdar City – die in Bau befindliche erste ökologische Stadt in Abu Dhabi – und vieles anderes mehr (siehe Jenkins, 2000). Fosters Vorbild ist Richard Buckminster Fuller (mit dem er über zehn Jahre lang zusammengearbeitet hat), in seinen Projekten will er Sozialphilosophie mit Technik in Einklang bringen (1999).

Auch die Wechselwirkungen von außen und innen werden von ihm thematisiert: So entstand für die Hongkong-und-Shanghai-Bank das Büromöbelsystem Nomos, das in der gleichen technologischen Sprache wie das Gebäude selbst gestaltet wurde, die Möbel werden somit zum Mikrokosmos der Architektur. Ein Tablett für die Firma Alessi, Badezimmereinrichtungen für Duravit und Hoesch,

Leuchten für Erco, Türklinkenentwürfe für FSB, Bürozubehör für Helit oder Büromöbel für Thonet – alle seine Entwürfe sind von der gleichen gestalterischen Strenge und Perfektion wie die Gebäude. Zweifellos profitieren die Produzenten dabei auch vom Imagetransfer eines Norman Foster auf ihre Unternehmen.

Frank O. Gehry Der Amerikaner Gehry begann mit dekonstruktivistischen Bauwerken (z. B. ein Wohnhaus in Santa Monica, Kalifornien) und gilt heute als einer der eigenwilligsten und weltweit bedeutendsten Entwerfer. Mit dem Entwurf des Vitra Design Museums in Weil am Rhein leistete er einen entscheidenden Beitrag zur umfassenden Unternehmenskultur dieses Unternehmens. Mit dem Guggenheim-Museum in Bilbao schuf er einerseits eines der spektakulärsten Museen des 20. Jahrhunderts, darüber hinaus veränderte sich die Stadt selbst von einer reichlich tristen Industrie- und Hafenstadt zu einem kulturellen Zentrum im nördlichen Spanien, denn durch die gewaltigen Besucherströme siedelten sich immer mehr hochwertige Galerien und Läden an, die zum Wandel der ganzen Region beitrugen. Gehry selbst überwindet kongenial die inzwischen fließend gewordenen Grenzen zwischen künstlerischer, gestalterischer und architektonischer Praxis. Damit repräsentiert er höchst aktuelle Arbeitsweisen, die einen hohen gesamtkulturellen Stellenwert einnehmen.

Zaha Hadid Die im Irak geborene und in London lebende Hadid gilt als die wohl expressivste Architektin der Gegenwart, die dekonstruktivistisch arbeitet. Sie wurde 1983 international bekannt, als sie den Wettbewerb für das Peak-Projekt in Hongkong mit spektakulären Zeichnungen gewann. Sie zeichnet großformatige Bilder über städtische Situationen oder Gebäude, um damit darzustellen, wie neue visionäre Konzepte des Bauens aussehen könnten; mit ihren Arbeiten verfolgt Hadid eine radikale Neuentdeckung und -interpretation der Moderne. Ihre Gebäude sollen eine Geschwindigkeit haben, sie sollen schweben und damit auf der absoluten Höhe der Zeit sein. Wichtige Werke Hadids sind die Betriebsfeuerwehr der Firma Vitra in Weil am Rhein (ihr erstes Gebäude, 1993 realisiert), das heute eine Sammlung von 83 Stühlen enthält, die zu den Designklassikern des 20. Jahrhunderts gehören; das Contemporary Arts Center in Cincinnati, ein Pavillon für die Landesgartenschau in Weil am Rhein, die Mind Zone im Londoner Millenium Dome, das Hauptgebäude des BMW-Werkes in Leipzig, das Museum für gegenwärtige Kunst in Rom und das Fährterminal in Salerno. Ihr jüngstes Projekt heißt MMM Corones – Messner Mountain Museum, die Eröffnung steht unmittelbar bevor.

Von ihrer konsequenten Vorgehensweise zeugen auch Hadids Möbelentwürfe, die seit 1988 produziert werden und beispielhaft die Übergänge von den Räumen zu den Objekten darstellen. Für die Firma Sawaya & Moroni entwarf sie die Möbel-serie Z-Scape, die aus expressiven Tischen und Sofas besteht. Die Liege Glacier (2001) ist wie ein Stück Eisberg geformt, besteht aus CNC-gefrästem Holz und wiegt rund 600 Kilogramm. Aber auch für Firmen wie Zumtobel, Artemide, Magis und die Marburger Tapetenfabrik hat sie Produkte entworfen.

Hans Hollein Der Österreicher Hollein galt als einer der bedeutendsten Reprä-sentanten der Postmoderne. Der Übergang vom Objekt über den Raum zum Ge-samtkunstwerk war ein prägendes Merkmal seiner gestalterischen Arbeit. Bereits seine ersten realisierten Entwürfe, ein Kerzen- sowie ein Schmuckladen in Wien oder das dort angesiedelte halbstaatliche Österreichische Verkehrsbüro, waren durch eine expressive Sprachlichkeit gekennzeichnet. Mit dem Museum am Abtei-berg in Mönchengladbach gelang ihm der internationale Durchbruch: Die dort prä-sentierten Kunstwerke gehen stimmige Verbindungen mit der Innen- und Außen-architektur des Museums ein. Das in Frankfurt am Main errichtete MMK (Museum für Moderne Kunst) gilt als ein Höhepunkt postmoderner Architektur überhaupt. Seine zu Beginn der 1980er-Jahre entworfenen Objekte für die Memphis-Kollekti-on gehören zu den wenigen Beispielen postmodernen Möbeldesigns. Neben diver-sen Schmuckstücken und Uhren entwarf er Fliesen und Sonnenbrillen, einen Bö-sendorf-Flügel, einen Kristallflakon für Swarovski, aber auch einen Türdrücker für die deutsche Firma FSB, die allesamt durch ihre mehrfache Codierung aus der Tra-dition eines narrativen Designs zu interpretieren sind.

Christoph Ingenhoven Der deutsche Architekt Ingenhoven hat u. a. den RWE-Turm in Essen gebaut; er hat den neuen Tiefbahnhof Stuttgart 21 sowie das Google-Headquarter in Palo Alto geplant. Ingenhoven Architekten unterhält eine Designabteilung für die sogenannte „Sekundär-Architektur", dazu gehören Sani-tärobjekte, Leuchten, Beschläge (u. a. für FSB) oder auch ein Bürocontainer für Vitra.

Toyo Ito Der japanische Architekt Ito beschäftigt sich mit den sich ständig verän-dernden Wechselwirkungen von Mensch, Natur und Technik. Ito gehört zu den Architekten, die die neuen Technologien intensiv einsetzen, aber gleichzeitig der Wirkung und Erfahrung von Räumen auf und für die Benutzer hohe Bedeutung zukommen lassen. Die Beschäftigung mit dem Thema Wind führte Ito zu den Wur-zeln japanischen Wohnens: mobile Wände und nur spärliche, raumbestimmende Möbel; ständige Verwandelbarkeit steht im Vordergrund.

Rem Koolhaas Der Niederländer Koolhaas gründete 1975 OMA (Office for Metropolitan Architecture), das mit künstlerisch-experimentellen Entwurfsprojekten begann. Mit dem Entwurf eines Flagschiffladens in New York für den italienischen Modekonzern Prada (Koolhaas/OMA/AMO, 2001) realisierte er einen kongenialen Übergang von Architektur, Design und Mode. In langwierigen Untersuchungen, die unter anderem zu einem voluminösen Buch über „Shopping" führten, analysierte er mit seinem Büro die Phänomene des Einkaufens weltweit (Koolhaas/OMA/AMO, 2001). Der Laden selbst wurde inszeniert wie ein Theaterstück, er enthält Bühnen, unterliegt einer Dramaturgie und lebt durch Szenenwechsel: tagsüber Laden, abends Raum für Konzerte und Aufführungen oder Diskothek.

Richard Meier Der Amerikaner Meier steht in der Tradition der klassischen Moderne, interpretiert diese aber zeitgemäß weiter. Die weißen Innen- und Außenflächen seiner Gebäude lassen die Solitäre an ihren jeweiligen Orten einen Glanz ausstrahlen, der durchaus auch auf den Architekten selbst zurückfällt. Seine reduzierte, auf einfache geometrische Formen konzentrierte Objektsprache transformiert Meier auch auf seine Möbelentwürfe, die zumeist für die von ihm entworfenen Gebäude angefertigt werden. Er hat Objekte für Alessi (Teeservice), Knoll International (Objektmöbel) oder Swid Powell (Silberschalen) entworfen. Design stellt für ihn einen gleichermaßen bedeutsamen Entwurfsbereich wie die Architektur dar (siehe dazu: Fischer, 2003).

Alessandro Mendini Der italienische Architekt, Designer und Publizist Mendini gehört zu den geistigen Vordenkern des Designs in der zweiten Hälfte des 20. Jahrhunderts. Er war Mitinitiator der Memphis-Bewegung zu Beginn der 1980er-Jahre, Gründer des Studios Alchimia in Mailand, Entwerfer mannigfaltiger Produkte. Mendini bewegt sich nahezu spielerisch zwischen Architektur, Design, Kunst, Literatur und Musik – er ist der prototypische Überschreiter sämtlicher Grenzen. Sein Werk kann zweifellos als „Gesamtkunstwerk" bezeichnet werden.

Jean Nouvel Der Franzose Nouvel zählt zu den wohl intellektuellsten Architekten der Gegenwart. Er wurde stark von den philosophischen und soziologischen Strömungen in seinem Land – zum Beispiel Jean Baudrillard, Jacques Derrida und Paul Virilio – beeinflusst. Er entwickelte eine symbolhafte Architektur, die er mit immer neuen Hightech-Materialien realisiert. Dabei geht es ihm auch um das Ausloten statischer Prinzipien und das Aufbrechen sinnlicher Erfahrungen. Mit der von ihm praktizierten minimalistischen Ästhetik bewegt sich Nouvel zwischen einer Einfachheit der Außenwirkung und oftmals höchst komplexen inneren Strukturen der Bauwerke (Nouvel, 2001).

Das Institut du Monde Arabe in Paris (1987) vereinigt diese Aspekte in höchstem Maße, hinzu kam eine Neuinterpretation arabischer Ornamentik, widergespiegelt in den Fassadenelementen, die sich je nach Lichteinfall verändern. Beim Entwurf der Fondation Cartier in Paris (1995) thematisierte Nouvel die Frage von Materialität und Immaterialität, die nicht zuletzt durch die neuen digitalen Medien auch im Design seit Ende der 1980er-Jahre diskutiert wird. Die vorgesetzten Glasscheiben machen das Gebäude sichtbar und unsichtbar zugleich: So wird die bestehende Häuserfront nur virtuell aufgenommen, wohingegen sich das eigentliche Gebäude, ebenfalls mit Glas versehen, deutlich versetzt in einem Park befindet. Das Spiel mit Realität und Irrealität betreibt Nouvel hier mit höchster Perfektion. Für dieses Gebäude hat Nouvel das Büromöbelsystem Less entworfen, das von der italienischen Firma Unifor hergestellt und vertrieben wird. Wie zweidimensionale Scheiben wirken die aus Aluminium hergestellten Schreibtischflächen; nur von unten erschließt sich das Volumen; sämtliche technologischen Verbindungen, Kabelführungen und Ähnliches bleiben unsichtbar – gleichsam immateriell.

Aldo Rossi Der Italiener Rossi galt als einer der bedeutendsten Repräsentanten der rationalen Architektur, die ihre Wurzeln in den 1920er-Jahren bei Adolf Loos, Le Corbusier und Mies van der Rohe hat. Die Konzentration auf die Ratio wurde bereits von Vitruv beschrieben (siehe dazu: Bürdek, 1997b), erlebte aber im rationalistischen Zweig der Bewegung der Postmoderne wieder eine Aktualisierung. Rossi veröffentlichte auch eine Reihe theoretischer Diskurse über aktuelle Fragen von Architektur und Städtebau (1966, 1975). Er war einer der Vertreter auf der Architektur-Biennale 1980 in Venedig, auf der wichtige Meilensteine für die beginnende postmoderne Architektur präsentiert wurden. Durch seinen Beitrag, ein schwimmendes Teatro del Mondo, wurde er zum Meister des Zitierens historischer Zeichen. Überhaupt entwickelte er eine Perfektion in der Anfertigung von Kulissen, die auf seine Erfahrung als Opern-Bühnenbildner zurückverwies.

Mit dem Bonnefantenmuseum (1995) in Maastricht (Niederlande) entwarf er ein Museum, das wie ein strenger, zweckmäßiger Industriebau des frühen 20. Jahrhunderts wirkt. Rossis Lust an der Askese, sein Hang zu einfachen geometrischen Formen wird in einigen Details perfektioniert: So verweist eine nicht enden wollende Treppe auf mediterrane Straßen mit gleißendem Licht am Ende. Die mit Zinkblech verkleideten Kuppeln des Gebäudes erinnern an Industriegebäude, die bewusst eingesetzte Farbigkeit im Gebäude karikiert aber diesen Eindruck auf ironisierende Art und Weise. Das gesamte Gebäude ist ein Spiel mit Farben und Formen, es erzählt allerorts Geschichten von der Vergangenheit und Gegenwart der Baukunst.

So wie seine Gebäude eine hohe Eigenständigkeit besitzen, so sind auch die von ihm entworfenen Produkte „Mikroarchitekturen": Kaffeekannen für Alessi, Sitzmöbel für Molteni oder das Büromöbelsystem Parigi für die italienische Firma Unifor. Aus den Arbeiten für das Maastrichter Museum resultierte der Bücherschrank Cartesio, der die geometrische Strenge von Rossis rationalistischem Entwurfsstil widerspiegelt.

James Stirling Der Brite Stirling begann seine Arbeiten mit einer kritischen Auseinandersetzung mit den späten Bauten von Le Corbusier, beispielsweise mit der Wallfahrtskirche im französischen Ronchamp (1957). Darüber wandte er sich dem „Brutalismus" zu, einer Entwurfsrichtung, bei der die Verwendung von Sichtbeton (franz. „béton brut") im Vordergrund steht; in diesem Sinne entwarf er bis in die 1970er-Jahre hinein zahlreiche Bauten wie das Leicester University Engineering Building, die Olivetti Training School in Haslemere oder auch Bauten für die Siemens AG und das Derby Civic Centre.

Ende der 1970er-Jahre wandte Stirling sich explizit der postmodernen Bewegung zu und wurde zum Wortführer einer narrativen, aber durchaus auch ironisierenden Entwurfshaltung. Seine Methode bestand darin, aus dem Erfahrungsschatz der Architekturgeschichte einzelne Phänomene zu zitieren (wie die Kuppelhalle von Schinkel, die Stoa der Antike oder die neoantiken Bauten Palladios) und sie zugleich (in den jeweiligen Kontexten) neu zu interpretieren; damit hat er „der Architektur das Tanzen beigebracht" (Pehnt, 1992).

So erinnert die Neue Staatsgalerie in Stuttgart (1984) an einen italienischen Palazzo, mit einer antiken Rotunde in der Mitte, einem ägyptisierenden Trapezportal sowie pompösen Aufgangsrampen. Aber auch im Inneren ist das gesamte Gebäude durch bewusste Stilbrüche gekennzeichnet: Ein knallgrüner Hightech-Aufzug kontrastiert mit Pilzkopfstützen in den Ausstellungsräumen. Gleichwohl bieten die Innenräume eine hohe Kontemplation, die in deutlichem Widerspruch zur spektakulären Außenarchitektur steht. Das Gesamtkunstwerk Museum harmoniert dabei durchaus mit den Kunstwerken im Inneren.

Mit dem Entwurf der Fabrikgebäude für die deutsche Medizintechnik-Firma B. Braun in Melsungen (1992) leistete Stirling einen bedeutsamen Beitrag zur Industriearchitektur des ausgehenden 20. Jahrhunderts. Was als funktional-rationale Stätte der Arbeit begann, mündete hier in einen postmodernen Gebäudekomplex, der gleichsam zu einem wichtigen Identifikationselement der Mitarbeiter mit dem Unternehmen wurde.

Schweizer Pavillion, Expo Hannover
Entwurf: Peter Zumthor (2000)

Hadi Teherani Der Iraner Teherani betreibt in Hamburg ein Architektur-, Innenarchitektur- und Designbüro. Er entwarf Bauwerke wie den Flughafen-Fernbahnhof in Frankfurt, die Zayed University in Abu Dhabi oder die Tanzenden Türme in Hamburg. Ihm geht es in seiner Arbeit als Architekt um ein ganzheitliches Entwerfen von baulichen Gesamtkonzepten, womit er indirekt an die Anfänge der Moderne im Bauhaus anknüpft. Designprojekte umfassen Bürostühle, Küchen (Poggenpohl), Belichtungsobjekte, Türklinken (FSB), Schreibgeräte (Montblanc) u. a. m.

Oswald Mathias Ungers Der deutsche Architekt Ungers begann Anfang der 1980er-Jahre die geometrische Grundform des Quadrats zu deklinieren, die zu einem prägenden Merkmal seines Entwurfsstils wurde.

Ungers entwarf für seine Gebäude auch das Interieur, so spiegeln die für das Deutsche Architekturmuseum in Frankfurt am Main konzipierten Stühle gleichsam das formale Gesamtkonzept im Kleinen wider: eine schwarze Holzrahmenstruktur, versehen mit weißen, quadratischen Lederpolstern. Die Strenge des Gebäudes überträgt sich dabei auf die Möbel.

Peter Zumthor Der Schweizer Zumthor gehört zu den rigidesten Vertretern seines Faches; er errichtet mit großer Stringenz, Leidenschaft und Perfektion Gebäude, die das Thema des Raumes vollkommen neu definieren. Als gelernter Schreiner erfuhr er (in der väterlichen Werkstatt) sehr früh, was handwerkliche Perfektion bedeutet, und in einer zehnjährigen Tätigkeit als Denkmalpfleger konnte er sich profundes Wissen über die Qualitäten von Bausubstanzen aneignen. Zumthor verwendet zumeist nur natürliche, offen gezeigte Materialien (Holz, Stein, Metall, Beton). Dabei ist seine Formensprache hart und geometrisch, die Gebäude selbst wirken von außen wie Solitäre, im Inneren hingegen strahlen sie eine angenehme Wärme aus. Gedanklich schließt er dabei an den Philosophen Heidegger (1967) an, dessen „Sehnsucht nach dem Ursprünglichen, nach dem Aufgehobensein, dem Behaustsein" er durchaus nachvollziehen kann (Zumthor, 2001). Aber jenseits aller philosophischen oder gestalterischen Fragen geht es ihm nicht nur um Ideen oder Bilder, sondern um die Dinge selbst, und diese haben einen Wert an sich: Es geht ihm um deren Anschaulichkeit. So ist die von ihm entworfene Felsentherme im schweizerischen Bad Vals (1997), aus grau-grünlichem Naturstein gebaut, ein übermächtiges Symbol für Natur, Wasser, Entspannung und hohe Kontemplation. Das Kunsthaus im österreichischen Bregenz wurde von Zumthor als ein transluzenter Kubus entworfen, der bei Dunkelheit wie ein Leuchtkörper in der Stadt am Bodensee wirkt.

Für die Expo 2000 in Hannover entwarf er den Schweizer Pavillon. Für diese temporäre Veranstaltung verwendete er 3 000 Kubikmeter Föhrenbalken, die ohne Schrauben, Nägel oder Dübel zusammengehalten wurden; das Gebäude wurde einzig und allein durch Stahlstreben stabilisiert, damit die einzelnen Balken nach der Demontage unbeschädigt weiterverwendet werden konnten. Der offene Pavillon – als ein Klangkörper konzipiert – erzeugte durch den Geruch des Holzes, dessen unbehandelte Oberfläche sowie die Anordnung der Balken selbst ein Raumgefühl von höchster Intensität. Die Natur selbst wurde zum begehbaren Raum, eine Metapher, die für das dargestellte Land – die Schweiz – sehr treffend erscheint.

Utopien, Visionen, Konzepte und Trends

Der Blick auf die Architektur sollte deutlich gemacht haben, dass dort neben den unmittelbaren Ergebnissen der Disziplin – von den einzelnen Gebäuden bis hin zur gebauten Umwelt – eine starke Tendenz besteht, über den Tellerrand des alltäglichen Entwerfens hinauszuschauen. Darin liegt sicherlich zum einen die Dimension der geistigen Auseinandersetzung mit den Aufgaben der Architektur selbst, die eben über weite Strecken profunder ist als die des Designs. Zum anderen sind Utopien und Visionen, wie sie dort formuliert werden, wichtige Bereiche, in denen neue Lebens- und Gestaltungskonzepte analysiert, formuliert, skizziert und simuliert werden können. Dies wurde in der Geschichte der Architektur immer mitreflektiert, was man vom Design nicht unbedingt sagen kann.

Die in der Antike von Platon verfasste Schrift *Politeia* stellt den Ausgangspunkt utopischen Denkens dar. Aber erst durch einen Roman von Thomas Morus, *Utopia* (1516), begann dieses Thema weitere Kreise zu ziehen, wie beispielsweise in Francis Bacons Buch *Nova Atlantis* (1626).

Utopisches, vorausschauendes und konzeptionelles Entwerfen hat in der Architektur gleichwohl eine lange Tradition (siehe dazu auch: Kruft, 1985). Anhand einiger Beispiele soll dies in Erinnerung gerufen werden.

Mars Station, Mars One Stiftung, Niederlande (2012)

Der französische Architekt Étienne-Louis Boullée fertigte im 18. Jahrhundert Entwürfe an, die nicht als Grundlage für Bauten dienen, sondern als Beispielsammlung in ein imaginäres Architekturmuseum eingehen sollten. Der französische Revolutionsarchitekt Claude-Nicolas Ledoux entwarf zur gleichen Zeit Gebäude, bei denen insbesondere die Symbolik im Vordergrund stand.

Der italienische Futurismus zu Beginn des 20. Jahrhunderts galt als Musterbeispiel einer grenzenlos verherrlichten Technik, und der russische Künstler Kasimir Malewitsch versuchte sogar, zwischen der von ihm entworfenen Architektur und der kommunistischen Gesellschaftsform eine Brücke zu schlagen.

Die bereits erwähnten Metabolisten in Japan oder Richard Buckminster Fuller gehören zu den wohl bekanntesten Utopisten im 20. Jahrhundert, was sowohl für die Architektur als auch für das Design gilt. In den 1960er-Jahren beschäftigte sich unter anderem Hans Hollein mit architektonischen Visionen, und die englische Gruppe Archigram (Peter Cook und andere) huldigte mit ihren Projekten einem positivistischen Technikkult.

Seit den 1970er-Jahren sind es Léon Krier, die Gruppe Site, Coop Himmelb(l)au, Superstudio, Peter Eisenman, Rem Koolhaas, Bernhard Tschumi, Daniel Libeskind und seit Beginn der 1980er-Jahre vor allem Zaha Hadid (siehe dazu: McQuaid,

2003), die sich insbesondere mittels architektonischer Zeichnungen der Zukunft von Raum und Zeit widmen. Besondere Bedeutung kam der Wiener Gruppe Haus-Rucker-Co (Günter Zamp Kelp, Laurids Ortner und Klaus Pinter) zu, die von 1967 bis 1977 visionäre architektonische und städtebauliche Konzepte entwarf. Getragen von der Aufbruchstimmung nach 1968, setzten sie den Fokus auf die „Zukunft": poppig, von der Raumfahrt und dem damaligen Zeitgeist inspiriert. Primär ging es ihnen um „Mind Expanding" – eine Erweiterung der Wahrnehmung (Blomberg, 2014).

In den 1990er-Jahren war es vorrangig die holländische Gruppe MVRDV, die die lange Tradition architektonischer Utopien und Visionen fortsetzte. So gehörte der von MVRDV für die Expo 2000 in Hannover entworfene Pavillon der Niederlande zu den exponiertesten dort gezeigten Beispielen: Die Enge des Landes führte zu der Idee, dessen Eigenheiten in mehrere thematische Ebenen aufzuteilen und diese in einem horizontalen Bauwerk – quasi wie ein Landschaftsstapel – zu präsentieren.

Frühe Utopien im Design

Ausgehend von Thomas Morus' Roman skizzierte Jürgen Zänker in seinem Beitrag über *Utopisches Design oder Utopie des Design* (1981) insbesondere die Arbeit von William Morris (1890), der als einer der Väter des Designs und zugleich als einer der letzten sogenannten Utopischen Sozialisten angesehen werden kann. Für ihn waren die beiden gesellschaftlichen Funktionen des Künstlers und Sozialrevolutionärs letztlich eine Einheit.

Dieser sozial orientierte Utopiebegriff wurde insbesondere im Bauhaus und an der HfG Ulm weiterentwickelt. So war der Grundgedanke des Bauhauses zuerst einmal visionär. Der noch aus dem 19. Jahrhundert stammende Muff kleinbürgerlichen Wohnens sollte mit neuen Gestaltungskonzepten überwunden werden. Die sozialvisionäre Tendenz des Bauhauses lag aber auch in der Annahme, dass mit neuen Gestaltungskonzepten eine gesellschaftliche Demokratisierung erreicht werden könne. Als Basis dafür wurde der Versuch angesehen, die objektiven, wissenschaftlichen Bedingungen des Designs zu erforschen. Am Nachfolgeinstitut der HfG Ulm, dem Institut für Umweltplanung (IUP) (↗S. 43), wurde gar eine Arbeitsgruppe „Bedürfnisforschung" installiert, die die „wahren" gesellschaftlichen Bedürfnisse untersuchen sollte (Baehr/Kotik, 1972). Wie gezeigt wurde, haben sich im Übergang vom 20. zum 21. Jahrhundert die Bedürfnisse in Begehrnisse verwandelt, was einen dramatischen Veränderungsprozess in den Industrieländern darstellt. In den Ländern der 2. und 3. Welt bleiben jedoch wesentliche Bedürfnisse weiterhin unbefriedigt.

1 **Truck auf DAF-Chassis**
Design: Luigi Colani
Karlsruhe (1985)

2 **Visiona**
Design: Verner Panton
Fa. Bayer AG, Leverkusen (1970)

1

2

Der deutsche Designer Luigi Colani, der in den 1960er- und 1970er-Jahren als Propagandist einer Gestaltungsauffassung galt, die durch organisch-erotische Formen geprägt war (siehe: Dunas, 1993 und Bangert, 2004), wurde durch spektakuläre Visionen bekannt, wie zum Beispiel eine Kugelküche, einen Sekretärinnen-Arbeitsplatz oder einen Container-Lkw für das Jahr 2001. Zahlreiche seiner Pkw- und Flugzeugstudien fanden Beifall bei sensationslüsternen Werbeleuten, die seine Entwürfe insbesondere auf Messen mediengerecht präsentierten, um sich selbst mit der Aura der Fortschrittlichkeit zu umgeben. Realisiert wurde von Colanis Entwürfen indes nur relativ wenig.

In den 1960er-Jahren begann in der UdSSR wie in den USA das Zeitalter der bemannten Weltraumflüge, was nicht ohne Einfluss auf manche Designer bleiben sollte. Nicht ganz so abstrus wie die von Colani waren die Entwürfe Verner Pantons, die er für die Bayer AG anfertigte. Anlässlich der jährlich durchgeführten Ausstellung „Visiona" wurden Material- und Farborgien inszeniert, die die „heile-geile" Kunststoffwelt der ausgehenden 1960er-Jahre widerspiegelten. Diese Wohnvisionen verwiesen dann auch eher auf die Welt der Science-Fiction, als dass sie Antworten auf reale Wohnbedürfnisse hätten geben können. Auch der italienische Designer Joe Colombo galt zu dieser Zeit als Entwerfer visionärer Wohnwelten.

Als eine wichtige Abgrenzung kann festgehalten werden, dass im Begriff der „Utopie" immer ein gesellschaftsveränderndes Moment enthalten sein muss, wohingegen Visionen eigentlich nur die Projektion möglicher – oder willkürlicher – zukünftiger Bauten, Raumkonzepte oder Produkte darstellen. Heinrich Klotz (1987) verwies in diesem Zusammenhang auf die Bedeutung des Begriffs „Fiktion", denn nicht nur Funktion, sondern auch Fiktion sei geradezu eine Formel für das Verständnis postmoderner Architektur.

Von der Konzeptkunst zum Konzeptdesign

Sol LeWitts Satz, dass Ideen alleine schon Kunstwerke sein können (erstmals veröffentlicht in der Maiausgabe 1969 der Zeitschrift *Art-Language*), war Ausgangspunkt für eine Kunstrichtung, die als Conceptual Art, konzeptuelle Kunst oder Konzeptkunst bezeichnet wird. Im Mittelpunkt steht dabei eine Entmaterialisierung der künstlerischen Realisationen, das heißt der weitgehende Verzicht auf jede – für die klassischen Kunstformen unentbehrliche – Ausführung im Material (Felix, 1972). Wenn es in der Konzeptkunst darum geht, schöpferische Denkprozesse des Betrachters anzuregen, dann werden damit Kategorien angesprochen, die einerseits direkt aus der Philosophie abgeleitet werden, andererseits in ihrer Bedeutung auch auf das Design übertragen werden können.

Geröllradio, Entwurf: Kunstflug (Heiko Bartels, Hardy Fischer, Harald Hullmann), Düsseldorf (1986)

Im Gegensatz zu den „visionären" Kunststoffeuphorien eines Luigi Colani oder eines Verner Panton gab es seit den 1960er-Jahren in der italienischen Design- und Architekturszene mannigfaltige Konzepte und Visionen, die vor allem von solchen Entwerfergruppen entwickelt wurden, die gesellschaftskritische oder gar politisch radikale Aspekte zur Grundlage ihrer Arbeit nahmen. Eingebunden in die kulturelle Entwicklung ihres Landes, formierten sich in den 1960er-Jahren Gegenströmungen, die unter den Stichworten Radical Design, Counter Design oder Antidesign bekannt wurden. Im Gegensatz zum Schaffen von englischen Gruppen wie Archigram wurde hier bewusst versucht, „negative Utopien" zu entwickeln, die verstärkt auf die verheerenden Auswirkungen der industriellen Gesellschaft verwiesen. Wichtige Vertreter italienischen Konzeptdesigns waren Gaetano Pesce, Andrea Branzi oder die Gruppe Alchimia um Alessandro Mendini.

In Deutschland sah sich die 1982 gegründete Gruppe Kunstflug zwar selbst in der Tradition italienischer Designer- und Architektengruppen wie Archizoom, Superstudio, Gruppo Strum, gleichwohl blieb ihr Wirken auf einen recht kurzen Zeitraum in den 1980er-Jahren, den des Neuen Deutschen Designs (siehe dazu: Albus/ Borngräber, 1992 sowie Hoffmann/Zehentbauer, 2014), beschränkt. Ausgangspunkt ihrer Arbeiten war eine rigide Kritik an den zementierten Verhältnissen der Guten Form. Als provokative Antwort entwarfen sie ironische Objekte, die bewusst an die künstlerischen Traditionen des Dadaismus, der Readymades oder der Objet-trouvé-Kunst anzuknüpfen versuchten. Kunstflug (Heiko Bartels, Hardy Fischer, Harald Hullmann) begann damit, industrielle Halbzeuge (Bleche, Verbindungselemente, Kabel, Lampen, Transformatoren) mit natürlichen Materialien (Holz) zu verbinden. Mit ihrem „Geröllradio" (1986) erkannten die Kunstflieger, dass die Zukunft der Avantgarde in der Elektronik liegen würde. Ihr Konzept eines neuartigen Fahrkarten- und Serviceautomaten (Kunstflug, 1988) verwies bereits auf den Rückgang der Bedeutung der Geräte (Hardwaredesign) zugunsten der zunehmend wichtigeren Frage der Benutzeroberflächen (Softwaredesign).

Seit 1985 entwickelten die beiden Frankfurter Designer Uwe Fischer und Achim Heine als Ginbande sogenannte gestalterische „Gedankensprünge" (Lenz, 1988), die in ihrer geistigen Tradition an die klassische Moderne anknüpften, diese aber konsequent zu Ende dachten. So sind Klappmöbel schon seit Jahrhunderten ein beliebtes Thema für Architekten und Designer (siehe dazu z. B. Blaser, 1982, oder Spalt, 1987). Ginbande nutzte die Bodenflächen zum Wegklappen von Stuhl, Tisch oder Lampe. Also weniger funktional als über die Funktion hinaus gedacht, stellt sich ein solches Interieur dar. Zusammengeklappt sind die Möbel auch noch Ornament des Bodens: Im besten japanischen Sinne bestimmt der Boden schon den Raum. Internationale Aufmerksamkeit erregte das Projekt Tabula Rasa, das anlässlich der 1987 in Mailand gezeigten Ausstellung „Un posto a tavola" (Des Menschen Platz am Tisch) vorgestellt wurde. Das schon lange bekannte simple Scherenprinzip wurde kongenial in einem von 0,5 bis 5 Meter ausziehbaren Tisch verwendet. Vom trauten Tête-à-tête an einem kleinen Bistrotisch bis zum opulenten Gelage an der großen Tafel – Tabula Rasa bietet allen den Platz, den man jeweils benötigt.

Der in London lebende Ron Arad entwickelte Konzepte, beispielsweise eine in Betonbruchstücke eingesetzte Hi-Fi-Anlage. Er zerstörte damit archetypische Zeichen von hochwertiger Technik und verband diese mit modernen Ruinen der Zivilisation. Dies machte gleichwohl technisch einen Sinn, denn die Schwingungsabsorption von Beton ist enorm hoch.

Der Spanier Martí Guixé begann Mitte der 1990er-Jahre mit konzeptionellen Projekten, die die Wechselwirkungen von Produkt und Konsument zum Thema haben. Dabei überschreitet er spielerisch die Grenzen von Design, Typografie, Anthropologie, von Geistes- und Naturwissenschaften und entwirft Konzepte, veranstaltet Performances und Aktionen (Hinte, 2002). Für ihn gilt das Motto „Form follows destruction", denn er will mit seinen Arbeiten traditionelle Gewohnheiten und Umgangsweisen mit Produkten infrage stellen.

Zukunft im Zeichen der Mikroelektronik

Der Chip als das industrielle Leitfossil des ausgehenden 20. Jahrhunderts (Bürdek, 1988) findet seine offensichtlichste Anwendung im Computer selbst. Dass dieser sich – permanent beschleunigend – in den unterschiedlichsten Erscheinungsformen praktisch überall in unser Leben manövriert, war und ist Gegenstand diverser Designstudien und -konzepte.

Die Integration unterschiedlichster technischer Möglichkeiten steht im Mittelpunkt von Forschungsprojekten, insbesondere in den USA. Als ein exponiertes Zentrum hat sich dafür das Media Laboratory des Massachusetts Institute of Technology in Cambridge/Boston profiliert (siehe dazu: Brand, 1987, oder Negroponte, 1995). Dort wurde bereits in den 1980er-Jahren mit intensiven Forschungen und Konzepten zur Integration von Fernsehen, Computer und Telekommunikation begonnen mit erheblichen Mitteln aus der internationalen Industrie werden zukünftige Produktkonzepte erarbeitet. Über einige Jahre war beispielsweise das Thema Things That Think (siehe dazu: Gershenfeld, 1999) angesagt, bei dem zahlreiche sogenannte „intelligente Produkte" konzipiert wurden.

Ende der 1990er-Jahre eröffnete das Media Lab eine Filiale in Dublin. Auch dort wurde an diversen neuen digitalen Produkten gearbeitet. Der dort auch tätige James Auger, ein britischer Produktdesigner, erregte mit dem Entwurf eines

„Mobiltelefons im Zahn" Aufsehen, mit dem er die Grenze zum „Körperdesign" überschritten hatte. Heute geht es im Media Lab in Cambridge/Boston weniger um die Fortschreibung digitaler Zukunftsvisionen als vielmehr um die Entwicklung von Zusatzfunktionen, die die Produkte für die potenziellen Käufer attraktiv werden lassen.

Ganz in der Tradition des Konzeptdesigns steht Anthony Dunne, ein Absolvent des Londoner Royal College of Art, der inzwischen selbst dort lehrt. Mit seinen *Hertzian Tales* (Dunne, 1999) veröffentlichte er eine fantastische Sammlung neuartiger elektronischer Produkte, ästhetischer Experimente und kritischer Design-Statements. Dunne beschreibt, wie Designer und Künstler Brücken schlagen zwischen den immateriellen digitalen Welten und der materiellen Kultur der Objekte. Neben einer profunden Entwicklungsgeschichte digitaler Technologien präsentiert er eine Reihe eigener Konzepte wie Electroclimate (ein abstraktes Radio), Tuneable Cities (die Überlagerung städtischer und natürlicher Umgebungen) oder den Faraday Chair (einen elektro- und radiofreien Raum, in den sich der Benutzer kontemplativ zurückziehen kann).

Zusammen mit Fiona Raby stellte Dunne (2001) Konzepte vor, die insbesondere das zu wenig beachtete narrative Potenzial der elektronischen Produkte zum Gegenstand haben. So war schon der Sony-Walkman (1980) viel mehr als ein Gerät zum Musikhören, er hat die sozialen Beziehungen und auch die Wahrnehmung dramatisch verändert. Design Noir ist eine grundlegende Methode, die psychologischen Dimensionen elektronischer Produkte zu verändern und zu erweitern. In ihrer aktuellen Publikation denken Dunne und Raby (2014) spekulativ über neue Produkte, deren Gebrauch etc. nach. Futurologie, politische Faktoren, Technikphilosophien und literarische Fiktionen bestimmen die wünschenswerten Zukünfte.

Trendforschung und ihre Grenzen

Nach dem Boom der Zukunftsforscher (auch Futurologen genannt) in den 1960er- und 1970er-Jahren etablierte sich in den 1990er-Jahren eine neue Disziplin: die Trendforschung. Dabei geht es nicht mehr um lang- oder mittelfristige Prognosen, sondern darum, den Unternehmen kurzfristige Empfehlungen zu geben, wie sich Lebensweisen und -stile der Verbraucher verändern, an welchen Leitbildern sich diese orientieren, um daraus durchaus zeitgeistige Rückschlüsse auf die Produkte und das Design zu ziehen.

Trends können sich in Farben und Oberflächen, in Materialien, in Kombinationen von Werkstoffen oder Ähnlichem niederschlagen. „Trends" können aber auch zu ganzen Marktsegmenten werden, wie man am Beispiel von Fahrzeugen der SUV-Klasse (Sport Utility Vehicles) sehen kann.

Sehr schnell eroberten sogenannte Trendgurus dieses Gebiet, die für teures Geld Seminare anbieten, Publikationen vertreiben und ganz besonders gerne selbst in den Medien auftauchen, um Werbung für sich zu machen. Trendscouts ziehen durch die Metropolen der Welt, um Produkte und Verhaltensweisen zu beobachten, aus denen sich möglicherweise neue Trends ableiten lassen. Ob die Amerikaner Douglas Coupland, Faith Popcorn oder Suzi Chauvel, die Deutschen Gerd Gerken, Gertrud Höhler, Matthias Horx, Peter Wippermann – allen gemeinsam ist die kurzatmige Vermarktung von Trends (Rust, 1995, 2002), die oftmals die nächste Saison kaum überdauern. Aber dann bedarf es ja schon wieder neuer (kostbarer) Ratschläge.

Als besonders anfällig und ergiebig für solche Trends erweist sich inzwischen die Möbelindustrie. Die jährlichen Neuheitenmessen – ob in Köln oder Mailand – mutieren zu veritablen Inszenierungen für Moden und Beliebigkeiten. Dort werden „Trendpressekonferenzen" veranstaltet, um den Handel und das Publikum einzustimmen: Ob „Edel-Cocooning", der „Dschungel im Wohnzimmer", „Retrowelle", „helle Hölzer", „neue Einfachheit", „nomadisches Wohnen", „neue Organik" oder „Möbel auf Rollen" – jedes Jahr werden neue Begriffe mit den dazu passenden Produkten lanciert, und das Möbeldesign selbst verschleißt schneller als die Begriffe.

Dies alles als Trendforschung zu proklamieren, entbehrt nicht einer gewissen Ironie, denn mit Forschung hat das kaum etwas zu tun. Und so sind nur wenige Ansätze bekannt, die als ernsthaft bezeichnet werden können. Der Ökonom Franz Liebl (2000) verortet die Problematik, Zukunftsentscheidungen für Unternehmen zu treffen, am strategischen Management: Es geht um die Gestaltbarkeit von Zukunft. Für ihn ist der Begriff „issue" (Thema) bedeutsamer, weil sich daran mittel- und langfristige Veränderungsprozesse, sei es in der Gesellschaft, der Technik oder der Kultur, beschreiben lassen, auf deren Basis fundierte Aussagen über zukünftige Entwicklungen getroffen werden können.

Ausblick

Allen diesen Bestrebungen, Visionen zu entwickeln, liegt ein gemeinsamer Begriff zugrunde, dem Mihai Nadin (2002) aktuelle Bedeutung zugewiesen hat: die Antizipation. Für ihn ist Antizipation keine Frage von Wahrscheinlichkeit, sondern viel eher einer Theorie im mathematischen Raum des Möglichen. Möglichkeiten können in Form von unterschiedlichen Szenarios beschrieben und dargestellt werden, von denen sich einige durchsetzen, manche aber nicht. Es geht dabei also immer um die mentale Vorwegnahme möglicher Ereignisse. „Prognosen sind schwierig, insbesondere wenn sie in die Zukunft gerichtet sind", so lautet eine Redewendung. Diese Unsicherheiten zu vermindern, ist eine wichtige Funktion, die dem Design immer mehr zukommt. Aufgabe von Design ist es dabei weniger, die Visionen zu entwickeln, als diese zu visualisieren.

Design und Gesellschaft

Der international renommierte Lifestyledesigner Karim Rashid (2001) gab einmal das Motto aus: „I want to change the world." Damit reiht er sich in eine Vielzahl von Stimmen ein, die Ähnliches proklamieren. Diese Self-Promotion kommt anscheinend in den Medien gut an, zumal der Anspruch von Designern grenzenlos zu sein scheint: Eigentlich können nur sie die Welt vor dem Untergang bewahren – unglaubwürdiger argumentiert sonst kaum eine andere Disziplin.

Aber plakativ ist es schon: *Weil Design die Welt verändert … Texte zur Gestaltung,* so steht es auf dem Cover eines Buches zweier Architekten (Borries/Fezer, 2013), aber schon wenige Seiten später heißt es, dass Design eben nicht die Welt verändern, sondern im günstigsten Fall etwas verbessern kann (Jesko Fezer). Nun, Letzteres ist allenthalben bekannt.

Wolfgang Ullrich (2011) zitiert gar die elfte Feuerbachthese: „Die Philosophen haben die Welt nur verschieden interpretiert, es kömmt darauf an, sie zu verändern", und fragt ironisierend: „Verändern Produktgestalter sie auch?" Nicht wirklich, könnte man meinen, denn sie beschäftigen sich doch eher mit Duschgels, Wollsocken, Pfeffermühlen, Parfums und Mineralwässern, die natürlich allesamt gestaltet sein wollen, wofür Produktgestalter durchaus geeignet sind. Ullrich geht es mehr um „ein Verständnis von Konsumgütern als Produkten ästhetischen Scheins" – die Weltveränderung fällt dabei einfach aus.

Design ist immer in einen soziokulturellen Kontext eingebettet, und insofern gibt es immer gesellschaftliche und ökonomische Rahmenbedingungen, die massive Auswirkungen auf das Design haben (Hauffe, 2014). Ein Beispiel ist die Verfallsgeschichte der Porzellanindustrie, die eben auch eine Gesellschaftsgeschichte vom Sterben bürgerlicher Lebensformen ist (Grossarth, 2009). Die Alternative ist nicht „Coffee to go", sondern die Fähigkeit von Designern, gesellschaftliche Wandlungsprozesse zu erkennen und darauf aufbauend neue Produktkonzepte zu entwickeln.

Junge Designerinnen und Designer entziehen sich gerne dieser Problematik, indem sie den individuellen Rückzug in ein neues „Design-Kunsthandwerk" antreten. „Think global – act local" wird dabei leider recht einseitig interpretiert. Dies bezieht sich auch auf die gegenwärtig so angesagte neue „digitale Handwerkskunst" mittels 3-D-Druckerei (↗S. 255 f.). Und was die „digitale Handwerkskunst in den Händen von Amateuren" anrichten kann, ist bisweilen problematisch: Viele der gezeigten Produkte (Warnier/Verbruggen/Ehmann/Klanten, 2014) sind schlichtweg dilettantisch.

Auf der anderen Seite ist unbestritten, dass sich seit den 1980er-Jahren, also mit dem Beginn der Postmoderne, die Rolle des Designs verändert hat. Deshalb soll nun der Blick auf einige ausgewählte gesellschaftliche Modelle geworfen werden, deren Relevanz für das Design unbestritten ist. Dabei ist selbstverständlich, dass diese Modelle vor der Folie des europäischen Kontextes diskutiert werden.

Die Theorie der feinen Leute Thorstein Bunde Veblen (1857–1929), ein amerikanischer Soziologe und Ökonom, legte mit seiner *Theorie der feinen Leute* (1899) eine frühe sozialwissenschaftliche Studie vor, in der er insbesondere die Abgrenzungsbestrebungen der oberen Klassen in den Gesellschaften des 19. Jahrhunderts beschreibt. Während früher mal Muße das Zeichen eines hohen Standes war, ist nach und nach der Konsum teurer Güter (heute würde man „Produkte" sagen) zum demonstrativen Zeichen von Erfolg geworden. Hier wird schon sichtbar, dass Produkte eben nicht nur wegen ihrer Funktionalität, sondern insbesondere wegen ihrer symbolischen (semantischen) Eigenschaften entwickelt, gestaltet und erworben werden.

Der von Veblen beschriebene „demonstrative Konsum" betrifft Lebensweisen im 19. Jahrhundert: „Durch den demonstrativen Konsum wertvoller Güter erwirbt der vornehme Herr Prestige. Je mehr Reichtum sich in seinen Händen häuft, um so weniger reichen seine eigenen Kräfte aus, um den gewaltigen Besitz gebührend zur Schau zu stellen." Die Waren (Produkte) werden somit zu Vehikeln, um den individuellen Besitz zu visualisieren. So ist der „sichtbare Konsum" quasi die Basis für warenproduzierende Gesellschaften. Gleichwohl: „Die ästhetische Tauglichkeit schöner Gegenstände wird dadurch weder größer noch allgemeiner, daß man diese sein eigen nennt." Erinnert sei auch daran, dass Veblen bereits sehr früh designtheoretische Prinzipien formulierte, zum Beispiel: „Die Schönheit der Form scheint ein Problem der Einfachheit zu sein, mit der sie wahrgenommen wird." Und weiter: „Von allen Gebrauchsgegenständen ist daher der einfache und schmucklose auch der ästhetisch schönste." (Veblen, 1971) Elektronikhersteller wie Apple richten sich durchaus noch immer nach diesen Regeln.

Soziale Differenzierung und das Geld Wie die Untersuchungen von Veblen haben auch die Analysen des Soziologen und Philosophen Georg Simmel (1858–1918) heute noch Gültigkeit. Eines seiner Hauptwerke ist die *Philosophie des Geldes* (1900). Darin beschreibt er, wie Geld die Gesellschaften bestimmt und verändert, wie es eine Eigendynamik entwickelt und immer mehr Bedeutung erlangt.

Simmel erkannte, dass sich in den Gesellschaften zunehmend soziale Differenzierungen abzeichnen, durch die sich Individuen immer stärker voneinander unterscheiden können. Maßgeblich dafür ist bekanntermaßen das verfügbare Geld des Einzelnen, denn durch den Produkterwerb können solche Individualisierungsprozesse befördert werden.

Die feinen Unterschiede Der französische Soziologe Pierre Bourdieu veröffentlichte, basierend auf seinen empirischen Untersuchungen in den 1970er-Jahren, eine umfassende Gesellschaftsanalyse, *Die feinen Unterschiede* (1980). Er selbst bezeichnet diese Untersuchung als eine Art „Ethnografie Frankreichs". Bourdieu geht es dabei um die Wechselbeziehungen zwischen den ökonomisch-sozialen Bedingungen seines Heimatlandes und den dort vorgefundenen Lebensstilen; dabei verwendet er explizit den Begriff „Geschmack".

Bourdieus Ansatz besteht darin, dass Kunstwerke (oder auch Produkte) klassifizierenden oder auch Klasse verleihenden Charakter besitzen, das heißt, sie distinguieren die Besitzer, indem sie Unterschiede markieren. Bourdieu macht diese Phänomene an gesellschaftlichen Klassen fest, wie sie in den 1960er- und 1970er-Jahren in Frankreich präsent waren. Die nebeneinander existierenden Geschmackskulturen, beispielsweise bestimmte Stile in der Musik, der Malerei oder im Film, unterschied er in die legitimen, mittleren und populären. Womit er durchaus typische soziale Schichten kennzeichnete.

Bourdieu sah die jeweiligen Schichten im Frankreich der 1960/70er-Jahre als reichlich zementiert an: Die dabei repräsentierten Positionen, wie sie etwa in der Kosmetik, der Bekleidung oder der Wohnungsausstattung zum Ausdruck kommen, können heute nur noch als basale Orientierung dienen. Der deutsche Soziologe Gerhard Schulze (2005) konstatierte die Entfernung vom „Bourdieu-Altar". Worunter er die endgültige Auflösung sozialer Klassen versteht. Der lange verwendete, darauf basierende Begriff der „Zielgruppen" ist mittlerweile obsolet geworden. In der Produktentwicklung wie in der Produktgestaltung hat man sich inzwischen weit von den Beschreibungen Bourdieus entfernt.

Das System der Dinge Der bereits erwähnte Jean Baudrillard (↗S. 89) hat mit seiner Publikation *Das System der Dinge* (1991) nicht nur eine semiotische Unter-

Das Parlament der Dinge, Stylepark Frankfurt am Main (Weihnachten 2013)

suchung zu den Produktwelten, sondern vor allem auch eine gesellschaftlich-ökono-mische Analyse vorgelegt, die für das Design eine besondere Bedeutung besitzt.

Es geht ihm darum, jene Vorgänge aufzuzeigen, wie zwischen Menschen und Gegenständen (Produkten) Beziehungen gestiftet werden und sich dadurch mensch-liche (also soziale) Verhaltensweisen und Verhältnisse ergeben. Baudrillard betont auch, dass die Beschreibung des Systems der Gegenstände ohne eine angewandte Ideologiekritik dieses Systems nicht durchgeführt werden kann. Die „Sprache der Gegenstände" müsse eben auch die für die Benutzer erlebten Widersprüche zutage fördern.

Die Gegenstände selbst lösen sich von ihren praktischen Funktionen ab und werden zu Zeichen für etwas anderes; dies macht sich insbesondere die Werbung zunutze. Die erst seit einem Jahrzehnt übliche Vernetzung durch die sozialen Netzwerke zeigt dies deutlich: Die dafür erforderlichen Produkte (Hard- und Soft-ware), die u. a. auch von Designern entworfen werden, sind eigentlich nur noch Ve-hikel für das Funktionieren und Aufrechterhalten sozialer Systeme. Dabei können die Produkte durchaus unmodern werden, obwohl sie noch gebrauchsfähig sind.

Der Absatz von rund 10 Millionen iPhones 6 und iPhones 6 Plus innerhalb einer Woche (September 2014) macht dies anschaulich: Auch alle älteren Modelle funktionierten genauso gut wie zuvor, nur ist der „soziale" Innovationsdruck einfach so hoch, dass bestimmte Gruppen die neuen Produkte besitzen wollen.

„Legendär wurde in China kürzlich eine Szene aus einem Pekinger Geschäft, wo eine Studienanfängerin von ihrer verzweifelten Mutter verlangte, ihr das, wie sie es nannte, obligatorische Apple-Studienset, bestehend aus iPhone 4s, iPad 3 und MacBook, zu kaufen – andernfalls werde sie an der Hochschule ihr Gesicht verlieren." (Siemons, 2012) „Das Gesicht zu verlieren" ist in asiatischen Ländern für die Menschen nahezu katastrophal, so gesehen ist Baudrillards Feststellung, dass die Rhetorik des Stofflichen auf die Gestaltung von sozialen Verhältnissen verweist, wahrlich zutreffend: Produktgestaltung ist heute Lebensgestaltung.

Die Erlebnisgesellschaft *Die Erlebnisgesellschaft* (1992) des deutschen Soziologen Gerhard Schulze ist eine weitreichende Analyse von Gesellschaft, die quasi als Zeitdiagnose für das Deutschland des ausgehenden 20. Jahrhunderts gelten kann – aber auch für das 21. Jahrhundert weiterhin bedeutsam ist. In dieser „Kultursoziologie der Gegenwart" (so der Untertitel) konzentriert er sich ganz wesentlich auf die Ästhetisierung des Alltagslebens und deren Konsequenzen, u. a. für die Produktgestaltung. Bereits 1992 konstatierte er: „Design und Produktimage werden zur Hauptsache, Nützlichkeit und Funktionalität zum Accessoire. Gerade in der Vermarktung von Brauchbarkeit, Derbheit und technischer Perfektion wird die Nebensächlichkeit von Zwecken, die jenseits der unmittelbaren Erlebnisfunktion von Waren liegen, besonders deutlich." Am Beispiel der zu jener Zeit aufkommenden SUVs macht er deutlich, dass deren Geländegängigkeit in den urbanen Zentren (wo sie meistens gekauft und gefahren werden) fast keine Bedeutung hat, die symbolische Funktion steht eindeutig im Vordergrund. Der anhaltende Erfolg dieser Fahrzeuge (rund 15 Prozent der verkauften Fahrzeuge gehören in Deutschland zu dieser Klasse) hält nicht nur hierzulande an, auch in China erfreuen sich diese Geländewagen großer Beliebtheit. Das Design wird zum Ausdruck gesellschaftlicher Werthaltungen. Und in der Einleitung zur zweiten Auflage (2005) spricht Schulze explizit von den „Designermöbeln", die neben den Shopping-Malls, den Wellnessoasen, Freizeitparks etc. unseren Alltag prägen.

Wichtig ist auch Schulzes sozioökonomischer Befund, dass sich Reichtum auf der einen Seite und Armut auf der anderen in unserer Gesellschaft immer mehr ausbreiten, was auch Konsequenzen für die Produktgestaltung hat. Luxusgüter und Billigprodukte (oftmals importiert, auch dies ist der Globalisierung geschuldet) sind gleichermaßen präsent und gefragt. Die sogenannte Mittelschicht löst sich nicht nur in Deutschland kontinuierlich auf. Damit steigt auch die Nachfrage an Distinktion bzw. Differenzierung von Produkten, was nicht zuletzt ein semantisches Problem ist.

Wichtig ist, dass die in den jeweiligen Milieus lebenden Menschen den Dingen Bedeutungen zuweisen; Produkte sprechen nicht von sich aus. Ein verbreitetes Produkt mit solch einer Zeichenfunktion ist die Armbanduhr. Es macht einen Unterschied, ob jemand eine Swatch trägt oder ein millionenschweres, aus manufaktureller Produktion stammendes Einzelstück. Solche Uhren visualisieren die soziale Stellung des Trägers.

Roger Häußling (2010) zieht aus den Überlegungen von Schulze und anderen einen für das Design prägnanten Schluss: „Designte Objekte sind immer auch symbolische Objekte von Milieus. Die soziokulturelle Konstitution des Einzelnen erfolgt heute zu einem Gutteil auch über den Erwerb und Besitz von Produkten. Gestaltete Objekte fungieren als soziale Identitätsgeber (...).“

Methodisch verbindet Schulze quantitative Daten (über die Angehörigen von Gesellschaften) mit hermeneutischen Interpretationen derselben. Ulrich Oevermann (siehe dazu: www.agoh.de) hat diesen Forschungsbereich als „objektive Hermeneutik“ bezeichnet, deren Bedeutung für das Design überhaupt noch nicht erkannt wurde.

Eine besondere Bedeutung in den Untersuchungen von Schulze nimmt die Ästhetisierung des Alltagslebens ein. In europäischen Staaten ist seit den 1980er-Jahren eine ökonomische Stabilisierung festzustellen, die zu einer immer stärkeren Ausdifferenzierung von Produkten geführt hat – dabei rückt „das Erleben des Lebens" in das Zentrum der Akteure. In Bezug auf die Produkte schreibt Schulze: „Der Abschied vom Gebrauchswert vollzieht sich im Übergang zur bloßen Symbolisierung von Neuheit durch Accessoires wie neues Design, neue Verpackung, neue Markenbezeichnungen. Im Laufe der Jahre lernt man, daß die letzten Errungenschaften, Neuigkeiten, Trends niemals die letzten bleiben werden. Immer wieder muß man innerlich und äußerlich Platz machen für das Nachfolgende." Die Industrie der „electronic gadgets" liefert dafür zahlreiche Beispiele.

Deyan Sudjic (2008) schildert sehr anschaulich, wie er 2003 im Apple Store in New York seinen ersten Laptop kaufte. Er glaubte, mit diesem zusammen alt zu werden. Es war für ihn ein Investment in die Zukunft, ein Besitz, der wohl ein Leben lang halten sollte. Aber was für ein Irrtum, wie er schon wenig später feststellen musste.

An dieser Stelle muss aber auch auf die bereits zitierten Überlegungen von Gernot Böhme (2001) hingewiesen werden, die ich an anderer Stelle (Bürdek, 2012) ausführlich behandelt habe. Die allenthalben festzustellende Sättigung von Gesellschaften führe dazu, dass es heute nicht mehr um die Befriedigung von Bedürfnissen gehe, sondern von Begehrnissen: „Begehrnisse sind solche Bedürfnisse, die

Sinus Milieus
Publisuisse, Bern (2014)

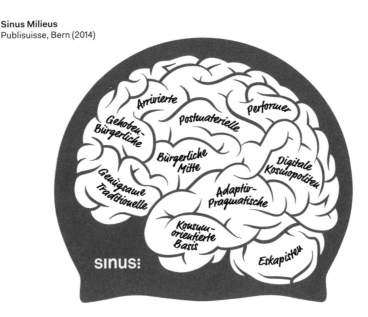

durch ihre Befriedigung nicht gestillt werden, sondern vielmehr gesteigert." Diese Begehrnisse sind sozioökonomische Phänomene, die das Design heute über weite Strecken bestimmen. Und damit eng verbunden sind die Prozesse der Ästhetisierung von Bauwerken, Ereignissen, Produkten u. a. m. Schulze schreibt: „Distinktion ist die Symbolisierung von sozialen Unterschieden."

Ein wichtiger methodischer Beitrag Schulzes besteht darin, dass er soziale Milieus beschreibt. Um diese zu verstehen, muss man sich mit „sozialer Semiotik" beschäftigen, das heißt, den Fragen nachgehen, bei denen „das Verhältnis von Situation und Subjekt als Zeichen-Bedeutungs-Relation verstanden wird. Die Situation wird als Zeichenkonfiguration gelesen." Auch hier ist der Verweis auf die Semiotik (↗S. 83ff.) erneut nützlich, ist diese doch als die zentrale erkenntnistheoretische Methode, nicht nur für das Design, zu bezeichnen: „Um das Verhältnis von Gegenstand und Erlebnis zu beschreiben, ist das Modell von Zeichen und Bedeutung nicht nur geeignet, sondern notwendig."

In seiner „Theorie der Milieusegmentierung" verweist Schulze darauf, dass Milieus keine konstanten Größen sind (wie beispielsweise die gesellschaftlichen Klassen bei Bourdieu), sondern dass es sich um Bezeichnungen von sozialen Gruppen handelt, deren Grenzen sich permanent verschieben. Es handelt sich also um ein diskontinuierliches Modell von Gesellschaft, nicht um ein statisches: „Menschen formen soziale Milieus, soziale Milieus formen Menschen."

Schulze differenziert zwischen fünf milieuspezifischen existenziellen Anschauungsweisen, wobei die drei ersten Kombinationen weltverankert sind, die beiden letzten ichverankert:

Das Niveaumilieu Dieses ist durch gesellschaftliche Hierarchien geprägt, soziale Positionen (insbesondere Berufsgruppen) prägen den Geschmack, die Bildung, Sprachkompetenz usw.

Das Integrationsmilieu Soziale Erwartungen werden durch Kategorien wie Konformität und Abweichung geprägt.

Das Harmoniemilieu Dabei geht es um Polaritäten zwischen gut und böse, harmlos und gefährlich, vertrauenserweckend und verdächtig.

Das Selbstverwirklichungsmilieu Der Blick wendet sich nach innen, die Ich-Verankerung ist maßgebend für den Ich-Welt-Bezug.

Das Unterhaltungsmilieu Das Ich wird ins Zentrum der Wirklichkeitsauffassung gesetzt, an dessen Gegebenheiten die äußere Welt anzupassen ist.

Insgesamt – so führt Schulze aus – sind soziale Milieus Gemeinschaften der Weltdeutung. Unterschiedliche Erfahrungshorizonte und auseinanderlaufende Routinen der Verarbeitung wahrgenommener sozialer Wirklichkeiten führen dazu, dass es in Gesellschaften immer mehrere Welten gibt. Die Rollen, die die Individuen dabei spielen, wechseln ständig, auch dies ist ein Indiz dafür, dass es für das Design keine „Zielgruppen" im klassischen Sinne mehr gibt. Schulze beschreibt diese Welten sehr detailliert, insgesamt stellt sich dieser Ansatz als äußerst nützlich für das Design dar, beschreibt er doch sozioökonomisch die jeweiligen sich wandelnden Produktkontexte.

Die Ästhetisierung der Welt Zu Beginn der 1980er-Jahre – also mit der Postmoderne – begann eine Phase gesellschaftlicher Ästhetisierung, die bis heute anhält und für das Design erhebliche Auswirkungen zeitigt; dieses Phänomen hat in nicht unerheblichem Ausmaß mit der funktionalen und ästhetischen Ausprägung (Gestaltung) von Produkten zu tun.

Für den spanischen Sprachraum hat dies Anna Calvera in zwei Bänden anschaulich gemacht. In „Arte¿Diseño" (2003) beschreiben Autoren wie Bruno Munari, André Ricard oder Isabel Campi, dass Design ganz viel mit Ästhetik zu tun hat, aber nichts mit Kunst (↗S. 62 ff.). Im zweiten Band, *De lo bello de las cosas. Materiales para und estética del diseño* (2007), erläutern Jordi Mañà, Fátima Pombo, Jordi Pericot u. a. m. an diversen Beispielen die Rolle, die die Ästhetik bei der Gestaltung von Produkten spielt. Anna Calvera bezieht sich u. a. auf Martin Heidegger, indem sie dessen Ausführungen zu den „Sachen" für die heutigen Verhältnisse weiterführt. Jordi Pericot knüpft an Ludwig Wittgenstein an, dessen sprachphilosophische Studien er semiotisch weiterentwickelt. Beide Bände sind essenzielle designtheoretische Studien, die jedoch bedauerlicherweise nie übersetzt wurden.

Der deutsche Philosoph Wolfgang Welsch hat in drei Aufsatzsammlungen (1990, 1996, 2012) bedeutsame Beiträge zusammengestellt, die nicht nur die Diskurse über Design, sondern auch die über Architektur, Stadtgestaltung etc. maßgeblich beeinflusst haben. Geradezu legendär ist Welschs Vortrag beim World Design Congress in Nagoya/Japan 1989, in dem er erklärte: „Im Sinne dieses erweiterten Designbegriffs könnte – während das 20. Jahrhundert ein Jahrhundert der Kunst war – das 21. Jahrhundert ein Jahrhundert des Designs werden." Seine Prognose hat sich schon eher erfüllt als gedacht: Bereits die 1990er-Jahre erlebten einen bis dato nicht gekannten Designboom. Anlässlich eines internationalen Kongresses in Hannover 1992 konstatierte Wolfgang Welsch (1993) dazu: „Design wird zu einer universellen Kategorie." Und François Burkhardt (1993) prognostizierte gar: „Das Design des 21sten Jahrhunderts steht vor einer harten, aber bedeutenden Aufgabe." Diese hat es bislang allerdings nur bruchstückhaft gemeistert.

Für den designtheoretischen Diskurs besonders bedeutsam waren folgende Ausführungen von Wolfgang Welsch (1990): „Auch der Übergang vom Objektdesign zum Rahmendesign, wie ihn die Postmoderne nahelegt, entspricht den Forderungen der Ökologie. Und die Aufgabe des Designs verlagert sich heute zunehmend von der Objektgestaltung (worauf sich die Moderne konzentriert hat) zur Rahmengestaltung. Es gilt – postmodern wie ökologisch –, die Rahmenbedingungen unserer Lebensverhältnisse zu verändern." Spätestens am Ausgang des 20. Jahrhunderts hat das Design den engen Produktbegriff, wie er zu Beginn des 20. Jahrhunderts geprägt wurde, ad acta gelegt und sich komplexeren Themen der Lebensgestaltung zugewandt, was für die Entwicklung der Disziplin durchaus positiv war.

Doch es gibt auch kritische Stimmen zur Disziplin: „Eine Designsoziologie will Fragen der Gestaltung und Repräsentation unter den Gesichtspunkten von Macht, Identität, Ritualen, Arbeit, Massenmedien, Technologie, Protest und Widerstand beantworten. Das radikale soziologische Argument innerhalb der komplementären Designforschung erschließt sich in der Partizipation, der teilnehmenden Beobachtung, der Solidarität und Betroffenheit, schließlich in der Gestaltkraft des Überlebens in sozialen Feldern." (Milev, 2014) „Design" ist dabei nur noch eine Worthülse, anzuwenden auf praktisch alles in der Welt. Milev löst sich bewusst von einer technologie- und ökonomiebasierten Designforschung und versucht, an Joseph Beuys anzuschließen, dessen „erweiterten Kunstbegriff" sie zu einem „erweiterten Designbegriff" führt. Beuys verstand darunter den Weg von der traditionellen – auch modernen – Kunst hin zu einer anthropologischen Kunst. Unter dem Begriff der „sozialen Plastik" verstand er die Ausweitung des fachspezifischen Diskurses hin zu einem gesellschaftlichen: Solche Interventionen wurden für ihn zu einem bedeutenden Thema. Yana Milev will für das hier thematisierte Design (Produktgestaltung) überhaupt nicht mehr anschlussfähig sein: „Eine anthropologisch-soziologische Designforschung distanziert sich von der Festschreibung des Designbegriffs in industriellen und technologischen Verfahren der nutzungsorientierten Herstellung und Vermarktung von Objekten, Produkten und Dingen, wie sie sich mittlerweile sowohl in der akademischen Designforschung als auch im populären Verständnis durchgesetzt hat." (Milev, 2014)

Zurück zu Wolfgang Welsch. Der Ästhetikboom, der in den 1980er-Jahren einsetzte, reicht vom individuellen Styling, vom Design des eigenen Körpers bis hin zur Stadtgestaltung, er überzieht alle Lebenswelten und wird zum dominierenden Prinzip der „Kulturgesellschaft". Welsch (1990) verwendet gar den Begriff des „postmodernen Faceliftings"; so charakterisiert er das Aufhübschen von Städten oder Einkaufszentren. Er bezeichnet dies als „Anästhetisierung", da es sich um oberflächliche, aufgesetzte Phänomene handelt, die kraft ihrer atmosphärischen Wirkungen nur noch zur Stimulation von Konsum dienen. Gleichwohl: Es ergibt sich ein „Generalbefund von Ästhetisierung" (Welsch, 1993), der nicht zuletzt das Design national wie international befördert hat. So sind es heute kaum noch die ästhetischen Theorien von Alexander Gottlieb Baumgarten, die die Diskurse bestimmen, sondern vielmehr die gesellschaftlichen Kräfte, die die Ästhetik ökonomisch vereinnahmen. Übrigens nicht nur in Bezug auf das Design, sondern insbesondere auch in Bezug auf die Kunst.

Welsch erinnert daran, dass sich die Moderne (zu Beginn des 20. Jahrhunderts) gegen die Auswüchse der Industrialisierung wandte und eine „künstlerische Durchgestaltung der Gesamtgesellschaft" versuchte. In den 1980er-Jahren wurde die Anästhetisierung zur Differenzierungsstrategie in den globalen und gesättigten Märkten. Dies galt für Produkte wie für Städte oder Regionen gleichermaßen.

In seinem zweiten Aufsatzband untersucht Wolfgang Welsch (1996) das „weite Feld" der Ästhetik, wobei er zwischen einer Oberflächenästhetisierung (wozu sicherlich auch das Design gehört) und einer Tiefenästhetisierung unterscheidet, die die philosophischen und gesellschaftlichen Hintergründe analysiert. Dabei bezieht er sich unter anderem auf die Untersuchungen von Gerhard Schulze (1992). Welschs Diagnose lautet daran anschließend: „Die Welt wird zum Erlebnisraum." Und er fordert: Ästhetik „sollte primär nicht mit Kunst zu tun haben, sondern ein Zweig der Erkenntnistheorie sein". Sie hat sich schon seit geraumer Zeit von der

Kunst abgelöst und dient nur noch ökonomischen Zwecken, der erwähnte Designboom hat nicht zuletzt darin seine Ursachen. Die Verkäuflichkeit von Waren aller Art – insbesondere von Produkten für den Alltag – rückt immer mehr in den Vordergrund. Ähnlich wie die Mode im engeren Sinne sind auch ästhetische Moden kurzlebig und fordern das immer wieder Neue. Die These von Gernot Böhme, dass es die Begehrnisse sind und nicht die Bedürfnisse, die unser Sein prägen, findet hier ihren sichtbaren Niederschlag.

Welsch führt den etwas zeitgeistigen Begriff des „aesthetic turn" ein. Aus philosophischer Sicht ist das Ästhetische „in die grundlegende Dimension von Wahrheit und Wissen" eingedrungen. Und weiter: „Wahrheit ist dem modernen Verständnis zufolge von ästhetischen Prämissen durchsetzt. Unser Erkennen ist in grundlegenden Zügen ästhetisch konfiguriert (…). Ästhetische Kategorien sind zu Grundkategorien geworden." Aus der Sicht der Gestaltung erfährt das Design dadurch eine immense Aufwertung, was jedoch in der Designtheorie bisher nur marginal erkannt wurde. Der dort oftmals formulierte Allerweltsanspruch kollidiert offensichtlich mit der Realität von Entwurfspraxis, der Homo oeconomicus ist zu einem Homo aestheticus geworden. Aber gerade in der Verbindung beider liegt das eigentliche (disziplinäre) Aufgabenfeld von Design – oder genauer: der Produktgestaltung.

In seinem dritten Aufsatzband (2012) geht Welsch insbesondere auf das Design im elektronischen Zeitalter ein. Auch für ihn wird das Schnittstellendesign (↗Interfacedesign, S. 248 f.) zu einem bedeutsamen Thema des 21. Jahrhunderts: „Meist denkt man noch immer nur an Interaktivität zwischen Benutzern und Geräten oder zwischen Benutzern und Benutzern und vergisst darüber die in Zukunft vielleicht ebenso wichtige oder gar wichtigere Kommunikation zwischen Maschinen." Welsch beschreibt auch die Dualität von Immaterialisierung und Rematerialisierung, aus der sich das Auseinanderklaffen von Industrial Design und einem neuen (kunst-) handwerklichen Design erklären lässt. Welsch zufolge sollte man sich „lustvoll in den elektronischen Welten bewegen können – aber nicht nur in ihnen, sondern auch in anderen Welten".

Die Erfindung der Kreativität Andreas Reckwitz' Buch *Die Erfindung der Kreativität* (2012) hat den bezeichnenden Untertitel „Zum Prozess gesellschaftlicher Ästhetisierung". Daraus wird deutlich, dass sich die Ästhetik heute weit über die Kunstdiskurse hinaus entwickelt hat. Sie ist zu einem allgemeingültigen kulturellen Modell geworden und betrifft Architektur, Design, Mode, Stadtgestaltung, Werbung. „Das gesellschaftliche Regime des ästhetisch Neuen" ist zu einem bedeutsamen Phänomen geworden, das insbesondere das Design befördert. Reckwitz nennt als derzeit letzten Schritt der Entwicklung „die Verquickung von Management und Design und die Etablierung einer ‚Designökonomie'".

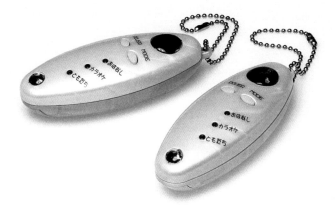

Lovegety (1998), Foto: Museum für Angewandte Kunst Frankfurt am Main (Donation Bürdek)

Diese Überästhetisierung hat Gert Selle (1994) schon sehr früh anschaulich beschrieben, die Auswirkungen haben massiv zugenommen: „Aber nicht nur in den Medien, Design ist ein allgemeines Darstellungs-, Kommunikations- und Lebensmittel geworden, wobei die traditionellen Grenzen der Gestaltungsdisziplin längst überschritten sind und eine ästhetische Überstrukturierung, sei es im Aufwand der Mittel, sei es in der Öffnung neuer Anwendungsgebiete, Platz gegriffen hat. Was überhaupt gestaltet werden kann, sichtbar und unsichtbar, die physische Welt und die Welt der Phantasien, der Handlungsmuster und Gefühle, wird gnadenlos gestaltet."

Die Actor-Network-Theorie In den 1980er-Jahren entwickelten die französischen Soziologen Michel Callon, John Law und Bruno Latour eine Theorie, die sich ursprünglich auf die Wirkungen von Technologien und Wissenschaften bezogen hat. Inzwischen wird diese auf verschiedene gesellschaftliche Fragestellungen angewendet; die Diskussion, inwieweit sie auch für das Design anwendbar sein könnte, setzt gerade erst ein.

Ausgangspunkt ist die Überlegung, die klassische Trennung zwischen „Objekt" und „Subjekt" aufzuheben und dafür den Begriff der Netzwerke einzuführen. Die ANT stellt die methodologische Forderung auf, „sämtliche Entitäten – Menschen wie technische Apparate – als soziale Akteure zu behandeln" (Belliger/Krieger, 2006). Menschliche und nicht menschliche Akteure (Aktanten) sind somit gleichberechtigt, damit wird auch der Begriff der „Kommunikation" völlig neu interpretiert. Diese soziologisch avancierteste These ist durchaus umstritten, steht aber in der Kontinuität der „denkenden Dinge" (Gershenfeld, 1999), des „ubiquitous computing", der virtuellen Realität, der künstlichen Intelligenz und Robotik. Allesamt stellen diese Projekte wohl die Avantgarde digitaler Technologien dar.

Madeleine Akrich (2006) beginnt mit einer Betrachtung „der Art, in der technische Objekte Aktanten und die Beziehungen zwischen Aktanten definieren. Ich zeige, dass die Einfachheit, mit der die Aktanten, die im Design des Objekts angenommen wurden, mit denen verbunden sind, die in der Praxis existieren, teilweise eine Funktion der von den Designern gefällten Entscheidungen ist." Im Gegensatz zu den in den 1970er-Jahren beschriebenen Mensch-Objekt-Beziehungen (↗S. 148) wird in der ANT den Objekten selbst eine eigenständige Funktion zugewiesen. Netzwerke können dabei „aus Maschinen, Tieren, Texten, Geld, Architektur – faktisch aus jedem gewünschten Material – bestehen" (Law, 2006).

Die Soziologin Albena Yaneva (2012) unternimmt einen Versuch, die ANT auf das Design zu beziehen. Sie schreibt: „Design aus einer Perspektive der ANT zu betrachten, würde dagegen beinhalten, nicht die Theorien und die Ideologien von Designern, sondern vielmehr ihre Kultur und ihre Praktiken zu erforschen, d. h. nachzuvollziehen, was *Designer und Nutzer* in ihren alltäglichen und routinemäßigen Handlungen *tun,* anstatt deren Interessen und Vorstellungen zu fokussieren. Dem pragmatischen Gehalt von Handlungen, nicht den Diskursen wird somit stets Vorzug gegeben (...)." Dies ist insofern relevant, als die These, dass sich Design an der Gesellschaft zu orientieren habe (↗S. 226 ff.), zumindest einmal ansatzweise empirisch überprüft werden könnte.

Ein anderer Zugang, die ANT anzuwenden, besteht darin, Produkte auf ihre sozialen Wirkungen hin zu untersuchen. Ein frühes Beispiel dafür waren die „Lovegety"-Geräte, die in den 1990er-Jahren in Japan produziert und überaus erfolgreich (mehr als 1,3 Mio. Stück) verkauft wurden. Ihre Funktion bestand darin, die Kontaktaufnahme zwischen Menschen zu erleichtern. Die drei verfügbaren Funktionen waren: „Let's just chat", „Let's go sing some karaoke" und „Get2" oder auch „Looking for love" genannt. Lovegety-Geräte waren also Aktanten in sozialen Situationen und gingen weit über ihre – bescheidenen – technischen Funktionen hinaus. Das Modell ANT könnte somit erfolgreich auf Produktentwicklungsprozesse angewendet werden, eine weiterführende methodische Aufarbeitung steht indes noch aus, dies wäre durchaus ein Thema für die Designwissenschaften.

Die Wechselwirkung von Technologie, Ökonomie und sozialen Rahmenbedingungen scheint das zentrale und tragfähigste Thema für eine zukünftige Designtheorie und Designpraxis u sein. Deyan Sudjic (2008) schreibt dazu: „Design in all its manifestations is the DNA of an industrial society – or of a post-industrial society, if that's what we now have. It's the code that we need to explore if we are to stand a chance of understanding the nature of the modern world. It's a reflection of our economic systems. And it shows the imprint of the technology we have to work with. It's a kind of language, and it's a reflection of emotional and cultural values."

Design

und   Technik

245 **Mikroelektronik und Design**

Kein anderes Thema hat das Design in der Vergangenheit derart geprägt wie das der Technik. So waren bereits die im 19. Jahrhundert inszenierten Weltausstellungen gigantische Erfindermessen und Warenpräsentationen, deren gestalterische Erscheinungsformen allerdings recht unzulänglich waren. Die Einbeziehung von Künstlern in die Produktentwicklung sollte diese Defizite in der zweiten Hälfte des 19. Jahrhunderts beheben.

Aber erst im 20. Jahrhundert erfolgte eine explizite Trennung von Technik und Design, als Letzteres den Weg zu einer autonomen Disziplin einschlug. Zu Zeiten der Werkbünde sowie des Bauhauses fand eine enge Kooperation von Gestaltern und Technikern statt. Nach dem Zweiten Weltkrieg war es insbesondere die Hochschule für Gestaltung Ulm, an der die enge Verknüpfung beider Bereiche thematisiert wurde. In der noch weitgehend mechanischen und elektrischen Welt übernahmen Designer immer mehr Aufgaben von Technikern, sie wurden quasi zu den Erfindern von Produkten. Erst in den 1980er-Jahren – also mit der aufkommenden Mikroelektronik und Digitalisierung – trennten sich die Aufgaben wieder deutlich. Die Anschaulichkeit der Produktwelten ließ deutlich nach, für die Benutzer der Produkte mussten neue Formen der Visualisierung entwickelt werden, um ihnen den Umgang mit der Technik wieder möglich zu machen. Der viel zitierte Hammer erschließt sich durch Empirie oder pure Anschaulichkeit – bei einem Mobiltelefon ist das nicht mehr der Fall.

Hinzu kommt, dass durch die Digitalisierung eine Vielzahl neuer Technologien entstanden ist, beispielsweise das Rapid Prototyping oder der inzwischen legendäre 3-D-Druck, beide eröffnen neue Anwendungsfelder für das Design. Und auch die Globalisierung wurde durch die neuen Technologien massiv befördert.

Von der Erfindung zur Visualisierung

In den 1980er-Jahren haben zwei bedeutsame Veranstaltungen die Diskurse um die Architektur und das Design maßgeblich geprägt. Auf der 39. Biennale di Venezia (eine internationale Architekturausstellung, kuratiert von dem italienischen Architekten Paolo Portoghesi), die unter dem Motto „La presenza del passato" stand, wurde eine Kulissenstadt präsentiert, bei der Architekten wie Frank O. Gehry,

Rem Koolhaas und Robert Venturi postmoderne Entwürfe zeigten, die die Architektur der 1980er-Jahre bestimmen sollten. Die postmoderne Architektur (siehe dazu: Jencks, 1978) zog dann in das europäische Bauen ein.

Im Sommer 1980 fand in Linz das „Forum Design" statt, bei dem sowohl Designer als auch Architekten ihre Entwürfe präsentierten. Insbesondere die Präsentation von Ettore Sottsass war wegweisend, zeigte er doch Möbelentwürfe, die 1981 in der legendären Memphis-Kollektion auftauchten (Radice, 1981).

Waren diese beiden Veranstaltungen einer neuen Anschaulichkeit geschuldet, so erklärte der Schweizer Soziologe Lucius Burckhardt in einem Vortrag: „Design ist unsichtbar." Der Titel dieses Vortrages wurde dann auch in einem voluminösen Katalogbuch zur Linzer Ausstellung verwendet (Gsöllpointner/Hareiter/Ortner, 1981) und zog sich quasi jahrzehntelang durch die Designdiskurse. Burckhardt verstand darunter eben nicht die aufkommenden Debatten der Mikroelektronik, sondern er wollte darauf verweisen, dass sich Architekten, Stadtplaner und eben auch Designer über die Handlungszusammenhänge, die Benutzerinteressen und -wünsche Gedanken machen sollten, bevor sie an den Entwurf bzw. die Realisierung ihrer Projekte gehen (Bürdek, 2012). Diese Kritik traf die Designer ähnlich tief wie die Ausführungen von Victor Papanek (1972). Burckhardt verstand unter dem „unsichtbaren Design" ein konventionelles Design, das seine Sozialfunktion selbst nicht bemerkt.

Waren die Veranstaltungen in Venedig und Linz einer neuen Anschaulichkeit gewidmet, so entwickelte sich – bedingt durch die Mikroelektronik – die Technik immer mehr hin zu einer neuen Unanschaulichkeit. Die digitale Welt verlangt indes eine neue Anschaulichkeit, denn die Menschen sind und bleiben analoge Wesen. Der Soziologie Manfred Faßler (2002), der eine avancierte Medientheorie entwickelt hat, beschreibt diesen Prozess durchaus im Sinne der Akteur-Netzwerk-Theorie: „Auch für Sichtbarkeit gilt, dass sie in dem besteht, was man sichtbar gemacht hat, in dem, was man sieht, und darin, wie der sichtbaren Form Sinn zugesagt wird. Diese konstruktivistische Selbstverständlichkeit verweist auch darauf, dass gemachte Sichtbarkeit auf Akteure und Strukturen angewiesen ist."

So gesehen kann man sicherlich konstatieren, dass Designer heute nicht mehr Erfinder (im Sinne Leonardo da Vincis) sind, sondern die Visualisierer einer zunehmend unanschaulich gewordenen Welt: Design ist nicht unsichtbar, es macht vielmehr sichtbar. Hinzu kommt, dass Visualisierung bereits zu einem Arbeitsfeld von Architekten und Designern geworden ist, die durch ihre Spezialisierung ganz neue Aufgabenfelder im Bereich der Produktentwicklung (Hardwaredesign) abdecken, ebenso wie im Interfacedesign (Softwaredesign). Aus den jeweiligen CAD-Daten der Produktentwicklung Visualisierungen anzufertigen, verkürzt die Prozesse und ist zudem wesentlich kostengünstiger als die Anfertigung dreidimensionaler Modelle – in der Architektur wie im Design.

Über ein schwedisches Möbelhaus wird berichtet (factodesign, 2014), dass dieses bereits für 75 Prozent der Produktabbildungen in seinen Katalogen computergenerierte Visualisierungen verwendet.

Imagineering

Der andauernde „visual turn" führt im Design zu erheblichen inhaltlichen Veränderungen, wie am Beispiel neuer Visualisierungstechnologien deutlich wird. Bereits in den 1990er-Jahren entstand der Begriff des „Imagineering" (Eisner, 1996), der eine Kombination aus „Image" (Bild) und „Engineering" (Konstruktion) darstellt. Gemeint sind damit „künstlich konstruierte Vorstellungswelten" (Mutius, 2000), die heute insbesondere dort zur Anwendung kommen, wo neue Produkte und Systeme in neuen Kontexten darzustellen sind. Die (oftmals diffusen) Vorstellungen der an diesen Prozessen Beteiligten werden dabei anschaulich und erlebbar gemacht. So gesehen gehört das Imagineering zu den neuen Methoden, die im Designmanagement oder im Strategischen Design vermehrt zur Anwendung kommen können.

Für das 21. Jahrhundert werden drei große Technologiebereiche prognostiziert, die dieses beeinflussen werden (Faßler, 2012):

die Molekularisierung (post-genomische Biologie)

die Miniaturisierung (nanotechnologische und biotische Materialforschungen)

die Mikrologisierung (daten- und informationstechnologische Veränderungen)

Daran wird deutlich, dass nicht zuletzt aufgrund der steigenden Komplexität und Spezialisierung Designer nicht mehr die Erfinder von Produkten sind, sondern die Interpreten oder Visualisierer der neuen Technologien. Wie am Beispiel der Daimler-Studiengruppe (↗S. 119 f.) gezeigt wird, werden Designer eher im Maschinenraum als auf der Brücke der Zukunftsschiffe agieren.

Da die informationstechnologischen Veränderungen das Design wohl am intensivsten beeinflussen, soll hier nur auf diese detaillierter eingegangen werden. Die Molekularisierung gehört kaum zum Aufgabenfeld von Design, wohingegen die Materialforschung sowohl in der Architektur als auch im Design eine bedeutende Rolle spielt. In zahlreichen Publikationen wird deutlich, dass auch hier die „Erfindungen" auf der Ebene von Forschung und Technologie erfolgen, Architekten und Designer die Visualisierer neuer Anwendungen sind.

**Visualisierung eines
Business Racer**
Design: Julian Hallberg,
Serious3d, Thun (2008)

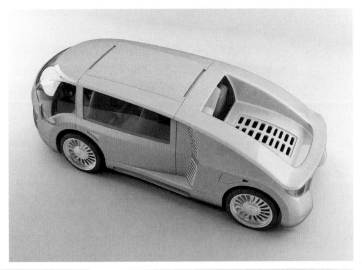

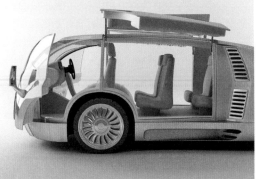

Mikroelektronik und Design

Die 1980er-Jahre stellten für das Design in zweierlei Hinsicht eine durchaus als paradigmatisch zu bezeichnende Epoche dar: Einerseits setzte – ausgelöst durch die Einflüsse der Postmoderne – ein vehementer Stil-Eklektizismus ein (wie beispielsweise von Memphis oder Alchimia befördert), der aber rasch in eine „neue Unübersichtlichkeit" (Habermas, 1985), sprich Orientierungslosigkeit, mündete, andererseits eröffneten sich vollkommen neue Themenfelder. Der Chip wurde für die 1990er-Jahre zum Leitfossil (Bürdek, 1988); bereits 1982 kürte das US-Magazin *Time* den Computer zum „Man of the Year": Zum ersten Mal wurde damit keine Einzelperson oder Personengruppe ausgezeichnet, sondern ein Produkt quasi als Symbol für ein neues technologisches Zeitalter. Gemeint waren damit jedoch nicht die schon seit den 1970er-Jahren im Einsatz befindlichen Großrechenanlagen (insbesondere die von Firmen wie IBM oder Bull hergestellten Main Frames), sondern der „persönliche Computer" auf dem Schreibtisch, den es praktisch erst seit der Erfindung von Stephen Wozniak und Steven P. Jobs im Jahre 1977 (Apple II) gibt. Schätzungen besagen, dass es Ende der 1980er-Jahre bereits weltweit über 100 Millionen PCs gab (Hahn, 1988). Die US-Beratungsfirma Gartner (www.gartner.com) schätzte den Bestand 2008 auf eine Milliarde Exemplare, 2014 waren es dann vielleicht zwei Milliarden. Eine wirklich rasante Entwicklung, wenn man bedenkt, dass 1943 Thomas Watson, der damalige Chef von IBM, schätzte: „Ich denke, dass es einen Weltmarkt für vielleicht fünf Computer gibt." Und 1949 wurde spekuliert: „Computer der Zukunft werden nicht mehr als 1,5 Tonnen wiegen." (www.janko.at)

Kulturwissenschaftler sprechen davon, dass es in der Geschichte der westlichen Zivilisation eigentlich nur zwei wirkliche technologische Revolutionen gegeben hat:

die Erfindung der beweglichen Lettern durch Johannes Gutenberg im 15. Jahrhundert, durch die der Buchdruck seinen Siegeszug um die Welt begann, und

die massenhafte Verbreitung der Personal Computer seit Beginn der 1980er-Jahre.

Beide Revolutionen haben das menschliche Verhalten, die Kommunikation, die Zentralisation und die Dezentralisation, die Aus- und Weiterbildung, das Arbeits- und das Freizeitverhalten, das Gesundheits- und das Transportwesen und vieles andere mehr maßgeblich verändert. Die Lebenswelten weiter Bevölkerungsteile haben sich in den vergangenen drei Dekaden gravierender verändert als jemals zuvor in so kurzer Zeit; der Übergang vom Analogen zum Digitalen stellt nicht nur eine Technologie-, sondern auch eine Kulturrevolution dar.

Einer der frühen Medienwissenschaftler, der Kanadier Marshall McLuhan, hat in seinen Untersuchungen zur *Gutenberg-Galaxis* (1968) darauf verwiesen, dass die Erfindung des Buchdrucks vieles zum Individualismus beigetragen habe: „So wie die Staffeleimalerei die Bilder entinstitutionalisierte, so brach der Buchdruck das Bibliotheksmonopol." Die direkte Analogie stellt heute der Computer dar: Er ist zu einem individuellen Werkzeug geworden, und das Monopol der Rechenzentren (etwa in Betrieben oder Verwaltungen) wurde gebrochen, da heute quasi jedermann – nicht zuletzt durch die globalen Vernetzungen – auf theoretisch unendliche Datenbestände und Rechnerleistungen Zugriff hat. Das Cloud-Computing ist dafür ein aktuelles Beispiel.

Wie die Mikroelektronik zum Design kam

Mit der raschen Verbreitung der PCs entwickelte sich in den 1980er-Jahren auch im Design das Interesse an dieser neuen Technologie, und zwar auf drei sehr unterschiedlichen Ebenen:

1. Die mikroelektronischen Produkte wurden rasch als ein neues Aufgabenfeld zur Erweiterung des bisherigen entwerferischen Handelns erkannt. Beispielhaft dafür sind das frühe Engagement des Designbüros frog design von Hartmut Esslinger in Kalifornien und dessen inzwischen legendäre Arbeiten für die Firma Apple (siehe dazu: Bürdek, 1997a, Kunkel, 1997, Esslinger, 2014).

2. Die sich rapide entwickelnde Immaterialisierung der Produkte führte zu vollkommen neuen Themenstellungen: Interaktions- und Interfacedesign wurden zu bedeutsamen Aufgabenbereichen für die Produktdesigner (Bürdek, 1990b, 1996a).

3. Bedingt durch die rasant zunehmenden grafischen Möglichkeiten der Computer wurden recht früh große Hoffnungen auf das Thema Computer Aided Design (CAD) gesetzt. Nachdem die nicht unerheblichen Anfangsprobleme gelöst waren, eröffneten sich paradigmatische Veränderungen in den Entwurfs-, Konstruktions- und Fertigungsprozessen (↗Rapid Prototyping, S. 256).

Neue Handlungsspielräume für das Hardwaredesign

Eine erste Zusammenfassung der Auswirkungen und Einflüsse digitaler Entwicklungen auf das Design stammt von Richard Fischer (dem Begründer des Offenbacher Anzeichendiskurses), der insgesamt neun Gestaltungsaspekte für das Design im Zeichen der Mikroelektronik (1988) benannte:

1. Da die Technik durch den Einsatz von Mikroprozessoren nicht mehr direkt gezeigt werden kann, müssen die verbleibenden Bedienelemente besonders anschaulich gestaltet werden. Aufgrund der zunehmenden „Elektronisierung" in vielen Produktbereichen müssen deshalb bei den verbleibenden Bedienelementen verstärkt die Anzeichenfunktionen bearbeitet werden. Nicht nur bei elektronischen Produkten sind die Mensch-Objekt-Bezüge besonders wichtig, da sich das „Wesen" der Objekte zunehmend verflüchtigt.

2. Die Miniaturisierung führt zur Entmaterialisierung der Produkte. Dies wird durch zunehmend flächig wirkende Gestaltungskonzepte dargestellt. Jürgen Hitzlers Studie für ein Gleisbildterminal verwies sehr exponiert auf die neuen gestalterischen Möglichkeiten, die gerade durch die Mikroelektronik eröffnet werden. Heute bestätigen die Tablet-PCs, Flachbildschirme und Smartphones diese Tendenz.

3. Die fallenden Kosten der Mikroelektronik bieten die Chance, Produkte wieder in einem menschlichen Maßstab zu gestalten. Angemessene Ausdehnung und Größe sind kostengünstig zu realisieren. Der Minirechner am Armband, der nur mit einem speziellen Bedienstift zu bedienen war, zeugte von der eklatanten Fehlentwicklung in diesem Bereich. Ganz offensichtlich ist diese Tendenz bei Handys, die inzwischen unter 50 Gramm wiegen und gar nur mit extrem spitzen Fingernägeln zu bedienen sind.

4. LCD-Anzeigen, Displays oder Monitore werden in Verbindung mit Folientastaturen zu Synonymen des Fortschritts. Ob im Flugzeug, im Automobil, bei medizinischen Geräten oder Werkzeugmaschinen, visuelle Elemente sind die wichtigsten Interfaces zwischen Mensch und Produkt.

5. Die Technik arbeitet selbsttätig, es werden mehr und mehr vollautomatische Produkte entwickelt. Die Überbetonung von „ergonomischen" Aspekten (handgerecht geformte Gehäuse) überlagert oftmals die Visualisierung der technischen Leistungsfähigkeit.

6. Fernbedienungen werden zum zunehmend wichtigeren Interface zwischen Benutzer und Produkt (siehe dazu auch: Schönhammer, 1997). Die Produkte selbst agieren nur noch im Hintergrund, mittels Fernbedienung wird gesteuert, geregelt. Zentrale, frei programmierbare Fernbedienungen übernehmen sämtliche Steuerungsfunktionen im Haushalt: TV, Hi-Fi, Video, Haushaltsgeräte, Datenterminal, Haus- und Garagentür und anderes mehr.

7. Durch die Mikroelektronik bekommen „Baukästen" einen neuen Sinn. Einzelne Komponenten eines Produktsystems sind vielfältig arrangierbar und verwendbar.

8. Lichtleitende Materialien werden zum Zeichen für Entmaterialisierung oder gar zu einem Zeichen für die mystische Bedeutung von Produkten.

9. Die Produktgrafik erhält eine zunehmende Bedeutung für die elektronischen Produkte (Benutzungsoberflächen).

Yotaphone 2, Smartphone, Fa. Yota
Devices, St. Petersburg (2014)

Diese durchaus richtungsweisenden Ausführungen haben in vielen Produktbereichen ihre Anwendung gefunden. Insbesondere das Thema der Benutzungsoberflächen entwickelte sich rasant und wurde zu einem bedeutsamen Tätigkeitsfeld für Produktdesigner (Bürdek, 2002).

Interaktions- und Interfacedesign

Der Übergang von der mechanischen über die elektrische hin zur elektronischen Welt der Gegenstände konfrontierte die Designer und Produktentwickler mit einer Vielzahl neuer Fragestellungen und Probleme. Ende der 1980er-Jahre wurde deutlich, dass man es nicht den Ingenieuren oder Programmierern überlassen darf, sich mit den Schnittstellen (den sogenannten Interfaces) zwischen den digitalen Produkten und den Menschen zu beschäftigen. Ihre mathematisch-physikalisch geprägten Vorstellungswelten und die daraus resultierenden Lösungen (von technischen Experten für technische Anwender konzipiert) kollidierten ganz offensichtlich mit den überaus laienhaften Vorstellungen alltäglicher Anwender. Die den digitalen Produkten beigefügten Bedienungsanleitungen, Handbücher oder Manuale sind ein offensichtliches Indiz dafür, dass Entwickler und Rezipienten – hermeneutisch gesprochen – unterschiedliche Verständnishorizonte besitzen und dementsprechend auch agieren (siehe dazu: Bürdek, 1992, 1994, 1996a+b, 1999).

Wie im Kontext der Anzeichenfunktionen schon skizziert, konnte das Design durchaus einen Anschluss zwischen den Erfahrungen aus der analogen Produktentwicklung und den digitalen Produktwelten herstellen. Dabei handelte es sich zunächst einmal um den Übergang von der Materie zur Sprache und dann zu ihrer Visualisierung. Damit einher gingen auch Überlegungen, designtheoretische Ansätze, beispielsweise produktsprachlicher oder kommunikativer Art, auf diese neuen Themenstellungen zu beziehen und weiterzuführen. Stephan Schupbach und Frank Zebner haben dazu sehr früh einige grundsätzliche Überlegungen veröffentlicht (1990), in denen sie die „Sprache als wichtigstes Kriterium der Designstrategie" bezeichneten. Die digitalen Medien insgesamt spielen dabei eine besondere Rolle: Sie potenzieren einerseits die Kommunikationskanäle und -inhalte, andererseits besitzen die Medien einen quasi autopoetischen Charakter: Sie produzieren und distribuieren Informationen, die Fragen nach deren Sinn bleiben oftmals auf der Strecke.

Zu den Begriffen

Bill Moggridge, Mitbegründer des global agierenden Designbüros Ideo, und Bill Verplank von Interval Research haben folgende Begriffsklärung vorgenommen:

„Interaktionsdesign" zielt auf die Art und Weise, wie wir mit einem digitalen Produkt umgehen (ob Hardware oder Software), damit sind die Handlungsstrukturen gemeint, die uns ein bestimmtes Prozedere der Bedienung vorgibt.

Dagegen verweist „Interfacedesign" auf die jeweilige Darstellung auf dem Monitor, dem Display und so weiter – also die visuelle Repräsentanz, die Benutzungsoberflächen von Hard- oder Software (Spreenberg, 1994).

Mit dieser Unterscheidung lässt sich auch der erwähnte Anschluss zwischen analogen und digitalen Produktwelten herstellen, denn die kommunikativen Funktionen lassen sich sehr wohl auf die Entwicklung und Gestaltung von immateriellen Produkten übertragen.

So sind beispielsweise formalästhetische Prinzipien insbesondere auf die Benutzungsoberflächen, also das Screendesign anwendbar: Rasterbildung, regelmäßig – unregelmäßig, symmetrisch – asymmetrisch, deutlich – undeutlich, all diese Aspekte finden sich auch auf Websites oder Displays wieder. Wie wenig solch gestalterische Grundlagen in der Praxis bekannt sind beziehungsweise zur Anwendung kommen, zeigt ein Bericht von Annika Graf (2012): Die Optik spielte für Microsoft erst eine Rolle, als Apple ins Spiel kam.

Eine wichtige Rolle spielen Fragen des Corporate Designs (↗S. 189 ff.), wenn es darum geht, einheitliche Unternehmensauftritte von den Printmedien bis hin zur Website zu gestalten. Dieser crossmediale Aspekt besitzt eine hohe Relevanz, da durch ihn Identität von Unternehmen oder Institutionen erzeugt und kommuniziert wird.

Mit den Begriffen „Interaktion" und „Navigation" wird aus den Erfahrungen der dreidimensionalen Produktwelt im übertragenen Sinne an die Handhabung und Benutzbarkeit von zweidimensionalen Interfaces angeschlossen. Dass dies aber nicht losgelöst von den dahinter befindlichen Bedienstrukturen (Interaktion), also den Funktionalitäten und deren Visualisierung, gesehen werden kann, ist offensichtlich. Und auch nicht jedes Interface muss immer unmittelbar und selbsterklärend sein: So ist es durchaus ein Unterschied, ob es sich um ein öffentliches Terminal (z. B. für Fahrkarten) oder ein Computerspiel handelt, die dem Benutzer vollkommen unterschiedliche Zuwendungszeiten abverlangen. Über die Interfaces können eben auch Inhalte erkundet werden, man will Neues entdecken, es darf keine Langeweile eintreten – zumindest bei den spielerischen Anwendungen. Dagegen wird in den meisten anderen Fällen eine effiziente, selbsterklärende Nutzung gewünscht. Dieser Bereich lässt sich so gesehen auch aus dem funktionalen Designverständnis der Moderne heraus begründen und bearbeiten.

Der Begriff der „Symbolfunktion" kommt dort zur Anwendung, wo Interfaces in direkter Verbindung mit den jeweiligen Nutzergruppen stehen: beispielsweise jugendlich und hipp, professionell und nur für Experten, seniorengerecht und einfach. Gerade Software lässt ja eine Vielzahl verschiedener – auch individualisierter – Benutzungsoberflächen zu.

Steigende Komplexität

Die erwähnten unterschiedlichen Horizonte von Entwicklern, Designern und Benutzern zeigten sich besonders eklatant an den frühen CAD-/CAM-Systemen, die Mitte der 1980er-Jahre auf den Markt kamen. Diese nährten bei den Designern die Illusion, geeignete Instrumente für den Gestaltungsprozess zu erhalten. Allein die Annahme, CAD würde wirklich computerunterstütztes Gestalten (Computer Aided Design) bedeuten, war reichlich verfrüht, denn es ging zunächst einmal nur um „Computer Aided Drawing", also technisches Zeichnen mit dem Computer. Dass damit bereits erstaunliche Darstellungsqualitäten erzielt werden konnten, zeigten die frühen Beispiele der Offenbacher Arbeitsgruppe CAD (Bürdek/Hannes/Schneider, 1988b).

Indes war bereits zu jener Zeit offensichtlich, dass das Potenzial der neuen CAD-/CAM-Technologien nicht in den damit generierten Bildern liegen würde, sondern in der Veränderung der Entwurfs- und Fertigungsprozesse insgesamt.

Wesentlich gravierender wurde der Aspekt, dass die rapide zunehmende und immer billiger werdende Mikroelektronik einen wahren Boom neuer Funktionen („features") bescherte. Die Mikroprozessoren wurden immer leistungsfähiger und konnten immer universeller und für immer mehr Aufgabenbereiche eingesetzt werden. Damit einher ging eine sich immer mehr beschleunigende „Komplexitätserhöhung" der Produkte, die Designer waren aufgerufen, diese zu reduzieren und die Produkte wieder benutzbar zu machen (beispielsweise ohne die Lektüre von Bedienungsanleitungen).

Ein wichtiger Aspekt ist dabei der Blick auf die Bedienstrukturen einzelner Produktkategorien. Dort kann man Inkonsistenz in erheblichem Maße feststellen. So wird innerhalb einzelner Programmversionen besonders gern die Tastaturbelegung verändert, werden bei Hardware (wie Mobiltelefonen) immer neue „features" integriert, die umständlich zu bedienen sind, und insgesamt werden die Bedienstrukturen bei jedem Produkt unterschiedlich angelegt. Die weltweite Standardisierung in der Automobilindustrie beispielsweise führt dazu, dass man quasi jedes Fahrzeug mit seiner Basisfunktionalität steuern kann, wohingegen die elektronische Aufrüstung der Fahrzeuge (Bürdek, 1998, 1999), gemeint sind damit Bordcomputer, Navigationssysteme, Audio- und Videosysteme und anderes mehr, eher zur Verwirrung der Fahrenden beitragen. Hinzu kommt, dass die Update-Fähigkeit der elektronischen Systeme begrenzt ist, wohingegen die Lebensdauer der Fahrzeuge fünfzehn bis zwanzig Jahre beträgt.

Grundsätzlich ist es so, dass Produktentwickler neue produktkulturelle Standards befördern, die von Softwaredesignern umgesetzt (visualisiert) werden. Heute ist die Benutzung von Smartphones schon kleinen Kindern geläufig und gehört zu den kulturellen Standards. Aber kaum diskutiert wird dabei die von Frank Schirrmacher (2014) angesprochene Problematik: „wie man verhindert, dass man vom Smartphone bedient wird". Dieses generelle Phänomen digitaler Technik wird zunehmend relevanter. Jaron Lanier ging in seiner Rede anlässlich der Verleihung des Friedenspreises des Deutschen Buchhandels am 12. Oktober 2014 in Frankfurt noch einen Schritt weiter: „Wir lieben besonders unsere Gadgets, denen wir immer noch Neues abgewinnen können, aber vieles deutet darauf hin, dass wir, wenn wir die Augen weiter öffnen würden, über den Rand eines Abgrunds blickten." Es ist derzeit nicht erkennbar, dass sich praktizierende Designer, die Designtheorie oder gar die Designwissenschaft mit solchen Fragestellungen ernsthaft beschäftigen.

Anthropologie und Evolution

Das ausgehende 20. Jahrhundert konfrontierte die Designer mit vollkommen neuen Fragestellungen, nämlich solchen der menschlichen Entwicklung. So schnell, wie sich die Mikroelektronik ausbreitete, konnten die Benutzer die neuen Möglichkeiten gar nicht erlernen, geschweige denn anwenden. Entwickler, immer das technisch Machbare vor Augen, und Designer, meistens den Nutzer im Blick, merkten auf einmal, dass entwicklungsgeschichtlich fatale Irrtümer begangen wurden. Das menschliche Lernvermögen kann mit den permanenten technologischen Sprüngen kaum mithalten.

Stephen Jay Gould (1998) hat sehr anschaulich nachgewiesen, dass die scheinbare Notwendigkeit zur permanenten Komplexitätserhöhung entwicklungsgeschichtlich überhaupt nicht nachweisbar ist. Vielmehr scheint dies einer der gravierendsten Irrtümer zu sein, die die Mikroelektronik insgesamt befördert. Die grundlegende Form des menschlichen Körpers und des menschlichen Gehirns habe sich in den letzten 100 000 Jahren nämlich überhaupt nicht verändert, wohingegen technische Veränderungen – insbesondere seit dem 20. Jahrhundert – quasi explodiert sind. Dieser Konflikt, der letztlich im Design jedes einzelnen Artefakts thematisiert werden muss, bestimmt das Interaktions- und Interfacedesign in besonders hohem Maße. Dass die Anthropologie zu einem zentralen Thema der Designforschung und -praxis geworden ist und dies auch noch etliche Zeit bleiben wird, zeigt sehr eindrucksvoll eine von Susan Squires und Bryan Byrne (2002) herausgegebene Sammlung von Aufsätzen. Umfängliche Studien dazu hat die an der Universität für Angewandte Kunst in Wien lehrende und forschende Alison Jane Clarke veröffentlicht (Clarke, 2010).

Durch die Globalisierung entsteht zudem die Notwendigkeit, auf die unterschiedlichen Voraussetzungen der jeweiligen Benutzer einzugehen. Hier kann die Ethnologie durchaus relevante Beiträge leisten: „Ethnologen haben in den letzten Jahren ihren Blick geschärft für die feinen Veränderungen im Design und im Gebrauch der global verbreiteten Konsumgüter." (Hahn, 2011) Die Ethnologie lässt sich offenbar als wichtige Grundlage für das Design erschließen (Hahn, 2013). So wurde der Sportschuh „Air Native N7" der Firma Nike speziell für die amerikanischen Ureinwohner entwickelt, denen herkömmliche Schuhe einfach nicht passen. „N7" bezieht sich dabei auf die indianische Philosophie der siebten Generation, was so viel bedeutet wie das Nachdenken über die Auswirkungen heutiger Handlungen auf die kommenden sieben Generationen – so gesehen ist das ein ethnologisches Produkt mit implizierter Nachhaltigkeit.

Vom Hardware- zum Softwaredesign

„Entmaterialisierung" bedeutet neben einer erheblichen Reduzierung des Volumens elektronischer Geräte insbesondere auch den Übergang zum eigentlichen „Antrieb" dieser Produkte, den Programmen – auch Software genannt. Bereits Ende der 1970er-Jahre haben wir (Bürdek/Gros, 1978) eine ähnliche Entwicklung beschrieben: Nicht mehr die konstruktiven Leistungen würden zukünftig die Designqualitäten ausmachen, sondern, mit einem Wort der Kölner Koppelmann-Schule gesprochen, die „Anmutungsqualitäten". Anders ausgedrückt: die Produktsprache oder die kommunikativen Funktionen der Produkte.

In der Weiterführung des „linguistic turn", der die Designtheorie in den 1970er-Jahren maßgeblich bestimmt hat, begann man in den 1980er-Jahren von einem unaufhaltsamen „visual turn" zu sprechen. Durch die Schrift – also die Alphabetisierung – wurde unsere Zivilisation und Kultur maßgeblich geprägt. Die rapide Entwicklung digitaler Produkte und Systeme führte zu immer mehr bildlichen Darstellungen, sodass wir uns heute durchaus in einer „postalphabetischen Gesellschaft" befinden. Unsere Wahrnehmung wird immer mehr durch Kategorien der visuellen Repräsentation geprägt, seien dies Fotografien, Illustrationen, Diagramme, Piktogramme, Icons, Typografie oder Symbole. Die Wortkultur verwandelt sich immer weiter in eine Bildkultur, was aber nicht unbedingt als ein Fortschritt angesehen werden muss.

Aus der Chaosforschung kommend, hat Roger Lewin (1993) eine Reihe von Überlegungen vorgestellt, die in diesem Kontext sehr nützlich sind: Ordnung und Chaos sind die beiden Pole, die unsere Verhaltensweisen bestimmen, wobei „Chaos" eigentlich immer Zufall meint. Lewin verweist auf die Studien des amerikanischen Santa-Fe-Instituts, das seit vielen Jahren auf diesem Gebiet forscht. Dort hat Murray Gell-Mann eine treffende Formulierung gefunden: „Oberflächenkomplexität erwächst aus Tiefeneinfachheit." (Lewin, 1993) Wenn man diese Erkenntnis auf das Interfacedesign überträgt, dann muss es heißen: „Tiefenkomplexität benötigt Oberflächeneinfachheit." (Bürdek, 1999) Je komplexer also die Handlungsstrukturen sind, die einem Produkt zugrunde liegen, umso einfacher muss sich dessen Bedienung auf der Oberfläche darstellen. Dies kann als eine generelle Maxime für das Design digitaler Produkte gelten.

Design und Softwareergonomie

So wie sich die Gestalter recht früh der neuen Themen der digitalisierten Produktwelt annahmen, so begannen auch die Ergonomen sich mit diesem Thema zu beschäftigen. Galt ihr klassisches Augenmerk beispielsweise anthropometrischen oder arbeitsphysiologischen Problemen, so erkannte man auch dort, dass die Elektronik vollkommen neue Fragestellungen hervorbrachte. Insbesondere amerikanische Forscher nahmen sich dieses Themas an, und in den 1990er-Jahren erschien eine Vielzahl von Publikationen, deren Erkenntniswert für das Design allerdings reichlich begrenzt blieb.

Donald A. Normans Beiträge (1989, 1993, 1998, 2013) gehören dabei zu den Ausnahmen, ja sie gelten als Standardwerke, die für Designer überaus nützlich sind. Als Psychologe und Vertreter der kognitiven Wissenschaft hat Norman nicht nur geforscht, sondern war auch als Berater für namhafte Computerunternehmen wie Apple oder Hewlett-Packard tätig. Sein Blick auf die Benutzer von Produkten und deren Gewohnheiten führt zu mannigfaltigen Erkenntnissen, die für Entwurfsprozesse besonders relevant sind. Seine Vorschläge für „Human-Centered Development" gelten heute als weitverbreitete Standards, wenngleich deren Interpretation von Designern und Ingenieuren immer noch sehr unterschiedlich ausfällt.

Ben Shneiderman (1992) lieferte die wohl fundierteste Arbeit, die auch zu den Grundlagen von Interface- und Interaktionsdesign gehört. Dort findet man jene wissenschaftlichen Erkenntnisse, Werkzeuge und Methoden, die Designer, Entwickler, Produktmanager und andere mehr kennen sollten, die mit der Gestaltung digitaler Produkte (Hard- und Software) zu tun haben. So plädiert Shneiderman dafür, dass Computerleistung zukünftig unsichtbar wird, das heißt, die Intelligenz eines Systems liegt nicht in der Benutzungsoberfläche, sondern im System selbst. Diese Auffassung deckt sich weitgehend mit den oben vorgetragenen Überlegungen.

Konrad Baumann und Bruce Thomas (2001) haben sich mit einem Themenkreis beschäftigt, der besonders nahe an den Aufgabenstellungen des Designs liegt: mit der Gestaltung elektronischer Hardware. Ob Telekommunikation, Audio- und Hi-Fi-Systeme, medizinische oder messtechnische Produkte, Bürokommunikation, Haushalt, Freizeit, Transportwesen – nahezu sämtliche Produkte werden heute von Chips gesteuert, Mikroprozessoren bestimmen und beherrschen den Alltag. Dafür liefern Baumann und Thomas wichtige Grundlagen: zu Ein- und Ausgabe, Überprüfung, Evaluation und „Usability", zur Methodik von Interaktionsdesign, zu den mentalen Modellen der Benutzer, aber auch zur Produktsprache, zu Designrichtlinien sowie zu der Frage, wie man den „joy of use" – also den Spaß im Umgang mit den Produkten – befördern kann.

Die Veränderung der Prozesse

Die rapide und flächendeckende Ausbreitung der Mikroelektronik in den 1990er-Jahren führte zu einer paradigmatischen Veränderung von Entwurfs-, Konstruktions- und Fertigungsprozessen. Insbesondere die sogenannten C-Techniken (das heißt „computer aided": beispielsweise Simulationen, digitale Konstruktionen, Prototyping und die „customized mass production") veränderten die Arbeitsweisen im Design gravierend.

Sehr rasch wurde dabei auch erkannt, dass sich für das Design vollkommen neue Möglichkeiten eröffnen sollten. Die amerikanischen Wirtschaftswissenschaftler Michael J. Piore und Charles F. Sabel (1985) beschrieben schon sehr früh und visionär, dass es die durchgängigen Prozessketten ermöglichen würden, Produkte für den einzelnen Käufer herzustellen. Das Prinzip der Individualisierung, jetzt „customized mass production" genannt, würde auch für das Design neue Chancen eröffnen. Diese Möglichkeiten werden heute in unterschiedlichsten Produktfeldern genutzt: ob individuell gefertigte Jeans oder Hemden, Automobile (vom Smart beispielsweise lassen sich kundenspezifisch mehr als 10 000 Varianten herstellen) oder CNC-gefertigte Möbel (Steffen, 2003, 2011), die Computerisierung hat die Gestaltungsprozesse nachhaltig und inhaltlich verändert.

Der Einzug der Computertechnologien beförderte einerseits die Parallelisierung von Entwurf, Modellbau, Prototyping und Produktion, andererseits bietet die seit Mitte der 1990er-Jahre stattfindende Vernetzung vollkommen neue Möglichkeiten, die Benutzer in den Designprozess einzubeziehen. So lassen sich individualisierte Produkte heute via Internet generieren und die Daten an dezentrale Fertigungsstätten übertragen, wo sie produziert und dann direkt an die Kunden ausgeliefert werden können. Dabei entfallen weitgehend die Lagerhaltung, lange Transportwege werden vermieden – insgesamt also auch eine ökologisch sinnvolle Produktionsweise.

3-D-Druck

Zu Beginn der 2000er-Jahre kam eine neue Technologie auf den Markt, die von dem US-amerikanischen MIT-Forscher Neil A. Gershenfeld (2007) als eine Revolution ausgerufen wurde: *Fab: The Coming Revolution on your desktop – from Personal Computers to Personal Fabrication*. So wie in den 1980er-Jahren die Laserdrucker das Druckgewerbe veränderten, so sollen jetzt Produkte aller Art vom Personal Computer auf dem Schreibtisch gesteuert ausgedruckt werden können. Ursprünglich als Stereo-Lithografie für das Rapid Prototyping konzipiert, wandelte sich dieses Verfahren hin zum 3-D-Druck, mit dem Unikate und Kleinserien „gedruckt" werden können.

Die „Maker-Generation" wurde ausgerufen (Anderson, 2012), das digitale Do-it-yourself sollte gar eine neue industrielle Revolution darstellen. Die Medien überschlugen sich förmlich mit Anwendungsbeispielen für den 3-D-Druck: Ob Hausgeräte, Bekleidung, Möbel, medizinische Produkte (Zähne, Gelenke, Organe), Lebensmittel – so kann man kann sich gar eine Pizza drucken (Basaran, 2014) – oder ganze Fahrzeugkarosserien (Print my Car), komplette Fahrräder oder gar Häuser, die Zukunft sei grenzenlos. In Japan wurde bereits ein Mann rechtskräftig verurteilt, der mittels 3-D-Druck Schusswaffen produziert hat. So gesehen liegt Peter Sloterdijk mit seiner Einschätzung von Terrorismus und Produktgestaltung (↗S. 8) gar nicht so weit von der Realität entfernt.

Fragen nach Copyright oder Produktpiraterie scheinen da belanglos zu werden, „ich druck mir meine Welt, wie sie mir gefällt". Anfällig für unkritische Begeisterung sind hier insbesondere die Designer: Der lange gehegte Wunschtraum, individualisierte Produkte herzustellen (Bürdek, 1988a), kann endlich Wirklichkeit werden. Gleichwohl sind auch die Möglichkeiten dieser neuen Technologie begrenzt, die Heimdruckerei bleibt Illusion. Denkbar sind sicherlich 3-D-Druckshops (der MIT-Forscher Neil Gershenfeld nennt sie FabLaps), an die die selbst generierten Daten geschickt werden können. Die ausgedruckten Produkte kommen dann per Post, Amazon prüft bereits den Einstieg in dieses neue Geschäftsfeld. Aber das neue Smartphone wird sich so nicht produzieren lassen, höchstens eine schicke, individualisierte Hülle; und eine komplette Automobilkarosserie schon gar nicht: Der Unterschied zwischen einem Modell oder Prototypen und einem voll funktionsfähigen Erzeugnis ist doch gravierend. Insofern stimmt es nur in einem eingeschränkten Sinne, dass nun jeder Mensch zum Designer werde.

Es wird jedoch allzu leicht übersehen, dass die Anwendungen aufgrund der zur Verfügung stehenden Größen der Geräte sowie der zu verarbeitenden Materialien äußerst begrenzt sind. Was für den Modellbau geeignet ist, muss nicht auch gleich serientauglich sein. Die Euphorie einer neuen „Maker-Generation", wie sie von der Deutschen Gesellschaft für Designtheorie und -forschung (DGTF) 2013 proklamiert wurde, muss deshalb auch reichlich skeptisch gesehen werden. Mit den Worten von Martin Gessmann (2013) gesprochen: Mit 3-D kann man sich wahrlich keine bessere Welt drucken.

Industrie 4.0 – Das Internet der Dinge

Die rasante Entwicklung des Internets, von der Kommunikation der Computer untereinander über die sozialen Netzwerke und den lernenden Computer bis hin zur totalen Vernetzung von Entwicklung, Konstruktion, Design, Fertigung, Vertrieb, Service etc., verändert die Geschäftsmodelle und die Wertschöpfungsketten über weite Strecken. „Industrie 4.0" wird gar als eine weitere industrielle Revolution bezeichnet.

Die Mechanisierung, die zu Beginn des 20. Jahrhunderts mit der rasanten Verbreitung der Dampfmaschinen und industriellen Massenfertigung einsetzte, und die Digitalisierung, die wir seit Beginn der 1980er-Jahre erlebt haben, werden jetzt durch die „Informatisierung" abgelöst. Diese vierte Revolution erfasst sämtliche Bereiche: von den Produkten über deren Konstruktion, Gestaltung und Herstellung bis zur Distribution und schließlich zum Recycling, alles wird digital gesteuert. Das Internet wird zur alles bestimmenden Metastruktur.

Die Produktlebenszyklen werden immer kürzer, die Globalisierung befördert immer neue Herausforderungen. Die dabei integrierten Roboter programmieren sich selbst – Brave New World. Beim Internet der Dinge werden diese selbst intelligent (durch eingebettete Computer) und sind ebenfalls vernetzt. Inzwischen ver-

3-D-Printer und Endless Pulse Low Chair
Design: Studio Dirk Vander Kooij
Zaandam/Niederlande (2010)

lagern zahlreiche Unternehmen ihre Fertigung wieder zurück aus den Billiglohn-ländern nach Europa. Der vermeintliche Kostenvorteil schwindet, der bessere Standort ist wichtiger, denn hierzulande lässt sich einfach schneller und besser produzieren (Germis/Giersberg, 2015).

Das eingangs beschriebene Auseinanderklaffen eines industriellen und eines nichtindustriellen Designs wird an dieser Stelle eklatant. Die Spielfelder werden zunehmend größer, und man muss individuell entscheiden, auf welchen man agieren möchte.

Ausblick

Zu Beginn des 21. Jahrhunderts ist deutlich geworden, dass sich Design ohne Technologie und ohne Ökonomie nicht mehr denken, geschweige denn erfolgreich praktizieren lässt. Erst durch das Zusammenwirken der drei können sogenannte Produktkulturen entwickelt und gestaltet werden, von denen die Sozial- und Kulturwissenschaften heute vermehrt sprechen. Dort ist inzwischen das Design in den Fokus gerückt – endlich, so möchte man sagen.

Im Übergang vom 19. zum 20. Jahrhundert hat sich im Zuge der Industrialisierung das Berufsbild des Designers herausgebildet, das durch die zunehmende Arbeitsteilung geprägt war. Im Übergang vom 20. zum 21. Jahrhundert erfährt das kunsthandwerkliche Design ein Revival; das vermeintlich ganzheitliche Gestalten, Produzieren und Vertreiben ist technikgeschichtlich gesehen ein Rückfall. Gesellschaftlich gesehen ist dies jedoch der Bereich, in dem sich – nicht nur in Europa – die vermeintliche „Avantgarde" präsentiert: Design, Kunst und Mode sind Thema mannigfaltiger Messen und Ausstellungen, auf denen Unikate und Kleinstserienprodukte zum Verkauf angeboten werden. Demgegenüber steht die sich immer stärker digitalisierende Welt, die eine hohe Wertschöpfung generiert, das Design global verändert und das Leben massiv beeinflusst.

Gleichwohl leidet das Design – so wie manch andere Disziplin auch – erheblich darunter, dass es seine eigenen Leistungen maßlos überschätzt. Deutlich wird das vor allem dort, „wo der latente Verdacht aufkommt, mit Design allein die unhaltbaren Zustände der Welt lösen zu können" (Groll, 2014). Und dies bei der gleichzeitigen Unterentwicklung eines eigenen disziplinären Kanons des Wissens. Sich nur interdisziplinär artikulieren zu können bedeutet eben, sich zwischen (inter) alle Stühle zu setzen.

Im Design selbst ist das Bewusstsein dafür immer noch nicht sehr ausgeprägt. Der lange gehegte „Erfindermythos" (Leonardo da Vinci lässt grüßen) ist nach wie vor lebendig. Dass Produkte „sprechen" oder „bedeuten", ist heute in der Designtheorie jedoch unbestritten, die Ausformung von Design als Disziplin entwickelt sich zwar nur langsam, aber durchaus zielorientiert: „So unterschiedlich diese

Ansätze (Produktsprache – Produktsemantik – Designrhetorik) auch sein mögen, gründen sie doch alle auf sprachbasierten Systemen wie der Semiotik, der Semantik oder der Rhetorik." (Mareis, 2014)

Ein qualifiziertes und fachspezifisches „Sprechen" über Design entwickelt sich in der Praxis ebenfalls eher langsam. Was im allgemeinen Sprachgebrauch über Design kommuniziert wird, ist oftmals beschämend. Das erwähnte „Kacheldesign" ist dafür nur ein Beispiel unter vielen. Peter Eckart (2014) fordert: „Die Theorie im Design sollte sich jedenfalls zunehmend aus dem Wissen des Entwerfens heraus entwickeln und weniger an Theorien anderer Wissenschaftsbereiche orientieren." So richtig diese Aussage auch ist, zeigt sie doch auch die eklatanten Defizite des Designs auf: Das aus dem Entwerfen generierte Wissen ist und bleibt marginal.

Auch das überaus bedeutsame Thema der Ökologie wird bisher nur recht zaghaft verfolgt. Einzelne prämierte Produktentwürfe bei Designwettbewerben helfen da nicht wirklich weiter, sie sind eher für die Medien geeignet, um Aufmerksamkeit zu erringen, und sie beruhigen das Gewissen der Designer ungemein. Ökologie ernsthaft zu betreiben, ist jedoch eine unternehmerische Angelegenheit. Das Unternehmen Vitra beispielsweise, bekannt für seine Büromöbel, verfolgt dies mit einem professionellen Ökologiemanagement. Von den Rohstoffen und Materialien über die Fertigung bis hin zu Verpackung und Transport werden alle Schritte nachhaltig organisiert. Nur mit solch einer ganzheitlichen Strategie können Ökologie und Design versöhnt werden.

Unbestritten ist, dass die Digitalisierung im 21. Jahrhundert ein bedeutsames Thema bleiben wird. Entwurf, Konstruktion, Produktion, Vertrieb und Recycling – die Prozesse verändern sich rasant und global.

Design kann durchaus zur Wertschöpfung beitragen. Im Mittelpunkt für das Entwerfen und Gestalten steht weiterhin die Frage nach der „Identität" und nach der „Differenz" – im Sinne Martin Heideggers. Auch daran lohnt es sich weiterhin zu arbeiten, in der Theorie wie in der Praxis.

Spider Dress 2.0
Design: Anouk Wipprecht
Wien/Amsterdam (2014)

Bibliografie

Adorno, Theodor W. Funktionalismus heute.
In: ders. Ohne Leitbild. Parva Aesthetica.
Frankfurt am Main 1967
Aicher, Otl die welt als entwurf. Berlin 1991
– analog und digital. Berlin 1991
Aisslinger, Werner Fast Forward.
Ludwigsburg 2010
Akrich, Madeleine Die De-Skription technischer
Objekte. In: Belliger, Andréa / Krieger, David J.
(Hrsg.): ANThology. Ein einführendes Handbuch
zur Akteur-Netzwerk-Theorie. Bielefeld 2006
Albers, Josef Interaction of Color. New Haven 1963
– Interaction of Color. Grundlegung einer Didaktik
des Sehens. Mit einem Vorwort von Erich Franz.
Köln 1997
Albus, Volker / Borngräber, Christian Design
Bilanz. Neues deutsches Design der 80er Jahre in
Objekten, Bildern, Daten und Texten. Köln 1992
– / **Feith, Michel / Lecatsa, Rouli u. a.**
Wohnen von Sinnen. Gefühlscollagen. Köln 1986
Aldersey-Williams, Hugh New American Design.
Products and Graphics for Post-Industrial Age.
New York 1988
Alexander, Christopher Notes on the Synthesis
of Form. Cambridge, Mass. 1964
– / **Ishikawa, Sara / Silverstein, Murray** A Pattern
Language, New York 1977
– The Timeless Way of Building. New York 1979
Alger, John R. M. / Hays, Carl V. Creative Synthesis
in Design. Englewood Cliffs, New Jersey 1964
Ambasz, Emilio (Hrsg.) Italy. The New Domestic
Landscape. New York 1972
Anderson, Chris Makers. The New Industrial
Revolution. New York 2012
Andrews, Edward D. / Andrews, Faith Shaker
Furniture. The Craftsmanhip of an American
Communal Sect. New York 1964 (1-1937)

Archer, Bruce Systematic Method for Designers.
In: Design (1963/64), Nr. 172, 174, 176, 179, 181
– Whatever Became of Design Methodology?
In: Design Studies (IPC Business Press), Vol. 1,
No. 1, Juli 1979
Arnheim, Rudolf Anschauliches Denken.
Zur Einheit von Bild und Begriff. Köln 1972
Asimov, Morris Introduction to Design.
Englewood Cliffs, New Jersey 1968
Arnold, Florian Die Logik des Entwerfens.
Methode, Geschichte und Gegenwart eines
umstrittenen Designkonzepts. Offenbach 2015
(Dissertation an der HFG Offenbach)
**Baacke, Rolf-Peter / Brandes, Uta / Erlhoff,
Michael** Design als Gegenstand. Der neue
Glanz der Dinge. Berlin 1983
Bachinger, Richard / Steguweit, Christian Corpo-
rate Identity und Corporate Image der Firma
Olivetti. In: Poth, Ludwig, G. / Poth, Gudrun S.
(Hrsg.) Marktfaktor Design. Landsberg/Lech 1986
Baehr, Volker / Kotik, Jan Gesellschaft – Bedürf-
nis – Design. Hrsg. vom Institut für Umweltpla-
nung der Universität Stuttgart. Ulm 1972 (Arbeits-
bericht 4)
Bangert, Albrecht Möbel und Interieur.
München 1980
– Colani. Das Gesamtwerk. Katalogbuch zur
Ausstellung. Schopfheim 2004
Bartels, Daghild Hoffnung am Kap. In: Neue
Zürcher Zeitung, Nr. 176, 3. August 2014
Barthes, Roland Die Sprache der Mode.
Frankfurt am Main 1985 (Orig.: Système de la mode.
Paris 1967)
Basaran, Leyla Wir drucken uns eine Pizza.
17. Oktober 2014 (http://www.stylepark.com/de/
news/wir-drucken-uns-eine-pizza/354901, Zugriff:
Oktober 2014)

Baudrillard, Jean Pour une critique de l'économie politique du signe. Paris 1972
– Die fatalen Strategien. München 1985
– Das System der Dinge. Über unser Verhältnis zu den alltäglichen Gegenständen. Frankfurt am Main 1991 (Wien 1974) (Orig.: Le système des objects. Paris 1968)
Bauer, Birgit (2014) Unruhestand: Erlhoff und Bürdek mit neuen Büchern. (http://www.design-kritik.dk/unruhestand-erlhoff-und-burdek-mit-neuen-buchern/, Zugriff: September 2014)
Bauer-Wabnegg, Walter Kleine Welten. Design muß auch in Zukunft Geschichten erzählen können. In: formdiskurs 3, II/1997
– Logische Tiefen und freundliche Oberflächen. Neue Mythen des Alltags. In: Bürdek, Bernhard E. (Hrsg.): Der digitale Wahn. Frankfurt am Main 2001
Baumann, Konrad / Thomas, Bruce User Interface Design for Electronic Appliances. London, New York 2001
Becher, Ursula A. J. Geschichte des modernen Lebensstils. München 1990
Beck, Ulrich Was ist Globalisierung? Frankfurt am Main 1997
Belliger, Andréa / Krieger, David. J. (Hrsg.) ANThology. Ein einführendes Handbuch zur Akteur-Netzwerk-Theorie. Bielefeld 2006
Bense, Max Aesthetica I–IV. Baden-Baden 1954–1960
– Semiotik. Allgemeine Theorie der Zeichen. Baden-Baden 1967
– Einführung in die informationstheoretische Ästhetik. Hamburg 1969
– Zeichen und Design. Baden-Baden 1971
Berndt, Heide / Lorenzer, Alfred / Horn, Klaus Architektur als Ideologie. Frankfurt am Main 1968
Bertsch, Georg Alfredo Arribas. Architecture and design. Arquitectura y diseño. 1986–1992. Tübingen, Berlin 1993
– Undisciplined? Design in an age of "massive change". In: design research. A cura di Hans Höger, Mailand 2008
Bertsch, Georg C. / Hedler, Ernst SED. Schönes Einheits Design. Köln 1990
Bill, Max [form, funktion, schönheit] = [gestalt], 1956. In: Bill, Jacob (Hrsg.): max bill. funktion und funktionalismus: schriften 1945–1988. Bern, Sulgen 2008

Birkigt, K. / Stadler, M. / Funck, H. J. Corporate Identity. Grundlagen – Funktionen – Fallstudien. Landsberg/Lech 2003 (11. Aufl.)
Bittner, Regina (Hrsg.) Bauhausstil. Zwischen International Style und Lifestyle. Berlin 2003
Blank, Michael Wir müssen aufhören, in Tassen und Tellern zu denken. Ein Gespräch mit Klaus Thomas Edelmann. In: Design Report (1988), Nr. 6
Blaser, Werner (Hrsg.) Klappstühle. Basel, Boston, Stuttgart 1982
Bloch, Ernst Geist der Utopie. Frankfurt am Main 1985 (1918)
– Abschied von der Utopie? Vorträge, hrsg. von Hanna Gekle, Frankfurt am Main 1980
Blomberg, Katja (Hrsg.) Haus-Rucker-Co: Architekturutopie Reloaded. Köln 2014
Bochenski, Joseph Maria Die zeitgenössischen Denkmethoden. Bern, München 1954 (8. Aufl.)
Bochynek, Martin Das möblierte Museum. In: Wolkenkratzer Art Journal, Nr. 4/1989
Böhme, Gernot Zur Kritik der ästhetischen Ökonomie. In: Zeitschrift für kritische Theorie, Nr. 12, 2001, Jg.7
– Atmosphäre als Grundbegriff einer neuen Ästhetik. In: Friedrich, Thomas / Gleiter, Jörg H. (Hrsg.): Einfühlung und phänomenologische Reduktion. Grundlagentexte zu Architektur, Design und Kunst. Berlin u. a. 2007
Bonsiepe, Gui Gestammelter Jargon. Industrial Design und Charles Sanders Peirce, In: ulm, Nr. 8/9 (1963)
– Design im Übergang zum Sozialismus. Ein technisch-politischer Erfahrungsbericht aus dem Chile der Unidad Popular (1971–73). Hamburg 1974
– Teoria e pratica del disegno industriale. Elementi per una manualistica critica. Mailand 1975
– Teoría y práctica del diseño industrial. Elementos para una manualística crítica. Barcelona 1978
– Die sieben Säulen des Design. In: form + zweck, Nr. 6, 1992
– Entwurfskultur und Gesellschaft. Gestaltung zwischen Zentrum und Peripherie. Basel, Boston, Berlin 2009
Boom, Holger van den Betrifft: Design. Unterwegs zur Designwissenschaft in fünf Gedankengängen. Alfter 1994

Boos, Frank / Jarmai, Heinz Kernkompetenzen – gesucht und gefunden. In: Harvard Business Manager, 4/1994

Borchers, Jan A Pattern Approach to Interaction Design. Chichester u. a. 2001

Borries, Friedrich von / Fezer, Jesko Weil Design die Welt verändert ... Texte zur Gestaltung. Berlin 2013

Bosoni, Giampiero (Hrsg.) Italy – Contemporary Domestic Landscapes. Mailand 2001

Bourdieu, Pierre Die feinen Unterschiede. Frankfurt am Main 1982 (Orig.: La distinction. Critique sociale du jugement. Paris 1979)

Brand, Steward The Media Lab. Inventing the Future at MIT. New York 1987

Brandes, Uta Das bedingte Leben. Heubachs Untersuchung der psychologischen Gegenständlichkeit der Dinge. Eine Rezension. In: Design report (1988), Nr. 6

– Die Digitalisierung des Büros. In: Bürdek, Bernhard E. (Hrsg.): Der digitale Wahn. Frankfurt am Main 2001

– / **Erlhoff, Michael / Schemmann, Nadine** Designtheorie und Designforschung. Paderborn 2009

Brändle, Christian / Menzi, Renate / Rüegg, Arthur 100 Jahre Schweizer Design. Zürich 2014

Branzi, Andrea La tecnologia nuda. Interview mit Tomás Maldonado und Ettore Sottsass. In: modo, Nr. 76, 1985

Braun Design Hrsg. von der Braun GmbH, Peter Schneider. Kronberg, Oktober 2002

Braun Design Team Kronberg 2012 (www.braun.com)

British Council / Barley, Nick Lost and Found. Basel, Boston, Berlin 1999

Buck, Alex (Hrsg.) Design Management in der Praxis. Stuttgart 2003

– / **Herrmann, Christoph / Lubkowitz, Dirk** Handbuch Trendmanagement. Innovation und Ästhetik als Grundlage unternehmerischer Erfolge. Frankfurt am Main 1998

Buck, Alex / Vogt, Matthias Design Management. Was Produkte wirklich erfolgreich macht. Frankfurt am Main, Wiesbaden 1996

Burckhardt, Lucius Design ist unsichtbar. In: Gsöllpointner, Helmuth / Hareiter, Angela / Ortner, Laurids (Hrsg.): Design ist unsichtbar. Forum Design Linz. Wien 1981

– ... in unseren Köpfen. In: ders. / IDZ Berlin (Hrsg.): Design der Zukunft. Köln 1987

Bürdek, Bernhard E. Design-Theorie. Methodische und systematische Verfahren im Industrial Design. Ulm 1971a (ital.: Teoria del Design. Procedimenti die problem-solving. Metodi di pianificazione. Processi di strutturazione. Mailand 1977)

– Modelle für die Praxis. Design-Theorien, Design-Methoden. In: form 56 (1971b)

– Einführung in die Designmethodologie. Hamburg 1975

– Produktgestaltung heute. In: format 83 (1980), Nr. 1

– Keine CI ohne CD. In: absatzwirtschaft (Sonderheft), Oktober 1987

– Der Chip – Leitfossil der neunziger Jahre? Der Einfluss der Mikroelektronik / Die Rolle des Designs in der individualisierten Massenfertigung. In: FAZ – Blick durch die Wirtschaft, 02.12.1988a,

– Design-Management in der Bundesrepublik Deutschland: Renaissance nach Jahren der Stagnation. In: FAZ – Blick durch die Wirtschaft, 25.08.1989, nachgedruckt in: Bachinger, Richard (Hrsg.): Unternehmenskultur. Ein Beitrag zum Markterfolg. Frankfurt am Main 1990a

– Produkte im Zeitalter der Elektronik. In: Design-Innovationen Jahrbuch 92. Hrsg. vom Design-Zentrum Nordrhein-Westfalen, Essen 1992

– Human Interface Design. In: Hahn, Jürgen H. (Hrsg.): Jahrbuch 94. Technische Dokumentation. Frankfurt am Main 1994

– Künstler und Navigator. Der Designer als Führer durch Raum und Zeit. In: FAZ-Magazin, 14.06.1996a, Heft 850

– Missing Link with GUI. In: Design News, No. 235, September 1996b (JIDPO/Tokio)

– Ein Gespräch mit Rolf Fehlbaum. CD-ROM „Design", Köln 1996c

– Der Apple Macintosh. Frankfurt am Main 1997a

– Vom Mythos des Funktionalismus. Hrsg. von FSB Franz Schneider Brakel. Köln 1997b

– Form und Kontext. In: Objekt und Prozess, 17. Designwissenschaftliches Kolloquium Burg Giebichenstein, Hochschule für Kunst und Design, Halle 28.–30.11.1996, Halle 1997c

– Über Sprache, Gegenstände und Design. In: formdiskurs. Zeitschrift für Design und Theorie / Journal of Design and Design Theory 3, II/1997d

– Die elektronische Aufrüstung des Autos. In: form spezial 2, 1998. Nachgedruckt als: Die Digitalisierung des Autos. In: Vegesack, Alexander von / Kries, Mateo (Hrsg.): Automobility. Was uns bewegt. Weil am Rhein 1999 (Vitra Design Museum)

– Design. In: 100 Wörter des Jahrhunderts. Frankfurt am Main 1999

– Design. Von der Formgebung zur Sinngebung. In: Zurstiege, Guido / Schmidt, Siegfried J. (Hrsg.): Werbung, Mode und Design. Wiesbaden 2001a

– (Hrsg.) Der digitale Wahn. Frankfurt am Main 2001b

– Theorie und Praxis im Design. In: designreport 6/02, Juni 2002

– Zur Methodologie an der HfG Ulm und deren Folgen. In: Ulmer Museum / HfG-Archiv ulmer modelle – modelle nach Ulm. Zum 50. Gründungsjubiläum der Ulmer Hochschule für Gestaltung. Stuttgart 2003 (Katalog)

– Hingucker: Theorie & Methodik. Anmerkungen zu einem reich bestellten und weitgehend unbekannten ostdeutschen Wissenschaftsfeld. In: Höhne, Günther (Hrsg.): Die geteilte Form. Deutsch-deutsche Designaffären 1949–1989. Köln 2009

– Design ist (doch) eine Disziplin. In: Eisele, Petra / Bürdek, Bernhard E. (Hrsg.): Design, Anfang des 21. Jh. Ludwigsburg 2011

– Design in Kalifornien. In: Apple Design. Hrsg. von Sabine Schulze und Ina Graetz. Museum für Kunst und Gewerbe Hamburg. Ostfildern 2011

– Design auf dem Weg zu einer Disziplin. Hamburg 2012

– Von der Produktsprache zur Designsprache. In: Mitteilungen designaustria. Designwissenschaft 2/2013

– Yana Milev (Hrsg.). Design Kulturen. In: form, No. 252, März/April 2014

– / Gros, Jochen Der Wandel im Design-Verständnis. form-Gespräch mit Vertretern der Koppelmannschule Köln. In: form 81-I-1978

– / Hannes, G. / Schneider, H. Computer im Design. In: form 121-I-1988b

– / Schupbach, Stephan Klarheit mit Hypermedia. Human Interface Design. Konstruktion von Benutzungsoberflächen. In: KEM Konstruktion Elektronik Maschinenbau, Nr. 7, Juli 1992

– Human Interface Design. Über neue Aufgabengebiete des Designs und ein praktisches Beispiel im Zeitalter der Elektronik. In: form 142-II-1993

– / Typographische Gesellschaft (Hrsg.) Design und Qualität. München 1996b

Burkhardt, François Vorwort. In: IDZ Berlin (Hrsg.): Design als Postulat am Beispiel Italiens. Berlin 1973

– Das neue Design. Vom experimentellen Gestalten des einzelnen Objekts zur Schaffung künstlerischer Umwelten. In: Welsch, Wolfgang (Hrsg.): Die Aktualität des Ästhetischen. München 1993

– / Franksen, Inez (Hrsg.) Design: Dieter Rams, Berlin 1980

Buzan, Tony The mind map book. New York 1991

– / Buzan, Barry Das Mind-Map-Buch. München 2002

Byrne, Bryan / Squires, Susan (Hrsg.) Creating Breakthrough Ideas. The Collaboration of Anthropologists and Designers in the Product Development Industry. Westport, Conn. 2002

Calvera, Anna (Hrsg.) Arte¿Diseño. Barcelona 2003

– De lo bello de las cosas. Materiales para und estética del diseño. Barcelona 2007

CETRA (China External Trade Development Council) Industrial Design in Taiwan 1959–1994. Taipeh 1994

Clarke, Alison Jane (Hrsg.) Design Anthropology. Object Culture in the 21st Century. Wien 2010

Cook, Peter Archigram. London, New York 1974

Cooper, Alan The inmates are running the asylum. Why High-Tech Products drive us crazy and how to restore the sanity. Indianapolis 1999

Crasset, Matali Spaces 2000–2007. Köln, London, New York 2007

Crilly, Nathan / Moultrie, James / Clarkson, P. John Seeing things: consumer response to the visual domain in product design. In: Design Studies 25 (2004)

Cross, Nigel Developments in Design Methodology. Chichester 1984

– Engineering Design Methods. Chichester 1989

– Design/Science/Research: Developing a Discipline. Keynote Speech, International Symposium on Design Science, 5th Asian Design Conference, Seoul/Korea, Oktober 2001

Curdes, Gerhard http://www.club-offulm.de/
Curdes-Geschichte-des-IUP.pdf
**Csikszentmihalyi, Mihaly / Rochberg-Halton,
Eugene** Der Sinn der Dinge. Das Selbst und die
Symbole des Wohnbereichs. München, Weinheim
1989 (Orig.: The Meaning of Things. Domestic
symbols and the self. Cambridge, Mass. 1981)
Czemper, Achim (Hrsg.) hfg ulm. Die Abteilung
Produktgestaltung. 39 Rückblicke. Dortmund 2008
Davis, Meredith Graphic Design Theory.
London 2012
Decker, Edith / Weibel, Peter (Hrsg.) Vom Ver-
schwinden der Ferne. Telekommunikation und
Kunst. Köln 1990
Der Apple-Check Fernsehbeitrag in der ARD,
gesendet am 04.02.2013, Wiederholung am
13.08.2014, HR3
Derrida, Jacques Die Stimme und das Phänomen.
Ein Essay über das Problem des Zeichens in der
Philosophie Husserls. Übers. und Vorwort von
Jochen Hörisch. Frankfurt am Main 1979 (Orig.:
La voix et le phénomène. Paris 1967)
Design Forum Finland Yrityksen muotoilijayhtey-
det. Helsinki 1998
Design Thinking (https://www.google.de/search?q
=design+thinking&source=lnms&tbm=isch&sa=X&
ei=zm3rU425DvDY4QT6yYHQDA&sqi=2&ved=0CA
YQ_AUoAQ&biw=1044&bih=908, Zugriff: August
2014)
**Diebner, Hans / Druckrey, Timothy / Weibel,
Peter** Science of the Interface. Tübingen 2001
Dietz, Georg Begegnung mit einem Monster.
In: Frankfurter Allgemeine Sonntagszeitung,
Nr. 45, 10.11.2002
DMI Website (www.dmi.org, Zugriff: August 2014)
Donaldson, Stephanie Der Shaker-Garten. Von
der Schönheit des Nützlichen. München 2001
Dörner, Volker Die Produktform als Mittel
der Anmutungsgestaltung unter besonderer
Berücksichtigung der Quantifizierung und
Dynamisierung anmutungshafter Formleistung.
Köln 1976
Douglas, Mary Rules and meaning. New York 1973
– Reinheit und Gefährdung. Eine Studie zu
Vorstellungen von Verunreinigungen und Tabu.
Frankfurt am Main 1988
– Risk and Blame. Essays in Cultural Theory.
London 1992

Dunas, Peter Luigi Colani und die organisch-dy-
namische Form seit dem Jugendstil. München 1993
Dunne, Anthony Hertzian Tales. Electronic
Products, Aesthetic Experience and Critical
Design. London 1999 (Royal College of Art)
– / **Raby, Fiona** Design Noir. The Secret Life of
Electronic Objects. Basel 2001
– / **Raby, Fiona** Speculative Everything Design,
Fiction and Social Dreaming. Cambridge, MA 2014
Durkheim, Emile Die elementaren Formen
religiösen Lebens. Frankfurt am Main 1981
(Orig.: Les formes élémentaires de la vie religieuse.
Paris 1912)
Dyson, James Against the odds. An autobio-
graphy. London 2001
Eckart, Peter Design studieren: Der Wandel bleibt.
In: design identifizieren. Hrsg. vom Deutschen
Designer Club. Frankfurt am Main 2014
Eckstein, Hans Formgebung des Nützlichen.
Marginalien zur Geschichte und Theorie des
Design. Düsseldorf 1985
Eco, Umberto Einführung in die Semiotik.
München 1972 (Orig.: La struttura assente,
Mailand 1968)
Edelmann, Thomas Visionen von Gestern
(http://www.stylepark.com/de/news/
visionen-von-gestern/350403)
Ehrenfels, Christian von Über Gestaltqualitäten,
in: Vierteljahresschrift für wissenschaftliche
Philosophie 14 (1890), S. 249–292
Eisenman, Peter Aura und Exzeß. Zur Über-
windung der Metaphysik der Architektur.
Wien 1995
– Schwache Form. In: Noever, Peter (Hrsg.):
Architektur im AufBruch. Neun Positionen zum
Dekonstruktivismus. München 1991
Eisner, Michael D. Walt Disney Imagineering:
A Behind the Dreams Look at Making the Magic
Real by the Imagineers. New York 1996
Ellinger, Theodor Die Informationsfunktion
des Produktes. (Einzelveröffentlichung aus
„Produktionstheorie und Produktionsplanung",
Festschrift für Karl Hax zum 65. Geburtstag).
Köln, Opladen 1966
**Engell, Lorenz / Fahle, Oliver / Neitzel, Britta
(Hrsg.)** Kursbuch Medienkultur. Die maßgeb-
lichen Theorien von Brecht bis Baudrillard.
Stuttgart 2000

Erlhoff, Michael Kopfüber zu Füßen. Prolog für
Animateure. In: documenta 8, Band 1, Kassel 1987
– Theorie des Designs. München 2013
Escherle, Hans-Jürgen Industriedesign für
ausländische Märkte. München 1986
**Esslinger, Hartmut, im Gespräch mit Bernhard E.
Bürdek** In: Eisele, Petra & Bürdek, Bernhard E.
(Hrsg.): Design, Anfang des 21. Jh. Diskurse und
Perspektiven. Ludwigsburg 2011
Esslinger, Hartmut Genial Einfach. Die frühen
Design-Jahre von Apple. Stuttgart 2014 (Orig.: Keep
it Simple. The Early Years of Apple. Stuttgart 2014)
Factodesign 75% of Ikea's Catalog is computer
generated imagery (http://www.fastcodesign.
com/3034975/75-of-ikeas-catalog-is-computer-ge-
nerated-imagery, Zugriff: Oktober 2014)
Farr, Michael Designmanagement. London 1966
Faßler, Manfred Bildlichkeit. Navigation durch
das Repertoire der Sichtbarkeit. Wien, Köln,
Weimar 2002
– Kampf der Habitate. Neuerfindungen des
Lebens im 21. Jahrhundert. Wien, New York 2011
– Design – Statuskunst? In: Deutscher Designer
Club e. V. (Hrsg.): design identifizieren.
Frankfurt am Main 2014
Fehlbaum, Rolf Vitra. Eine pluralistische Identität.
In: Daldrop, Norbert W. (Hrsg.): Kompendium
Corporate Identity und Corporate Design.
Stuttgart 1997
Felix, Zdenek Konzept-Kunst. Basel 1972
(Katalog Kunstmuseum)
Feuerstein, Günther Zeichen und Anzeichen.
In: form + zweck, Nr. 5, 1981
Feyerabend, Paul Wider den Methodenzwang.
Skizze einer anarchistischen Erkenntnistheorie.
Frankfurt am Main, New York 1976
Fiebig, Wilfried Zum Begriff der Vernunft.
Ringveranstaltung zur „Theorie der Produkt-
sprache" (Vortrag), Hochschule für Gestaltung,
Offenbach am Main, 13.11.1986
Fiedler, Jeannine / Feierabend, Peter (Hrsg.)
Bauhaus. Köln 1999
Figal, Günter Der Sinn des Verstehens. Beiträge
zur hermeneutischen Philosophie. Stuttgart 1996
Fischer, Richard Zur Anzeichenfunktion. In:
Fachbereich Produktgestaltung. Hrsg. von der
Hochschule für Gestaltung Offenbach am Main,
November 1978.

– / **Mikosch, Gerda** Grundlagen einer Theorie der
Produktsprache, Heft 3: Anzeichenfunktionen.
Hrsg. von der Hochschule für Gestaltung Offen-
bach am Main 1984
– Design im Zeitalter der Mikroelektronik. Vortrag
an der Hochschule für Gestaltung Offenbach am
Main, 13.10.1988
Fischer, Volker (Hrsg.) Design heute. Maßstäbe:
Formgebung zwischen Industrie und Kunst-Stück.
München 1988a
– Produktstrategie als Kulturstrategie. In: Perspek-
tive. Zeitschrift der Vorwerk & Co. Teppichwerke
KG , Nr. 1, 1988b
– / **Gleiniger, Andrea** Stefan Wewerka. Architekt,
Designer, Objektkünstler. Stuttgart, London 1998
Fischer, Volker Emotionen in der Digitale. Eine
Phänomenologie elektronischer „devices". In:
Bürdek, Bernhard E. (Hrsg.): Der digitale Wahn.
Frankfurt am Main 2001
– / Richard Meier. Der Architekt als Designer und
Künstler. Stuttgart, London 2003
Fischer, Wend Die verborgene Vernunft. Funktio-
nale Gestaltung im 19. Jahrhundert. Die Neue
Sammlung. München 1971
Flierl, Bruno / Hirdina, Heinz Postmoderne und
Funktionalismus. Sechs Vorträge. Berlin 1985
Foraita, Sabine Borderline. Das Verhältnis von
Kunst und Design aus der Perspektive des Design.
Braunschweig 2005 (Dissertation HfBK)
– Grenzgänge. Über das Verhältnis von Kunst und
Design. In: Eisele, Petra / Bürdek, Bernhard E.
(Hrsg.): Design, Anfang des 21. Jh. Diskurse und
Perspektiven. Ludwigsburg 2011
Formdiskurs Zeitschrift für Design und Theorie /
Journal of Design and Design Theory, 3, II/1997
(widmet sich ausführlich dem Thema „Über
Sprache, Gegenstände und Design")
Foster, Norman Architecture is about people.
Köln 1999 (Katalog zur gleichnamigen Ausstellung
im Museum für Angewandte Kunst)
Frank, Manfred Was ist Neostrukturalismus?
Frankfurt am Main 1984
Friedländer, Uri Wir sind in einer Phase der
Umorientierung … In: form 96-IV-1981/82
Friedrich-Liebenberg, Andreas Anmutungsleis-
tungen von Produkten. Zur Katalogisierung,
Strukturierung und Stratifikation anmutungs-
hafter Produktleistungen. Köln 1976

Friemert, Chup Die gläserne Arche. Kristallpalast London 1851 und 1854. München 1984
Fritenwalder, Henning Kann Design eine Theorie haben? Diplomarbeit an der HdK. Hamburg 1999
FSB Franz Schneider Brakel Begreifbare Baukunst. Die Bedeutung von Türgriffen in der Architektur. Mit Texten von Bettina Rudhof. Brakel 2011
Gadamer, Hans-Georg Wahrheit und Methode. Grundzüge einer philosophischen Hermeneutik. Tübingen 1960
– Der Mensch als Naturwesen und Kulturträger. Eröffnungsvortrag der Reihe „Mensch und Natur", am 28.11.1988 in Frankfurt am Main
Garnich, Rolf Konstruktion, Design, Ästhetik. Esslingen 1968
Germis, Carsten / Giersberg, Georg Die Produktion kehrt in die Industrieländer zurück. In: Frankfurter Allgemeine Zeitung, Nr. 8, 10.01.2015
Gershenfeld, Neil Wenn die Dinge denken lernen. München, Düsseldorf 1999 (Orig.: When Things start to think. New York 1999)
– Fab. The Coming Revolution on your Desktop – from Personal Computers to Personal Fabrication. New York 2007
Gessmann, Martin Was der Mensch wirklich braucht. Warum wir mit Technik nicht mehr zurechtkommen und wie sich aus unserem Umgang mit Apparaten wieder eine sinnvolle Geschichte ergibt. München 2010
– Zur Zukunft der Hermeneutik. München 2012
– Kann man die bessere Welt in 3D drucken? (DGTF Tagung 2013: www.dgtf.de/tagungen/tagung2013)
– Wenn die Welt in Stücke geht. Warum wir philosophieren. Paderborn 2014
Geyer, Erich / Bürdek, Bernhard E. Designmanagement. In: form 51-III-1970
– / **Frerkes, Jupp / Zorn, Manfred** AW design Kompendium 70. Stuttgart 1970
– Marktgerechte Produktplanung und Produktentwicklung. Teil II: Produkt und Betrieb. Heidelberg 1972
Gibson, James J. Die Wahrnehmung der visuellen Welt. Weinheim 1973
– Wahrnehmung und Umwelt. München 1982

Giedion, Sigfried Mechanization takes Command. Oxford 1948; dt.: Die Herrschaft der Mechanisierung. Ein Beitrag zur anonymen Geschichte. Hrsg. von Henning Ritter, Sonderausgabe, Frankfurt am Main 1987
GK Design Group GK Design 50 years 1952–2002. Tokio 2003
Glaser, Hermann Industriekultur oder die Sache mit den Knopflöchern. In: Sembach, Klaus-Jürgen / Jehle, Manfred / Sonnenberger, Franz (Red.): Industriekultur. Expeditionen ins Alltägliche. Hrsg. vom Schul- und Kulturreferat der Stadt Nürnberg, Centrum Industriekultur. Nürnberg 1982
Göbel, Lutz Den „Integralisten" gehört die Zukunft. In: VDI nachrichten, Nr. 13/1992
Golde, Chris M. / Walker, George Overview of the Carnegie Initiative on the Doctorate. Draft 2.1, 19.08.2001
Gombrich, Ernst H. The Sense of Order. Oxford 1979
Gorgs, Claus Gemeinsamer Nenner. In: Wirtschaftswoche, Nr. 3, 09.01.2003
Gorsen, Peter Zur Dialektik des Funktionalismus heute. In: Habermas, Jürgen (Hrsg.): Stichworte zur „geistigen" Situation der Zeit (Bd. 2). Frankfurt am Main 1979
Gould, Stephen Jay Illusion und Fortschritt. Die vielfältigen Wege der Evolution. Frankfurt am Main 1998 (Orig.: Full House. The Spread of Excellence from Plato to Darwin. New York 1996)
Graf, Annika Microsofts neuer Sinn fürs Schöne. In: Financial Times Deutschland, 02.11.2012
Groll, Sandra The Words for Design. In: form, Nr. 256, Nov./Dez. 2014
Gropius, Walter Grundsätze der Bauhausproduktion. In: Gropius, Walter / Moholy-Nagy, László (Hrsg.): Neue Arbeiten der Bauhauswerkstatt. Bauhausbücher 7. München 1925
Gros, Jochen Dialektik der Gestaltung. Ulm 1971 (Schriftenreihe des IUP – Institut für Umweltplanung der Universität Stuttgart)
– Sinn-liche Funktionen im Design. In: form 74-II-1976 (Teil 1) und form 75-II-1976 (Teil 2)
– Grundlagen einer Theorie der Produktsprache, Heft 1. Hrsg. von der Hochschule für Gestaltung Offenbach am Main 1983
– Grundlagen einer Theorie der Produktsprache, Heft 4: Symbolfunktionen. Hrsg. von der Hochschule für Gestaltung Offenbach am Main 1987

Grossarth, Jan Das neue Bürgertum kauft kein teures Porzellan. In: Frankfurter Allgemeine Sonntagszeitung, Nr. 3, 18.01.2009

Gsöllpointner, Helmuth / Hareiter, Angela / Ortner, Laurids (Hrsg.) Design ist unsichtbar. Wien 1981

Gugelot, Hans Design als Zeichen (Vortrag, gehalten am 13.10.1962 bei dem Industrieunternehmen CEAD in Dortmund). In: Wichmann, Hans (Hrsg.): System-Design Bahnbrecher: Hans Gugelot 1920–1965. München 1984

Habermas, Jürgen Erkenntnis und Interesse. Frankfurt am Main 1968

– Theorie des kommunikativen Handelns, Band 1: Handlungsrationalität und gesellschaftliche Rationalisierung. Frankfurt am Main 1981

– Theorie des kommunikativen Handelns, Band 2: Zur Kritik der funktionalistischen Vernunft. Frankfurt am Main 1981

– Die neue Unübersichtlichkeit. Kleine Politische Schriften V, Frankfurt am Main 1985

Habermas, Tilmann Geliebte Objekte. Symbole und Instrumente der Identitätsbildung. Frankfurt am Main 1999

Hackenschmidt, Sebastian / Engelhorn, Klaus (Hrsg.) Möbel als Medien. Beiträge zu einer Kulturgeschichte der Dinge. Bielefeld 2011

Hahn, Erwin Amerika, Du hast es besser. In: computer persönlich (1988), Nr. 26

Hahn, Hans Peter Materielle Kultur. Eine Einführung. Hamburg 2005

– Ethnologie und Konsum. Eine globale Perspektive. In: Eisele, Petra / Bürdek, Bernhard E. (Hrsg.): Design, Anfang des 21. Jh. Diskurse und Perspektiven. Ludwigsburg 2011

– Ethnologie. Eine Einführung. Berlin 2013

Hase, Holger Gestaltung von Anmutungscharakteren. Stil und Looks in der marketingorientierten Produktgestaltung. Köln 1989

Hauffe, Thomas Fantasie und Härte. Das Neue deutsche Design der achtziger Jahre. Gießen 1994

– Geschichte des Designs. Köln 2014

Haug, Wolfgang Fritz In: IDZ Berlin (Hrsg.): design? Umwelt wird in Frage gestellt. Berlin 1970

– Kritik der Warenästhetik. Frankfurt am Main 1971

– Warenästhetik, Sexualität und Herrschaft. Gesammelte Aufsätze. Frankfurt am Main 1972

– Critique of Commodity Aesthetics: Appearance, Sexuality and Advertising in Capitalist Society. Minneapolis 1986

Häußling, Roger Zum Design(begriff) der Netzwerkgesellschaft. Design als zentrales Element der Identitätsformation in Netzwerken. In: Fuhse, Jan / Mützel, Sophie (Hrsg.): Relationale Soziologie. Zur kulturellen Wende der Netzwerkforschung. Wiesbaden 2010

Heidegger, Martin Identität und Differenz. Pfullingen 1957

– Vorträge und Aufsätze, Teil I und II, darin: „Das Ding", „Die Frage nach der Technik", „Bauen Wohnen Denken". Pfullingen 1967

– Phänomenologische Analysen zur Kunst der Gegenwart. Den Haag 1968

Henseler, Wolfgang Interface-Agenten. Der Wandel in der Mensch-Objekt-Kommunikation oder Von benutzungsfreundlichen zu benutzerfreundlichen Systemen. In: Bürdek, Bernhard E. (Hrsg.): Der digitale Wahn, Frankfurt am Main 2001

Herrmann, Christoph / Moeller, Günter Strategisches Design. Ökonomisch erfolgreiches Design?, In: Eisele, Petra / Bürdek, Bernhard E. (Hrsg.): Design, Anfang des 21. Jh. Diskurse und Perspektiven. Ludwigsburg 2011

Herzogenrath, Wulf / Wewerka, Alexander (Hrsg.) Nahaufnahme Stefan Wewerka. Berlin 2010

Heskett, John Industrial Design. London 1980 (Neuaufl. 2000)

Heß, Andreas (Porsche AG) Produktkliniken als Instrument der Marktforschung in der Automobilindustrie. In: Meinig, Wolfgang (Hrsg.): Auto-Motive 97. Bamberg 1997 (http://www.porsche.com)

Hesse, Petra / Lueg, Gabriele Architektenmöbel: von Aalto bis Zumthor. Furniture by Architects: From Aalto to Zumthor. Köln 2012

Hesselgren, Sven El hombre y su percepción del ambiente urbano. Una teoria arquitectónica. México. D. F. 1980

Heubach, Friedrich W. Das bedingte Leben. Entwurf zu einer Theorie der psychologischen Gegenständlichkeit der Dinge. München 1987

Hierholzer, Michael In der Handlung liegt die Kunst. In: Frankfurter Allgemeine Zeitung, Nr. 215, 16.09.2014

Hinte, Ed van Martí Guixé. Rotterdam 2002

– Wim Rietveld. Industrieel Ontwerper. Rotterdam 1996

Hirdina. Heinz Gestalten für die Serie. Design in der DDR 1949–1985. Dresden 1988

Hirsch, Sandra Gestaltung und Umbruch. Industrie Design als Mittel sozioökonomischer Wertschöpfung. Hamburg 2014

History of Industrial Design Band 1: 1750–1850, Band 2: 1851–1918, Band 3: 1919–1990, Mailand 1990/1991

Hitchcock, Henry-Russell / Johnson, Philip The International Style. New York, London 1966 (ursprünglich publiziert unter dem Titel „The International Style: Architecture since 1922", New York 1932)

Hitzler, Jürgen / Siemens Design Studio Studie Gleisbildterminal 1986. In: Fischer, Volker (Hrsg.): Design heute. Maßstäbe: Formgebung zwischen Industrie und Kunst-Stück. München 1988

Hoffmann, Tobias / Zehentbauer, Markus Schrill Bizarr Brachial. Das Neue Deutsche Design der 80er Jahre. Köln 2014

Hofter, Sibylle Modell: Aurora. 500 000 000 Plastikstühle. München 1997

Höhne, Günter Penti, Erika und Bebo Sher. Die Klassiker des DDR-Designs. Berlin 2001
– Das große Lexikon DDR-Design. Köln 2007
– Die geteilte Form. Deutsch-deutsche Designaffären 1949–1989. Köln 2009

Höhner, Jens Computer brauchen Fans. In: Wirtschaftswoche, Nr. 37, 07.09.2009.

Hosokawa, Shuhei Der Walkman-Effekt. Berlin 1987 (Orig.: The walkman effect, Popular music 4/1984)

HTR (HighTech Report) DaimlerChrysler AG (Hrsg.), Ausgabe 1/2003

Hüetlin, Thomas Cool mit Zertifikat. In: Der Spiegel 2/2015

Husserl, Edmund Ideen zur reinen Phänomenologie und phänomenologischen Philosophie (1900/01). In: Jahrbuch für Philosophie und phänomenologische Forschung (1913)

IBIS.com E-Mail vom 11.07.2014

ICSID Daily Day 4, 11.10.2001. Seoul 2001

IDZ Berlin (Hrsg.) design? Umwelt wird in Frage gestellt. Berlin 1970
– Design als Postulat am Beispiel Italien. Berlin 1973

if (Industrie Forum Design Hannover) Kriterien einer guten Industrieform (Herbert Lindinger). Hannover 1990

Ingher, Lea / Jürgenssen, Nadine Nutzen statt besitzen. In: Neue Zürcher Zeitung, Nr. 206, 06.09.2014

Iosa-Ghini, Massimo (Palazzo della Triennale, Milano) Mailand 2013 (ital., engl)

Italia diseño 1946/1986 Katalog Museo Rufino Tamayo. Mexiko 1986

Jencks, Charles Die Sprache der postmodernen Architektur. Stuttgart 1978 (Orig.: The Language of Post-Modern Architecture. London 1978)
– Die Postmoderne. Der neue Klassizismus in Kunst und Architektur. Stuttgart 1987 (Orig.: Post-Modernism. London 1987)

Jenkins, David on foster – foster on. München 2000

Jonas, Wolfgang Design – System – Theorie. Überlegungen zu einem systemtheoretischen Modell von Design-Theorie. Essen 1994 (Habilitationsschrift „Designtheorie" am FB 5 der BUGH Wuppertal)

Jones, Christopher J. The State-of-the-Art in Design Methods. In: Broadbent, Geoffrey / Ward, Anthony: Design Methods in Architecture. London 1969
– Design Methods. Seeds of Human Future. Chichester 1982, 9. Aufl.

Julier, Guy The Culture of Design. London 2000

Jungen, Patrik Wirkung der symbolischen Aussage einer Produktgestaltung auf die Markenbeurteilung. Hamburg 2011

Kachel-Design (http://www.uni-trier.de/index.php?id=49884, abgerufen im Oktober 2014)

Kahn, Herman Vor uns die guten Jahre. Ein realistisches Modell unserer Zukunft. Wien u. a. 1977 (Orig.: The Next 200 Years. A scenario for America and the World. Boulder/Colorado 1976)
– Die Zukunft der Welt 1980–2000. Wien u. a. 1980 (Orig.: World Economic Development, Boulder/Colorado 1979)

Kaku, Michio Zukunftsvisionen. Wie Wissenschaft und Technik des 21. Jahrhunderts unser Leben revolutionieren. München 1998 (Orig.: Visions. How Science Will Revolutionize the 21st Century. New York 1997)

Karmasin, Helene Produkte als Botschaften. Was macht Produkte einzigartig und unverwechselbar? Wien 1993
– Cultural Theory und Produktsemantik. Cultural Theory and Product Semantics. In: formdiskurs. Zeitschrift für Design und Theorie / Journal of Design and Design Theory, 4, I/1998
– / **Karmasin, Matthias** Cultural Theory. Ein neuer Ansatz für Kommunikation, Marketing und Management. Wien 1997
Kassner, Jens Clauss Dietel und Lutz Rudolph. Gestaltung ist Kultur. Chemnitz 2002
– Ostform. Der Gestalter Karl Clauss Dietel. Leipzig 2009
Katz, David Gestalt Psychology: Its Nature & Significance. Westport, Conn. 1979 (Orig.: Gestaltpsykologi. Stockholm 1942)
Keller, Rudi Interpretation und Sprachkritik. In: Sprache und Literatur in Wissenschaft und Unterricht 17 (1986), Nr. 57
Kerckhove, Derrick de Die Architektur der Intelligenz. Wie die Vernetzung der Welt unsere Wahrnehmung verändert. Basel, Boston, Berlin 2002 (Orig.: L'architettura dell'intelligenza. Turin 2001)
Kicherer, Sibylle Industriedesign als Leistungsbereich von Unternehmen. München 1987
– Olivetti. A Study of the Corporate Management of Design. New York 1990
Kiefer, Georg R. Zur Semiotisierung der Umwelt. Stuttgart 1970 (Dissertation)
Kiemle, Manfred Ästhetische Probleme der Architektur unter dem Aspekt der Informationsästhetik. Quickborn 1967
Kirsch, Karin Die Weißenhof-Siedlung. Werkbund-Ausstellung „Die Wohnung", Stuttgart 1927. Stuttgart 1987
Klar, Michael Kritik an der Rolle des Design in der Verschwendungsgesellschaft. Diplomarbeit HfG Ulm 1968
Klatt, Jo / Jatzke-Wigand, Hartmut (Hrsg.) Möbel-Systeme von Dieter Rams. Hamburg 2002
Klavans, Dick & Boyack, Kevin Map of Science, 2009 (www.mapofscience.com)
Klemp, Klaus / Ueki-Polet, Keiko Less and More. The Design Ethos of Dieter Rams. Berlin 2011

Klinikum Stuttgart Interdisziplinarität in der Medizin (http://www.klinikum-stuttgart.de, Zugriff: 06.10.2012)
Klotz, Heinrich Vision der Moderne. Das Prinzip der Konstruktion. München 1986
– Moderne und Postmoderne. Architektur der Gegenwart 1960–1980. Braunschweig, Wiesbaden 1987 (3. Aufl.)
– Architektur des 20. Jahrhunderts. Stuttgart 1989
– Geschichte der Architektur. Von der Urhütte zum Wolkenkratzer. München 1995
– Die Zweite Moderne. Eine Diagnose der Kunst der Gegenwart. München 1996
– Schriften zur Architektur. Texte zur Geschichte, Theorie und Kritik des Bauens. Ostfildern 1996
– Contemporary Art. ZKM. Center for Art and Media Karlsruhe. München 1997
– Kunst im 20. Jahrhundert. Moderne – Postmoderne – Zweite Moderne. München 1999
– Architektur der Zweiten Moderne. Ein Essay zur Ankündigung des Neuen. Stuttgart 1999
– Geschichte der deutschen Kunst, 3 Bde. München 2000
Kluge, Annalena Design Thinking. Im Spannungsfeld von Kreativität und Innovation im Kontext der ästhetischen Ökonomie. Theoretische Diplomarbeit an der Hochschule für Gestaltung Offenbach am Main, Fachbereich Produktgestaltung. 2013
Knop, Carsten Die Zauberer der schnellen Chips. In: Frankfurter Allgemeine Zeitung, Nr. 141, 21.06.2003
Kohl, Karl-Heinz Die Macht der Dinge. Geschichte und Theorie sakraler Objekte. München 2003
Köhler, Manfred Made in Kronberg: Scherköpfe für Schanghai. In: Frankfurter Allgemeine Zeitung, Nr. 186, 13.08.2002
Koolhaas, Rem Harvard design school guide to shopping. Köln 2001
– OMA/AMO: Projects for Prada Part 1. Mailand 2001
Koppelmann, Udo Grundlagen des Produktmarketing. Zum qualitativen Informationsbedarf von Produktmanagern. Stuttgart u. a. 1978
Krauch, Helmut Maieutik. In: Sommerlatte, Tom (Hrsg.): Angewandte Systemforschung. Ein interdisziplinärer Ansatz. Wiesbaden 2002

Krippendorff, Klaus Über den Zeichen- und Symbolcharakter von Gegenständen. Versuch zu einer Zeichentheorie für die Programmierung von Produktformen in sozialen Kommunikations-strukturen. Diplomarbeit an der HfG Ulm 1961
– Die Produktsemantik öffnet die Türen zu einem neuen Bewußtsein im Design. In: form 108/109-I-1985
– Design muß Sinn machen: Zu einer neuen Design-Theorie. In: hfg forum, Nr. 14, Offenbach am Main, November 1989
– The Semantic Turn. A New Foundation for Design. Boca Raton, London, New York 2006
– Die semantische Wende. Eine neue Grundlage für Design. Basel 2013
– / **Butter, Reinhart** Product Semantics: Exploring the Symbolic Qualities of Form. In: innovation. The Journal of the Industrial Designers Society of America 3 (1984), Nr. 2
Kruft, Hanno Walter Geschichte der Architektur-theorie. München 1985
Kuby, Thomas Zur gesellschaftlichen Funktion des Industrial Designs. Diplomarbeit HfG Ulm 1969
Kuhn, Thomas S. Die Struktur wissenschaftlicher Revolutionen. Franfurt am Main 1997
Kümmel, Birgit (Hrsg.) Made in Arolsen. HEWI und die Kaulbachs. Zwischen höfischem Handwerk und Industriedesign / Museum Bad Arolsen und Museumsverein. Bad Arolsen 1998
Kunkel, Paul Apple Design. The Work of the Apple Industrial Design Group. New York 1997
Küthe, Erich / Thun, Matteo Marketing mit Bildern. Köln 1995
Lang, Alfred Vorwort des Herausgebers zu: Csikszentmihalyi, Mihaly / Rochberg-Halton, Eugene: Der Sinn der Dinge. Das Selbst und die Symbole des Wohnbereichs. München, Weinheim 1989 (Orig.: The Meaning of Things. Domestic symbols and the self. Cambridge, Mass. 1981)
Langenmaier, Arnica-Verena Der Klang der Dinge. Akustik – eine Aufgabe des Design. München 1993 (hrsg. vom Design Zentrum München)
Langer, Susanne Philosophie auf neuem Wege. Das Symbol im Denken, im Ritus und in der Kunst. Frankfurt am Main 1965 (Orig.: Philosophy in a New Key. Cambridge, Mass. 1942)

Lanier, Jaron Der „High-Tech-Frieden" braucht eine neue Art von Humanismus. Dankesrede anlässlich der Verleihung des Friedenspreises des Deutschen Buchhandels in Frankfurt am Main, 12.10.2014 (Umdruck)
Lannoch, Hans-Jürgen Überlegungen zu einer neuen Formensprache. In: form, 104-IV-1983
– How to Move from Geometric to Semantic Space. In: innovation. The Journal of the Industrial Designers Society of America 3 (1984), Nr. 2
– **Lannoch, Helga / Lannoch, Hans-Jürgen** Meta-realistisches Design. In: form 79-III-1977
– Vom geometrischen zum semantischen Raum. In: form Nr. 118, 2/1987
Latour, Bruno Existenzweisen. Eine Anthropologie der Modernen. Berlin 2014 (Enquête sur les modes d'existence. Une anthropologie du modernes, Paris 2012)
Law, John Notizen zur Akteur-Netzwerk-Theorie. In: Belliger, Andréa / Krieger, David J. (Hrsg.): ANThology. Ein einführendes Handbuch zur Akteur-Netzwerk-Theorie. Bielefeld 2006
Lee, Kun-Pyo Culture and its Effects on Human Interaction with Design. With the Emphasis on Cross-Cultural Perspectives between Korea and Japan. Ph. D.-Projekt an der University von Tsukuba/Japan 2001
Lehnhardt, Jana-Maria Analyse und Generierung von Designprägnanzen. Designstile als Deter-minanten der marketingorientierten Produktge-staltung. Köln 1996
Leithäuser, Thomas / Volmerg, Birgit Anleitung zur empirischen Hermeneutik. Psychoanalytische Textinterpretation als sozialwissenschaftliches Verfahren. Frankfurt am Main 1979
Leitherer, Eugen Industrie-Design. Entwicklung – Produktion – Ökonomie. Stuttgart 1991
Lenz, Michael Gedankensprünge. Zur experimen-tellen Arbeit der Gruppe Ginbande. In: Design Report, Nr. 5, Mai 1988
Leuschel, Klaus (Hrsg.) Swissness: 43 helvetische Errungenschaften und 7 prägende Persönlichkei-ten der Designgeschichte. Sulgen 2009
Lewin, Roger Die Komplexitätstheorie. Wissen-schaft nach der Chaosforschung. Hamburg 1993 (Orig.: Complexity. Life at the Edge of Chaos. New York 1992)

Libeskind, Daniel Kein Ort an seiner Stelle.
Schriften zur Architektur – Visionen für Berlin.
Dresden, Basel 1995

Liebl, Franz Der Schock des Neuen. Entstehung
und Management von Issues und Trends.
München 2000

Lindinger, Herbert (Hrsg.) Hochschule für
Gestaltung Ulm. Die Moral der Gegenstände.
Berlin 1987

Linn, Carl-Eric Das Metaprodukt. Produktentwicklung und Marketing von Markenartikeln. Lands-
berg/Lech 1992 (Orig.: Metaprodukten och det
skapande företaget, Malmö 1985)

Loos, Adolf Ornament und Verbrechen (1908).
In: ders. Sämtliche Schriften, Bd. 1, hrsg. von
Franz Glück, Wien, München 1962

Lorenzer, Alfred Kritik des psychoanalytischen
Symbolbegriffs. Frankfurt am Main 1970
– Die Wahrheit der psychoanalytischen Erkennt-
nis. Frankfurt am Main 1974

Lueg, Gabriele (Hrsg.) Made in Holland. Design
aus den Niederlanden. Tübingen, Berlin 1994

Luhmann, Niklas Soziale Systeme. Grundriß einer
allgemeinen Theorie. Frankfurt am Main 1984

Lux, Peter G. C. Zur Durchführung von Corporate
Identity Programmen. In: Birkigt, K. / Stadler, M. /
Funck, H. J.: Corporate Identity. Grundlagen –
Funktionen – Fallstudien. Landsberg/Lech 2003

Lyotard, Jean-François Das postmoderne Wissen.
Ein Bericht. Hrsg. von Peter Engelmann. Bremen
1982 (Neuausgabe Graz, Wien 1986)
– u. a. Immaterialität und Postmoderne.
Berlin 1985

MacQuaid, Matilda (Bearb.) Visionen und
Utopien: Architekturzeichnungen aus dem
Museum of Modern Art. Frankfurt am Main 2003
(Ausstellungskatalog der Schirn Kunsthalle)

Maldonado, Tomás Ist Architektur ein Text? In:
ders. Digitale Welt und Gestaltung. Ausgewählte
Schriften, hrsg. und übers. von Gui Bonsiepe.
Basel, Boston, Berlin 2007
– / **Bonsiepe, Gui** Wissenschaft und Gestaltung.
in: ulm 10/11 (1964)

Manske, Beate / Scholz, Gudrun Täglich in der
Hand. Industrieformen von Wilhelm Wagenfeld
aus sechs Jahrzehnten. Worpswede 1987

Manzini, Ezio / Susani, Marco The Solid Side.
The Search for a Consistency in a Changing World
– Projects and Proposals. Eindhoven 1995

Mareis, Claudia Experimente zu einer Theorie
der Praxis. Historische Etappen der Designforschung in der Nachfolge des Bauhauses
(www.kunsttexte.de (2010-11), Zugriff 15.05.2014)
– Design als Wissenskultur. Interferenzen
zwischen Design- und Wissensdiskursen seit 1960.
Bielefeld 2011
– Theorien des Designs zur Einführung.
Hamburg 2014

Margolin, Victor World History of Design
(2 Bände). London u. a. 2015

**Martin, Marijke / Wagenaar, Cor / Welkamp,
Annette** Alessandro & Francesco Mendini!
Philippe Starck! Michele de Lucchi! Coop
Himmelb(l)au! in Groningen! Groninger Museum.
Groningen 1995

Marx, Werner Heidegger und die Tradition.
Stuttgart 1961

Marzano, Stefano Creating Value by Design.
Thoughts. London 1998

Maser, Siegfried Numerische Ästhetik. Stuttgart
1970 (Arbeitsberichte 2, Institut für Grundlagen der
Modernen Architektur)
– Grundlagen der allgemeinen Kommunikations-
theorie. Eine Einführung in ihre Grundbegriffe
und Methoden (mit Übungen). Stuttgart 1971
– Einige Bemerkungen zum Problem einer Theorie
des Designs. Braunschweig 1972
– Design und Wissenschaft. Theorie ohne Praxis
ist leer, Praxis ohne Theorie ist blind. In: form,
73-I-1976

Mayr-Keber, Gert M. Strukturelemente der
visuellen Erscheinung von Corporate Identity. In:
Birkigt, K. / Stadler, M. / Funck, H. J.: Corporate
Identity. Grundlagen – Funktionen – Fallstudien.
Landsberg/Lech 2003

McCoy, Michael Defining a new Functionalism in
Design, in: innovations. The Journal of the
Industrial Designers Society of America 3 (1984),
Nr. 2
– / **McCoy, Katherine** Design in the Information
Age. In: Aldersey-William, Hugh: New American
Design, New York 1988

– Interpretive Design. In: Mitchell, C. Thomas: New Thinking in Design. Conversations on Theory and Practice. New York 1996

McLuhan, Marshall Die Gutenberg-Galaxis. Das Ende des Buchzeitalters. Wien 1968 (Orig.: The Gutenberg Galaxy. Toronto 1962)

McQuaid, Matilda Visionen und Utopien. München 2003

Meadows, Dennis Die Grenzen des Wachstums. Stuttgart 1972 (Orig.: The Limits of Growth, New York 1972)

Mehlstäubler, Arthur Egon Eiermann. Die Möbel. Katalog des Badischen Landesmuseums. Karlsruhe 1999

Meier-Kortwig, Hans Jörg Design Management als Beratungsangebot. Frankfurt am Main 1997

Meinong, Alexius Über die Stiftung der Gegenstandstheorie im System der Wissenschaften. Leipzig 1907

Meller, James (Hrsg.) The Buckminster Fuller Reader. London 1970

Menne, Katrin Kunst, Design und Nutzbarkeit. Die Cafégestaltung von Tobias Rehberger auf der Biennale von Venedig und in der Kunsthalle Baden-Baden (www.kunsttexte.de (2010-11), Zugriff 15.05.2014)

Metzger, Wolfgang Gestalt-Psychologie. Ausgewählte Werke aus den Jahren 1950 bis 1982, hrsg. und eingel. von Michael Stadler und Heinrich Crabus. Frankfurt am Main 1999

– Gesetze des Sehens. Magdeburg 2007

Meyer-Eppler, Wolfgang Grundlagen und Anwendungen der Informationstheorie. Berlin 1959

Michel, Jan A review of two product semantics conference proceedings (1992). (www.janmichel.com/eng.prodsem-helsionki.html, Zugriff: August 2014)

Milev, Yana (Hrsg.) Design Kulturen. Der erweiterte Designbegriff im Entwurfsfeld der Kulturwissenschaft. Paderborn 2013

– Designsoziologie. Der erweiterte Designbegriff im Entwurfsfeld der Politischen Theorie und Soziologie. Frankfurt am Main u. a. 2014

Miller, R. Craig / Bletter, Rosemarie Haag et. al. US Design 1975–2000. Ausstellungskatalog des Denver Art Museum. München, London, New York 2001

Minx, Eckard P. Zukunft in Unternehmen – Strategiefindung: Methoden und Beispiele. Vorträge im Rahmen der Leitner-Stiftungsprofessur „New Economy – New Design", HfG Offenbach, 13.06.2001

– / **Neuhaus, Christian / Steinbrecher, Michael / Waschke, Thomas** Zu Ansatz und Methode im interdisziplinären Forschungsverbund Lebensraum Stadt / Stadt, Mobilität und Kommunikation im Jahre 2020: Zwei Szenarien. In: Forschungsverbund Lebensraum Stadt (Hrsg.): Mobilität und Kommunikation in den Agglomerationen von Heute und Morgen. Berlin 1994

Mitscherlich, Alexander Die Unwirtlichkeit unserer Städte. Frankfurt am Main 1965

Moles, Abraham Theorie der Komplexität und der technischen Zivilisation. In: ulm 12/13, 1965 (Zeitschrift der HfG Ulm)

– Die Krise des Funktionalismus. In: form, Nr. 41, März 1968

Monö, Rune Design for Product Understanding. The Aesthetics of Design from a Semiotic Approach. Stockholm 1997

Morris, William Kunde von Nirgendwo. Eine Utopie der vollendeten kommunistischen Gesellschaft und Kultur aus dem Jahre 1890. Neu hrsg. von Gert Selle, Köln 1974 (Orig.: News from Nowhere, first published in serial form in the Socialist magazine Commonweal in 1890, printed as a book in 1892)

Mozota, Brigitte Borja de Design Management. Using Design to build Brand Value and Corporate Innovation. New York 2003 (Orig.: Paris 2001)

Mukařovský, Jan Kapitel aus der Ästhetik. Frankfurt am Main 1970

Muller, Wim Order and Meaning in Design. Utrecht 2001 (Orig.: Vormgeven ordening en betekenisgeving. Utrecht 1997)

Müller-Krauspe, Gerda Opas Funktionalismus ist tot. In: form, Nr. 46, 1969

– Designtheorie aus der Sicht einer zu verändernden Praxis. In: Designtheorien I (hrsg. vom IDZ Berlin). Berlin 1978

Mundt, Barbara Architekten als Designer. Beispiele aus Berlin. München 1998

Muranka, Tony / Rootes, Nick "doing a dyson". Malmesbury 1996

Mutius, Bernhard von Die Verwandlung der Welt. Ein Dialog mit der Zukunft. Stuttgart 2000
– Gestaltung neu denken. form-Gespräch mit Bernhard E. Bürdek. In: form, Nr. 184, Juli/August 2002
– Die andere Intelligenz. Wie wir morgen denken werden. Stuttgart 2004
Nadin, Mihai Anticipation. Die Ursache liegt in der Zukunft. The end is where we start from. Baden 2002
Naisbitt, John Megatrend. 10 Perspektiven, die unser Leben verändern werden. Bayreuth 1984 (Orig.: Megatrends. New York 1982)
– Megatrends Asien. 8 Megatrends, die unsere Welt verändern. Wien u. a. 1995 (Orig.: Megatrends Asia, New York 1995)
– High Tech – High Touch. Auf der Suche nach Balance zwischen Technologie und Mensch. Wien 1999 (Orig.: High tech – High touch. New York 1999)
Negroponte, Nicholas Total Digital. Die Welt zwischen 0 und 1 oder Die Zukunft der Kommunikation. München 1995 (Orig.: Being digital. New York 1995)
Nehls, Werner Die Heiligen Kühe des Funktionalismus müssen geopfert werden. In: form, Nr. 43, 1968
Nolte, Paul Unsere Klassengesellschaft. Wie könnten die Deutschen angemessen über ihr Gemeinwesen sprechen? Ein unzeitgemäßer Vorschlag. In: Die Zeit, Nr. 2, 04.01.2001
Norman, Donald A. Dinge des Alltags. Frankfurt am Main, New York 1989 (Orig.: The Psychology of Everyday Things. New York 1988)
– Things that make us smart. Defending human attributes in the age of the machine. Reading, Mass. u. a. 1993
– The invisible Computer. Why good products can fail, the personal computer is so complex, and the information appliances are the solution. Cambridge/Mass., London 1998
– The Design of Everyday Things. Revised and Expanded Edition, New York 2013
– http://www.core77.com/blog/columns/design_thinking_a_useful_myth_16790.asp, 25.06.2010 (Zugriff: August 2014)
Nouvel, Jean Ausstellungskatalog: Exposition présentée au Centre Georges Pompidou. Paris 2001

Oehlke, Horst Zur Funktionsbestimmung der industriellen Formgestaltung, In: 1. Kolloquium zu Fragen der Theorie und Methodik der industriellen Formgestaltung. Halle 1977
– Der Funktionsbegriff in der industriellen Formgestaltung. In: 2. Kolloquium zu Fragen der Theorie und Methodik. Halle 1978
– Produkterscheinung / Produktbild / Produktleitbild – ein Beitrag zur Bestimmung des Gegenstandes von industriellem Design. Berlin 1982 (Dissertation an der Humboldt-Universität)
Ohl, Herbert Design ist meßbar geworden. In: form, 78-II-1977
Olivetti (Hrsg.) Ergonomie und Olivetti. Buch 1. Der Mensch im Mittelpunkt: Zusammenfassung des aktuellen Wissenstandes im Bereich der Ergonomie.
– Ergonomie und Olivetti. Buch 2. Olivetti Datensichtgeräte und Arbeitsplätze. Mailand 1981
– Design Process Olivetti 1908–1983. Mailand 1983
– Olivetti Corporate Identity Design. Hrsg. von der Neuen Sammlung München in Zusammenarbeit mit der Olivetti GmbH Frankfurt am Main. München 1986
Onck, Andries van Design – il senso delle forme die prodotti. Mailand 1994
Papanek, Victor Das Papanek-Konzept. Design für eine Umwelt des Überlebens. München 1972 (Orig.: Design for the real world, with an introduction by R. Buckminster Fuller. London 1972)
Pehnt, Wolfgang Karljosef Schattner. Ein Architekt aus Eichstätt. Stuttgart 1988
– Der Architektur das Tanzen beigebracht. In: Frankfurter Allgemeine Zeitung, Nr. 14, 27.06.1992
Pevsner, Nikolaus Pioneers of Modern Design. From William Morris to Walter Gropius. London 1957
Piore, Michael J. / Sabel, Charles F. Das Ende der Massenproduktion. Berlin 1985 (Orig.: The Second Industrial Divide. Possibilities for Prosperity. New York 1984)
Plüm, Kerstin Glokalisiertes Design. Designwissenschaftliche Überlegungen zu Phänomenen der Weltgesellschaft. Berlin 2007
Prahalad, C. K. / Hamel, Gary Nur Kernkompetenzen sichern das Überleben. In: Harvard Manager, 1/1992

276

Radice, Barbara (Hrsg.) MEMPHIS. The New International Style. Mailand 1981
– Memphis. Research, Experience, Result, Furnitures and Succesness of New Design. Mailand 1985
Rashid, Karim I Want to Change the World. London 2011
Rat für Formgebung (Hrsg.) Design Management. Frankfurt am Main 1990
Read, Herbert Kunst und Industrie. Grundsätze industrieller Formgebung. Stuttgart 1958 (Orig. London 1934)
Reck, Hans-Ulrich Vom „unsichtbaren Design" zum unsichtbaren Design. In: formdiskurs. Zeitschrift für Design und Theorie / Journal of Design and Design Theory, Nr. 1, 1996, Jg. 1
Reckwitz, Andreas Die Erfindung der Kreativität. Zum Prozess gesellschaftlicher Ästhetisierung. Berlin 2012
Reimers, Karl Friedrich Brückenschläge zwischen den Disziplinen. In: ders. (Hrsg.): Zeichenentwicklung – Bedeutungswandel – Handlungsmuster. München 1983
Reinking, Guido Offroad. Wer ihn braucht und wer ihn kauft. In: Financial Times Deutschland, 07.02.2002
Reinmöller, Patrick Produktsprache. Verständlichkeit des Umgangs mit Produkten durch Produktgestaltung. Köln 1995 (Fördergesellschaft Produkt-Marketing e. V.)
Richard, Birgit 2001 – odyssee in fashion. Electro-textiles and cargo-mode. In: Aigner, Carl / Marchsteiner, Uli (Hrsg.): vergangene zukunft. design zwischen utopie und wissenschaft. Krems 2001
Rieger, Bodo Das Januskopfproblem in der CI-Praxis. In: Markenartikel (1989); gekürzte Fassung in: Frankfurter Allgemeine Zeitung, Nr. 128, 06.06.1989
Rifkin, Jeremy Das biotechnische Zeitalter. München 1998
Rittel, Horst Bemerkungen zur Systemforschung der „ersten" und „zweiten" Generation. In: Der Mensch und die Technik. Technisch-wissenschaftliche Blätter der Süddeutschen Zeitung, Nr. 221, 27.11.1973
– Planen, Entwerfen, Design. Hrsg. von Wolf D. Reuter. Stuttgart 1992

– Thinking Design. Hrsg. von Wolf D. Reuter und Wolfgang Jonas. Basel 2013
Roericht, Nick H. HfG-Synopse. Die synchron-optische Darstellung der Entstehung, Entwicklung und Auswirkung der Ulmer Hochschule für Gestaltung. Ulm 1982
Ronke, Christiane Das Abenteuer beginnt gleich um die Ecke. In: Financial Times Deutschland, 16.12.2002
Roozenburg, N. F. M. / Eekels, J. Product Design: Fundamentals and Methods. Chichester 1995
Rossi, Aldo L'Architettura della città. Padua 1966 (engl.: The Architecture of the City. Cambridge/Mass. 1982)
– Scritti scelti sull'architettura e la città. Mailand 1975
Rübenach, Bernhard Der rechte Winkel von Ulm (Rundfunkfeature für den Südwestfunk Baden-Baden 1958/59). Hrsg. und mit einem Nachwort versehen von Bernd Meurer. Darmstadt 1987
Rummel, Carlo Designmanagement. Wiesbaden 1995
Ruppert, Wolfgang (Hrsg.) Fahrrad, Auto, Fernsehschrank. Zur Kulturgeschichte der Alltagsdinge. Frankfurt am Main 1993a
– Chiffren des Alltags. Erkundungen zur Geschichte der industriellen Massenkultur. Marburg 1993b
– Der verblassende Reiz der Dinge. In: Kuhn, Gerd / Ludwig, Andreas (Hrsg.): Alltag und soziales Gedächtnis. Die DDR-Objektkultur und ihre Musealisierung. Hamburg 1997
– Um 1968. Die Repräsentation der Dinge. Marburg 1998
Rusch, Gebhard Kommunikation und Verstehen. In: Merten, Klaus / Schmidt, Siegfried J. / Weischenberg, Siegfried (Hrsg.): Die Wirklichkeit der Medien. Opladen 1994
Rust, Holger Trends. Das Geschäft mit der Zukunft. Wien 1995
– Zurück zur Vernunft. Wenn Gurus, Powertrainer und Trendforscher nicht mehr weiterhelfen. Wiesbaden 2002
Sachs, Angeli (Hrsg.) Global Design. Internationale Perspektiven und individuelle Konzepte. Katalog Museum für Gestaltung. Baden 2010
– Global Design. In: Eisele, Petra / Bürdek, Bernhard E. (Hrsg.): Design, Anfang des 21. Jh. Diskurse und Perspektiven. Ludwigsburg 2011

Sarasin, Wolfgang Produktdesign, Produkt-identität, Corporate Identity. In: Birkigt, K. / Stadler, M. / Funck, H. J.: Corporate Identity. Grundlagen – Funktionen – Fallstudien. Landsberg/Lech 2003

Schägerl, Christian Die Scham des Futuristen. William Gibson, Großmeister des Zukunftsromans, kapituliert vor der technischen Entwicklung und beschreibt nur noch die Gegenwart. In: Frankfurter Allgemeine Sonntagszeitung, Nr. 50, 15.12.2002

Schirrmacher, Frank Seine Waffe: Aufklärung. In: Frankfurter Allgemeine Zeitung, Nr. 130, 06.06.2014

Schmidt, Burghart Kunst und Forschung. Vortrag im Rahmen der Ringvorlesung: Theorien der Gestaltung. HfG Offenbach, 27.05.2010 (Mitschrift). Siehe dazu auch: Fragen nach der Wissenschaftlichkeit des Forschens in den Künsten und im Gestalten überhaupt. In: Zitko, Hans (Hrsg.): Theorien ästhetischer Praxis. Wissensformen in Kunst und Design. Köln, Weimar, Wien 2014

Schmidt, Klaus (Hrsg.) Corporate Identity in Europa. Strategien – Instrumente – Erfolgreiche Beispiele. Frankfurt, New York 1994 (engl.: The Quest for Identity. Corporate Identity – Strategies, Methods and Examples. London 1995)

Schmidt, Siegfried J. (Hrsg.) Der Diskurs des Radikalen Konstruktivismus. Frankfurt am Main 1987 (7. Aufl. 1996)
– Kognition und Gesellschaft. Der Diskurs des Radikalen Konstruktivismus 2. Frankfurt am Main 1992

Schmitz-Maibauer, Heinz H. Der Stoff als Mittel anmutungshafter Produktgestaltung. Grundzüge einer Materialpsychologie. Köln 1976

Schneider, Norbert Geschichte der Ästhetik von der Aufklärung bis zur Postmoderne. Stuttgart 1996

Schnell, Ralf (Hrsg.) Metzler Lexikon Kultur der Gegenwart. Themen und Theorien, Formen und Institutionen seit 1945. Stuttgart, Weimar 2000

Schoenberger, Johanna Strategisches Design. Verankerung von Kreativität und Innovation in Unternehmen. Wiesbaden 2011

Schönberger, Angela Raymond Loewy. Pionier des amerikanischen Industriedesigns. München 1990

Schöner Wohnen (Hrsg.) Moderne Klassiker. Möbel, die Geschichte machen. Hamburg 1994 (16. Aufl.)

Schönhammer, Rainer Der „Walkman". Eine phänomenologische Untersuchung. München 1988
– Zur Anthropologie der Fernbedienung. Zur Wirkungsweise eines magischen Werkzeugs. In: formdiskurs 3-II-1997

Schultheis, Franz Disziplinierung des Designs. In: Zweites Design Forschungssymposium. Forschungslandschaften im Umfeld des Designs. Hrsg. vom Swiss Design Network. Zürich 2005

Schulze, Gerhard Die Erlebnisgesellschaft. Kultursoziologie der Gegenwart. Frankfurt am Main, New York 1992 (2. Aufl. 2005)

Schupbach, Stephan / Zebner, Frank Gerätedesign im Computer-Zeitalter. In: Elektronik (1990), Nr. 22

Schwer, Thilo Produktsprachen. Design zwischen Unikat und Industrieprodukt. Bielefeld 2014

Seckendorff, Eva von Die Hochschule für Gestaltung in Ulm. Gründung (1949–1953) und Ära Max Bill (1953–1957). Dissertation Hamburg 1986, Marburg 1989

Seeling, Hartmut Geschichte der Hochschule für Gestaltung Ulm 1953–1968. Ein Beitrag zur Entwicklung ihres Programmes und der Arbeiten im Bereich der visuellen Kommunikation. Dissertation, Köln 1985

Seiffert, Helmut Einführung in die Wissenschaftstheorie, Bd. 1, München 1983 (10. Aufl.); Bd. 2, München 1983 (8. Aufl.), Bd. 3, München 1985

Selle, Gert Ideologie und Utopie des Design. Zur gesellschaftlichen Theorie der industriellen Formgebung. Köln 1973
– Die Geschichte des Design in Deutschland von 1870 bis heute. Köln 1978, 1987. Neuaufl. Frankfurt am Main, New York 1994
– Ist Design noch modern? Überästhetisierung als Ersatz von Utopie – ein summarischer Erinnerungsversuch. In: Werk und Zeit – Perspektiven, Nr. 2, 1994
– Design im Alltag: Vom Thonetstuhl zum Mikrochip. Frankfurt am Main 2007

Semantics in Design (www.hfg-offenbach.de/w3php?nodeId=3392&page=3)

Sembach, Klaus-Jürgen Das Jahr 1851. Fixpunkt des Wandels. In: Fischer, Wend: Die verborgene Vernunft. Funktionale Gestaltung im 19. Jahrhundert. Hrsg. von der Neuen Sammlung. München 1971

Shneiderman, Ben Designing the User Interface. Strategies for Effective Human-Computer Interaction. Reading/Mass. u. a. 1992, 2. Aufl. (5. Aufl. 2013)

Siemens Nixdorf AG Gestaltung von Benutzeroberflächen für Selbstbedienungsanwendungen. Ein Designbuch. München, Paderborn 1993 (Konzept, Text und Gestaltung: Martina Menzel und Frank Zebner)

150 Jahre Siemens Das Unternehmen von 1847 bis 1997. Hrsg. von Wilfried Feldenkirchen für das Siemens Forum. München 1997

Siemons, Mark Ohne Apple verliert man sein Gesicht. In: Frankfurter Allgemeine Zeitung, Nr. 256, 02.11.2012

– Die Roboter kommen. In: Frankfurter Allgemeine Zeitung, Nr. 157, 10.07.2014

Simmel, Georg Über sociale Differenzierung. Leipzig (1890)

– Philosophie des Geldes. Leipzig (1900)

– Philosophie der Mode. Berlin (1905)

Sloterdijk, Peter Wohin führt der globale Wettbewerb? Philosophische Aspekte der Globalisierung. Berlin 1999 (Vortrag beim Bundesverband Deutscher Banken)

– Nicht gerettet. Versuche nach Heidegger. Frankfurt am Main 2001

– Sphären III. Schäume. Frankfurt am Main 2004

Snow, C. P. The Two Cultures and the Scientific Revolution. Cambridge 1959

Soentgen, Jens Das Unscheinbare. Phänomenologische Beschreibungen von Stoffen, Dingen und fraktalen Gebilden. Berlin 1997

– Die Faszination der Materialien. In: formdiskurs 3, II/1997

– Splitter und Scherben. Essays zur Phänomenologie des Unscheinbaren. Kusterdingen 1998

Spalt, Johannes (Hrsg.) Klapptische. Basel, Boston, Stuttgart 1987

Sparke, Penny An Introduction to Design & Culture in the Twentieth Century. New York 1986

Spiegel Nr. 49, 01.12.2014

Spieß, Heinrich Integriertes Designmanagement. Köln 1993 (Bd. 23 der Beiträge zum Produktmarketing)

Spitz, René Die Hochschule für Gestaltung Ulm – ein Blick hinter den Vordergrund. Stuttgart, London 2001 (engl.: The Ulm School of Design – a View behind the Foreground. Stuttgart, London 2001)

SpoKK (Hrsg.) Kursbuch JugendKultur. Stile, Szenen und Identitäten vor der Jahrtausendwende. Mannheim 1997

Spreenberg, Peter Editor's Note to interact. Hrsg. vom American Center for Design, Volume 8, Number 1, Chicago 1994

Stadler, Michael / Crabus, Heinrich (Hrsg.) Wolfgang Metzger. Gestalt-Psychologie. Ausgewählte Werke aus den Jahren 1950 bis 1982. Frankfurt am Main 1999

Steffen, Dagmar Zur Theorie der Produktsprache. Perspektiven der hermeneutischen Interpretation von Designobjekten. In: formdiskurs. Zeitschrift für Design und Theorie / Journal of design and Design Theory 3, II/1997b

– Semantics in Design oder Die Sprachlichkeit in der Gestaltung. In: form online, 26.02.1998

– Design als Produktsprache. Der „Offenbacher Ansatz in Theorie und Praxis". Frankfurt am Main 2000 (mit Beiträgen von Bernhard E. Bürdek, Volker Fischer und Jochen Gros)

– C_Moebel. Digitale Machart und gestalterische Eigenart. Frankfurt am Main 2003 (mit einem Beitrag von Jochen Gros)

– Praxisintegrierende Designforschung und Theoriebildung. Analysen und Fallstudien zur produktiven Vermittlung zwischen Theorie und Praxis. Wuppertal 2011 (Bergische Universität)

Steguweit, Christian Typologie und Konsequenz einer Corporate Identity. In: Schmidt, Klaus (Hrsg.): Corporate Identity in Europa. Frankfurt am Main, New York 1994

Steiner, Urs Das Ende des Designs. In: Neue Zürcher Zeitung, Nr. 224, 27.09.2014

Stephan, Peter F., im Interview mit Bernhard Krusche Gestalterisches Denken ist viel umfassender – Forschung und Beratung im Design. In: Revue für postheroisches Management, Nr. 8, 2011

Strassmann, Burkhard Fühlen Sie mal … In: Die Zeit, Nr. 31, 24.07.2003

Sudjic, Deyan The Language of Things. London 2008

Sullivan, Louis H. (1896) Kindergarten Chats and Other Writings (revised 1918). New York 1955 (Reprint)
– The Tall Office Building Artistically Considered. Chicago 1896. Zitiert nach: Fischer, Wend: Die verborgene Vernunft. Funktionale Gestaltung im 19. Jahrhundert. Die Neue Sammlung. München 1971
Terragni, Emilia (Hrsg.) Spoon. London, New York 2002
Terstiege, Gerrit „Wir stehen noch am Anfang". Ein Gespräch mit Oliver Grabes. In: GRID, Nr. 1, November/Dezember 2013
Thackara, John / Stuart, Jane New British Design. London 1986
Tietenberg, Annette Der Körper als Möglichkeit / Bodies of Evidence. In: form, Nr. 185, September/ Oktober 2002
Toffler, Alvin Der Zukunftsschock. Bern, München 1970 (Orig.: Future Shock. Köln, Genf 1970)
– Die Zukunftschance. Von der Industriegesellschaft zu einer humaneren Zivilisation. München 1980 (Orig.: The Third Wave. New York 1980)
– Machtbeben. Düsseldorf 1990 (Orig.: Powershift. New York 1990)
Trüby, Stephan Geldkulturen. Eine Einführung. In: Buurman, Gerhard M. / Trüby, Stephan (Hrsg.): Geldkulturen. Bielefeld 2014
Tzonis, Alexander Hütten, Schiffe und Flaschengestelle. Analogischer Entwurf für Architekten und/oder Maschinen. In: Archithese, Nr. 3, 1990
U. F. Keine Garantie für gut abgehangene Klassiker; In: Frankfurter Allgemeine Zeitung, Nr. 191, 20.08.1987
Ullrich, Wolfgang Philosophen haben die Welt immer nur verschieden interpretiert – verändern Produktgestalter sie auch? In: Drügh, Heinz / Metz, Christian / Weyand, Björn (Hrsg.): Warenästhetik. Neue Perspektiven auf Konsum, Kultur und Kunst. Berlin 2011
Ulmer Museum / HfG-Archiv ulmer modelle – modelle nach Ulm. Zum 50. Gründungsjubiläum der Ulmer Hochschule für Gestaltung. Ostfildern-Ruit 2003 (Katalog) und Wanderausstellung
Ursprung, Philip Container. Rückgrat der Globalisierung. In: Museum für Gestaltung Zürich / Sachs, Angeli (Hrsg.): Global Design. Internationale

Perspektiven und individuelle Konzepte. Baden 2010
VDI Richtlinie 4500 Technische Dokumentation – Benutzerinformation. Düsseldorf 1995
Veblen, Thorstein Theorie der feinen Leute. Eine ökonomische Untersuchung der Institutionen. München 1971 (Orig.: The Theory of the Leisure Class. New York, London 1899)
Vegesack, Alexander von (Hrsg.) Citizen Office. Ideen und Notizen zu einer neuen Bürowelt. Göttingen 1994
Venturi, Robert Complexity and Contradiction in Architecture. New York 1966 (dt. Braunschweig 1978)
– / **Izenour, Steven** Lernen von Las Vegas. Braunschweig, Wiesbaden 1979 (Orig.: Learning from Las Vegas. Cambridge/Mass. 1972)
– / **Scott-Brown, Denise** Wir sind ja für Unreine. Ein Gespräch mit Hanno Rauterberg. In: Die Zeit, Nr. 43, 17.10.2002
Veraart, Albert / Wimmer, Reiner Hermeneutik. In: Mittelstraß, Jürgen (Hrsg.): Enzyklopädie Philosophie und Wissenschaftstheorie, Band 2. Mannheim, Wien, Zürich 1984
Vershofen, Wilhelm Die Marktentnahme als Kernstück der Wirtschaftsforschung. Berlin, Köln 1959
Vihma, Susann Products as representations. A semiotic and aesthetic study of design products. Helsinki 1995
Volli, Ugo Semiotik. Eine Einführung in ihre Grundbegriffe. Tübingen, Basel 2002 (Orig.: Manuale di semiotica. Rom, Bari 2000)
Wagner, Christoph (Hrsg.) Esoterik am Bauhaus. Eine Revision der Moderne? Regensburg 2009
Waldenfels, Bernhard In den Netzen der Lebenswelt. Frankfurt am Main 1985
– Einführung in die Phänomenologie. München 1992
Walker, John A. Designgeschichte. Perspektiven einer wissenschaftlichen Disziplin. München 1992 (Orig.: Design history and the history of design. London 1989)
Walther, Elisabeth Zeichen. Aufsätze zur Semiotik. Weimar 2002
Wang, Wilfried Herzog & de Meuron. Basel, Boston, Berlin 1998

Warnier, Claire / Verbruggen, Dries / Ehmann, Sven / Klanten, Robert (Hrsg.) Dinge drucken. Wie 3D-Drucken das Design verändert. Berlin 2014

Weibel, Peter Die Beschleunigung der Bilder. Bern 1987

– (Hrsg.) Kontext Kunst. Kunst der 90er Jahre. Köln 1994

– Vom Tafelbild zum globalen Datenraum. Neue Möglichkeiten der Bildproduktion und bildgebenden Verfahren. Stuttgart 2001

Weil, Michelle M. / Rosen, Larry F. TechnoStress. Coping with Technology @Work @Home @Play. New York u. a. 1997

Weinberg, A. J. Wenn das Smartphone Teil des Körpers wird. In: Frankfurter Allgemeine Zeitung, Nr. 204, 03.09.2014

Welsch, Wolfgang Unsere postmoderne Moderne. Weinheim 1987

– Ästhetisches Denken. Stuttgart 1990

– (Hrsg) Die Aktualität des Ästhetischen. München 1993

– Grenzgänge der Ästhetik (darin: Städte der Zukunft – Architekturtheoretische und kulturphilosophische Aspekte). Stuttgart 1996

– Blickwechsel. Neue Wege der Ästhetik. Stuttgart 2012

Wewerka, Stefan Tecta 1972–1982. Bericht einer deutschen Unternehmung. Berlin 1983

Wick, Rainer Bauhaus-Pädagogik. Köln 1982

Windsor, Alan Peter Behrens. Architekt und Designer. Stuttgart 1985

Wingler, Hans M. Das Bauhaus. Bramsche 1962, Köln 1975 (3. Aufl.)

Wölfel, Christian / Wölfel, Sylvia / Krzywinski (Hrsg.) Gutes Design. Martin Kelm und die Designförderung in der DDR. Dresden 2014

Wolfe, Tom Mit dem Bauhaus leben. Frankfurt am Main 1986 (Orig.: From Bauhaus to Our House. New York 1981)

Woodham, Jonathan M. Twentieth-Century Design. Oxford, New York 1997

– Morris Mini. In: Design! Das 20. Jahrhundert. Hrsg. von Volker Albus, Reyer Kras und Jonathan M. Woodham. München, London, New York 2000

Yaneva, Albena Grenzüberschreitungen. Das Soziale greifbar machen: Auf dem Weg zu einer Akteur-Netzwerk-Theorie des Designs. In: Moebius, Stephan / Prinz, Sophia (Hrsg.): Das Design der Gesellschaft. Zur Kultursoziologie des Designs. Bielefeld 2012

Zänker, Jürgen Utopisches Design oder Utopie des Design. In: Gsöllpointner, Helmuth / Hareiter, Angela / Ortner, Laurids (Hrsg.): Design ist unsichtbar. Forum Design Linz. Wien 1981

Zec, Peter Informationsdesign. Die organisierte Kommunikation. Zürich, Osnabrück 1988

Zimmermann, Monika Die Tragik des Trabant. In: Frankfurter Allgemeine Zeitung, Nr. 113, 18.05.1989

Zumthor, Peter Schutzbauten des Widerstandes. Ein Gespräch mit Hanno Rauterberg. In: Die Zeit, Nr. 45, 31.10.2001

Personenregister

Sachregister

Bildnachweis

Bernhard E. Bürdek

Design – Geschichte, Theorie
und Praxis der Produktgestaltung

www.buerdek.info

Lektorat:
Anke Schild

Projektkoordination:
Katharina Kulke

Layout, Covergestaltung:
Heimann und Schwantes

Satz:
Sven Schrape

Library of Congress Cataloging-in-Publication
data: A CIP catalog record for this book has been
applied for at the Library of Congress.

Bibliografische Information der Deutschen
Nationalbibliothek: Die Deutsche Nationalbibliothek verzeichnet diese Publikation in der
Deutschen Nationalbibliografie; detaillierte
bibliografische Daten sind im Internet über
http://dnb.dnb.de abrufbar.

Dieses Buch ist auch als E-Book
(ISBN PDF 978-3-0356-0398-9;
ISBN EPUB 978-3-0356-0402-3)
sowie in englischer Sprache erschienen
(ISBN 978-3-0356-0403-0).

© 2015 Birkhäuser Verlag GmbH, Basel
Postfach 44, 4009 Basel, Schweiz
Ein Unternehmen der Walter de Gruyter GmbH,
Berlin/Boston

Gedruckt auf säurefreiem Papier, hergestellt
aus chlorfrei gebleichtem Zellstoff. TCF ∞

Printed in Germany

ISBN 978-3-0356-0404-7

9 8 7 6 5 4 3 2 1
www.birkhauser.com